Multimodale Intervention auf der Basis eines Gedächtnistrainings mit älteren Menschen

Europäische Hochschulschriften
Publications Universitaires Européennes
European University Studies

**Reihe VI
Psychologie**

Série VI   Series VI
Psychologie
Psychology

Bd./Vol. 606

PETER LANG
Frankfurt am Main · Berlin · Bern · New York · Paris · Wien

Hildegund Michelfelder

Multimodale Intervention auf der Basis eines Gedächtnistrainings mit älteren Menschen

PETER LANG
Europäischer Verlag der Wissenschaften

Die Deutsche Bibliothek - CIP-Einheitsaufnahme

Michelfelder, Hildegund:

Multimodale Intervention auf der Basis eines
Gedächtnistrainings mit älteren Menschen / Hildegund
Michelfelder. - Frankfurt am Main ; Berlin ; Bern ; New York ;
Paris ; Wien : Lang, 1998
  (Europäische Hochschulschriften : Reihe 6, Psychologie ;
  Bd. 606)
  Zugl.: Heidelberg, Univ., Diss., 1997
  ISBN 3-631-32934-2

D 16
ISSN 0531-7347
ISBN 3-631-32934-2

© Peter Lang GmbH
Europäischer Verlag der Wissenschaften
Frankfurt am Main 1998
Alle Rechte vorbehalten.

Das Werk einschließlich aller seiner Teile ist urheberrechtlich
geschützt. Jede Verwertung außerhalb der engen Grenzen des
Urheberrechtsgesetzes ist ohne Zustimmung des Verlages
unzulässig und strafbar. Das gilt insbesondere für
Vervielfältigungen, Übersetzungen, Mikroverfilmungen und die
Einspeicherung und Verarbeitung in elektronischen Systemen.

Printed in Germany 1 2 3 4 5   7

*In Erinnerung
an meine lieben Eltern*

Inhaltsverzeichnis

1 Einführung 13

2 Gedächtnismodelle 17
2.1 Geschichte der Lern- und Gedächtnispsychologie 17
2.2 Historische Ansätze 19
2.3 Biologische Ansätze 19
2.4 Assoziationstheoretische Ansätze 21
2.5 Kognitive Ansätze 22
    2.5.1 Strukturelle Ansätze 22
    2.5.2 Prozessurale Ansätze 23
2.6 Multimodaler Ansatz 31
2.7 Zusammenfassung der Gedächtnistheorien 32

3 Befunde zu Gedächtnisleistungen 35
3.1 Allgemeines 35
3.2 Befunde zum Nichtgebrauch der Hirnrindenverbindungen 36
3.3 Befunde zu assoziationstheoretischen Ansätzen 37
    3.3.1 Serielles Lernen 37
    3.3.2 Paar-Assoziationslernen 38
3.4 Befunde zu kognitiven Modellen 40
    3.4.1 Strukturelle Ansätze 40
    3.4.2 Prozessurale Ansätze 41

4 Untersuchung zum Gedächtnistraining 53
  4.1 Allgemeines 53
  4.2 Ansätze zum Gedächtnistraining 55
    4.2.1 Studien zu Mnemotechniken 55
    4.2.2 SIMA-Studie 57
    4.2.3 Mehrstufige Trainingsprogramme 58
    4.2.4 Gedächtnisspiele und Gehirnjogging 60
    4.2.5 Testing the limits 60
  4.3 Ansätze zum Intelligenztraining 61
    4.3.1 Training fluider und kristallisierter Intelligenz 61
  4.4 Zusammenfassung 63

5 Psychologische Faktoren 67
  5.1 Allgemeines zu nichtkognitiven Variablen 67
  5.2 Persönlichkeitsfaktoren 70
  5.3 Selbstkonzept 71
  5.4 Subjektiver Gesundheitszustand 73
  5.5 Kontrollüberzeugungen 74
  5.6 Soziale Faktoren 75
  5.7 Subjektives Alterserleben 76

6 Multimodaler Ansatz 79
  6.1 Allgemeine Überlegungen 79
  6.2 Selbsteffizienz (Self-efficacy) 80
    6.2.1 Information über die Problembewältigung 80
    6.2.2 Erfolgserlebnisse bei Problembewältigung 81
    6.2.3 Verbale Überzeugungsstrategien, Selbstverbalisation 82
    6.2.4 Positive Gefühlsreaktion 82
  6.3 Gedächtnisspiele nach Stengel 83

INHALTSVERZEICHNIS

  6.3.1 Konzentration, Wortfindung, Merkfähigkeit 83

  6.3.2 Theoretische Einbettung 83

 6.4 Mnemotechniken 84

  6.4.1 Visualisierungsstrategien 84

  6.4.2 Externe Speicher 85

 6.5 Alltagsbezogene Aufgaben 86

  6.5.1 Aktive Verarbeitung 86

  6.5.2 Passive Verarbeitung 86

 6.6 Mentales Training 87

  6.6.1 Rückschau 87

  6.6.2 Vorschau 87

  6.6.3 Entspannung 87

 6.7 Hausaufgaben 88

  6.7.1 Selbstgesteuertes Lernen 88

  6.7.2 Transfer 89

 6.8 Gruppendynamische Prozesse 89

  6.8.1 Sozialer Vergleich 89

  6.8.2 Feedback 89

  6.8.3 Gruppenprozeß 90

7 Untersuchungsziele - Fragestellungen 93

8 Datenerhebung 97

 8.1 Allgemeines 97

 8.2 Tests zur kognitiven Leistung 97

  8.2.1 Wortliste (WL) 98

  8.2.2 Zahlenverbindungstest (ZVT) 98

  8.2.3 Zahlennachsprechen (ZNS) 99

  8.2.4 Der Farbworttest (FW) 99

	8.2.5	Bildertest (BT) 100
	8.2.6	Latentes Lernen (LL) 100
	8.2.7	Wortpaare (WP) 100
	8.2.8	Figurentest (FIG) 101
	8.2.9	Maß der Gesamtleistung 101
	8.2.10	Mehrfachwahl-Wortschatztest 102
8.3	Fragebogen zur Persönlichkeit 102
	8.3.1	Fragebogen zur Erfassung der Persönlichkeitsmerkmale 102
	8.3.2	Fragebogen zur Erfassung der Selbstkonzepte 103
	8.3.3	Fragebogen zur Erfassung des Alterserlebens 105
	8.3.4	Fragebogen zur Erfassung der Kontrollüberzeugungen 105
	8.3.5	Fragebogen zur Einschätzung psychischer Variablen 106
	8.3.6	Meßzeitpunkte Differenzwerte 106
	8.3.7	Fragebogen zur Erfassung soziodemographischer Daten 107
	8.3.8	Zusätzliche Erklärungen 107
8.4	Beschreibung der Stichprobe 108
	8.4.1	Altersverteilung und Geschlecht 108
	8.4.2	Familienstand 109
	8.4.3	Formaler Bildungsstand 109
	8.4.4	Berufstätigkeit 110
	8.4.5	Gesundheit 110
	8.4.6	Intellektuelle Leistungsfähigkeit 111
8.5	Bildung von zwei Teilstichproben 111
	8.5.1	Durchführung der Untersuchung 112

9 Datenanalyse 113

9.1 Vorgehensweise auf methodischer Ebene 113
9.2 Veränderungsmessung 115
    9.2.1 Meßbedeutungsproblem 115
    9.2.2 Regressionseffekt 115
    9.2.3 Reliabilitäts-Validitäts-Dilemma 116
    9.2.4 Reliabilität von Veränderungsmaßen 116
    9.2.5 Vorgehensweise in der vorliegenden Arbeit 117
9.3 Statistische Signifikanz und praktische Bedeutsamkeit 118
9.4 Statistische Verfahren 119
    9.4.1 Korrelation und multiple Regression 119
    9.4.2 Varianzanalyse und Kovarianzanalyse 121
    9.4.3 t-Test 123

10 Ergebnisse 125

10.1 Hypothese 1 125
    10.1.1 Diskussion 127
10.2 Hypothese 2 131
    10.2.1 Diskussion 133
10.3 Hypothese 3 134
    10.3.1 Diskussion 137
10.4 Hypothese 4 146
    10.4.1 Diskussion 149
10.5 Hypothese 5 149
    10.5.1 Diskussion 150

11 Zusammenfassung 153

Literaturverzeichnis 161

Kapitel 1

Einführung

„Fit im Kopf" durch Gedächtnistraining stellt ein Thema dar, das immer häufiger bereits auf der Titelseite von Zeitschriften zu sehen ist und die Aufmerksamkeit der Leserschaft anzieht. Nach einer Umfrage des INRA-Instituts, veröffentlicht im Focus, glauben 45% der Deutschen, daß ihr Gedächtnis mit zunehmendem Alter schlechter wird, 32% trainieren bewußt ihr Gedächtnis und 7% nehmen medikamentöse Hilfsmittel, um ihr Gedächtnis zu verbessern.

Kaum einer anderen psychischen Funktion wird eine wichtigere Bedeutung für die kognitive Leistungsfähigkeit zugeschrieben als dem Gedächtnis. Die unmittelbare erlebnismäßige Repräsentanz der mnestischen Funktion sowie die Einschätzung ihrer Bedeutung für den Alltag erklärt den Wunsch, das Gedächtnis zu trainieren.

Gedächtnistraining verspricht Hilfe gegenüber den Mängeln des Gedächtnisses. Gedächtnistrainingsseminare boomen — versprechen sie doch häufig ohne mühsames Auswendiglernen Speicherplätze im Kopf zu schaffen, die es ermöglichen sollen, freie Reden zu halten, sich Namen und Telefonnummern mühelos zu merken. Teilweise handelt es sich dabei auch um das Geschäft mit der Angst. In ihrer Studie konnten Schleser et al. (1986–87) feststellen, daß sich Personen mit großer Angst und Sorge um ihr Leistungsvermögen, allein durch Plakate mit dem Hinweis über Gedächtnisprobleme, zum Training anmeldeten und auch diejenigen Teilnehmer waren, die den Kurs am wenigsten abbrachen. Das Geschäft mit der Angst vor „Alter und Abbau" erklärt, daß sich im Bereich Gedächtnis ein Wildwuchs an Trainingsprogrammen selbständig gemacht hat, weitgehend ohne wissenschaftliche Fundierung (Baltes et al., 1993).

Zahlreiche Studien, vor allem aus dem anglo-amerikanischen Bereich, belegen zwar die Wirksamkeit von Programmen zur kognitiven Intervention. Viele dieser Untersuchungen gehen meist der Frage nach der Wirksamkeit einer Trainingsmethode bzw. einer Memorisierungsstrategie nach. Verschiedene Gedächtnisforscher schlagen vor, Erfolgskontrollen einer Trainingsmaßnahme nicht auf den Bereich der intellektuellen Leistungsfähigkeit zu beschränken, sondern auch nicht kognitive Variablen eines Trainings zu erfassen (Labouvie-Vief, 1976; Fleischmann, 1982; Weinert & Knopf, 1983; Perlmutter, 1988). Häufig werden die Wirkungen motivationaler und affektiver Faktoren sowie die Effekte sozialer und situativer Bedingungen in ihrem Zusammenwirken mit verschiedenen Gedächtnismechanismen vernachlässigt (Weinert & Schneider, 1996). Ziel der vorliegenden Untersuchung ist die Überprüfung einer multimodalen Intervention auf der Basis eines Gedächtnistrainings hinsichtlich der Effekte auf die Gedächtnisleistung sowie auf psychische Faktoren. Ein möglichst umfassendes Spektrum an psychischen Variablen wird in die Untersuchung integriert, um eventuelle Zusammenhänge mit der Gedächtnisleistung aufzudecken. Mit der Einbettung eines Gedächtnistrainings in einen multimodalen Ansatz besteht die Möglichkeit, einen Beitrag zu der Fragestellung zu liefern, inwieweit psychologische Phänomene mit den Gedächtnisleistungen bei normalen älteren Menschen in Zusammenhang stehen. Das Training lehnt sich an das Modell der multimodalen Gedächtnisverbesserung nach Hermann & Searleman (1990,1992). Die Verbesserung der Gedächtnisleistung hängt danach von der Optimierung der psychischen und physischen Systeme ab, in welches das Gedächtnissystem selbst eingebettet ist. Der Frage nach differentiellen Effekten des Trainings sollte in dieser Arbeit nachgegangen werden. Wie unterscheiden sich, z.B. die erfolgreichen Teilnehmer von solchen, die vom Training weniger profitieren? Ziel der Arbeit ist die Analyse und Beschreibung von intra- und interindividuellen Differenzen von Gedächtnisfunktionen.

Nach Thomae (1976) fokussiert die psychologische Alternsforschung zunehmend differentielle Fragestellungen im Gegensatz zu normativen Abläufen. Differentielle Aspekte bei der Durchführung von Interventionsprogrammen fanden nach Fleischmann (1982,1993) unzureichende Berücksichtigung. Danach gilt zu klären, inwieweit Einstellungen und Persönlichkeitsmerkmale einen Einfluß auf Trainingseffekte nehmen. So wurden in der vorliegenden Arbeit neben interindividuellen Gruppenvergleichen, auch Zusammenhangsanalysen einzelner intraindividueller Behaltensleistungen mit Persönlichkeitsmerkmalen, Selbstkonzepten und subjektiven Befindlichkeitsmaßen untersucht. Mit der Berücksichtigung differentieller Effekte eines Trainings kann ein Beitrag zur Entwicklung weiterer spezifischer Interventionsprogramme geleistet werden, um der großen Variabilität des Alters gerecht zu werden.

Das 2. Kapitel enthält eine Übersicht über Gedächtnistheorien. Um die Aufklärung des Phänomens Gedächtnis bemüht sich die Menschheit seit alters her. In der altgriechischen Mythologie wurde das Gedächtnis als Göttin Mnemosyne personifiziert. Das Verständnis der Grundlagen von Lernen, Gedächtnis und Erinnerungen erfordert Forschungsanstrengungen auf unterschiedlichen Ebenen und interdisziplinäre Zusammenarbeit. Im Mittelpunkt der gedächtnispsychologischen Ansätze stehen die speicher- und prozeßorientierten Konzepte.

Das 3. Kapitel befaßt sich mit Befunden zu Gedächtnisleistungen im Alter.

Gedächtnispsychologische Befunde beruhen meist auf allgemein psychologischen Modellen und auf dem Einsatz experimenteller Strategien. Das Interesse dieser Studien liegt meist auf Altersvergleichen und der Überprüfung von Veränderungsprozessen, Mechanismen und Leistungen des Gedächtnisses. Die Betonung liegt auf Aussagen zu Altersdifferenzen. Es handelt sich dabei meist um durchschnittliche, unter spezifischen Untersuchungsbedingungen auftretende Phänomene und diese bleiben in der Regel auf bestimmte Teilleistungen des Gedächtnisses beschränkt. Die Befunde werden den beschriebenen Gedächtnismodellen und den Hypothesen zur kognitiven Alterung zugeordnet. Seit Mitte der 70er Jahre wurden Förderprogramme zur Verbesserung der kognitiven Leistungsfähigkeit durchgeführt und häufig positive Ergebnisse erzielt. Aspekte der Leistungserbringung stehen dabei meist im Vordergrund.

Untersuchungen zum Gedächtnis- und Intelligenztraining werden im 4. Kapitel zusammengestellt. Im Mittelpunkt der Gedächtnisverbesserung stehen meist speicher- und prozeßbezogene Konzepte. Das Intelligenztraining zielt auf eine Verbesserung der fluiden und kristallisierten Fähigkeiten ab. Es wird auf die Probleme der Aufrechterhaltung und des Transfers der im Training erzielten Effekte eingegangen.

Im 5. Kapitel wird auf nichtkognitive Variablen als mögliche Einflußfaktoren auf die Gedächtnisleistung eingegangen. Es wird Bezug genommen auf den Ansatz von Herrmann & Searleman (1990, 1992). Gedächtnisverbesserung bedeutet danach, daß möglichst alle psychologischen Modalitäten auf die Prozeßverarbeitung berücksichtigt werden. Ein Gedächtnistraining besteht danach nicht nur aus der Vermittlung von Gedächtnisstrategien, sondern beinhaltet auch die Optimierung physischer und psychischer Variablen, in die das Gedächtnissystem eingebettet ist. Danach können Faktoren wie der emotionale Zustand, der Gesundheitszustand, die Selbsteinschätzung des Gedächtnisses, Einstellungen und soziale Faktoren einen Einfluß auf die Wirksamkeit einer Trainingsmethode haben.

Im 6. Kapitel wird die in der vorliegenden Arbeit durchgeführte multimodale Intervention auf der Basis eines Gedächtnistrainings beschrieben. Es handelt sich dabei um ein Präventionsprogramm, das im Rahmen der Gesunderhaltung von verschiedenen Krankenkassen angeboten wurde. Der Interventionsansatz enthält verschiedene Bausteine, wie z.B. die Optimierung der Selbsteffizienz, Vermittlung von Gedächtnisstrategien durch Gedächtnisspiele und Mnemotechniken und ein Training in alltagsbezogenen Aufgaben. Einen Trainingsbaustein stellt das mentale Training dar, das einerseits zur Gedächtniskonsolidierung, aber auch zur Entspannung und Problembewältigung beitragen kann. Hausaufgaben zur Umsetzung in den Alltag und die Betonung gruppendynamischer Prozesse, also der sozialen Aktivität stellen weitere Trainingsbausteine dar. Das durchgeführte Programm wurde unter Berücksichtigung der experimentellen Befunde und theoriegeleitet erstellt.

Am Ende der theoretischen Diskussion werden im 7. Kapitel die Untersuchungsziele mit den Hypothesen dieser Arbeit formuliert. Im empirischen Teil wird über eine Untersuchung, an der 82 Personen teilnahmen, berichtet. Im 8. Kapitel werden die Messverfahren und die Stichprobe beschrieben sowie auch die Bildung von zwei Teilstichproben und die Durchführung der Untersuchung. Im Anschluß daran erfolgt im 9. Kapitel die Beschreibung der Datenanalyse, die Vorgehensweise auf methodischer Ebene. Ein Abschnitt ist jeweils der Veränderungsmessung, der statistischen Signifikanz und der statistischen Verfahren gewidmet. Im 10. Kapitel werden die Ergebnisse der überprüften Hypothesen dargestellt. Im letzten Kapitel 11 erfolgt eine abschließende, kurze Zusammenfassung der Arbeit.

Kapitel 2

Gedächtnismodelle

2.1 Geschichte der Lern- und Gedächtnispsychologie

Die Gedächtnisforschung geht bis in die Zeit der Antike zurück. Die Betrachtungsweisen zum Gedächtnis sind so vielfältig, daß man kaum von „der Gedächtnispsychologie" sprechen kann (Fleischmann, 1989). Eine Vielzahl an Gedächtnistheorien wurden in den vergangenen 2000 Jahren entwickelt.

Einen Markstein in der Gedächtnispsychologie setzte Ebbinghaus mit dem Werk „Über das Gedächtnis" (1885) mit dem Beginn der experimentellen Forschung höherer kognitiver Funktionen. Dabei versuchte er eine Übertragung der naturwissenschaftlichen Methode auf die Untersuchung psychischer Vorgänge. Es ergaben sich dabei jedoch wesentliche Probleme bei der Herstellung konstanter Versuchsbedingungen psychischer Vorgänge und deren Messung.

Psychische Zustände jeder Art, Empfindungen, Gefühle, Vorstellungen, die mal vorhanden waren und dem Bewußtsein wieder entschwanden, leben nach Ebbinghaus im Gedächtnis weiter. Die verloren geglaubten Zustände können durch willentliche Anstrengung wieder zurückgerufen werden und mit dieser Aufmerksamkeitshinwendung treten noch nebenher „allerlei Gebilde ans Licht". Anderseits können auch Erinnerungen ganz von selbst ins Bewußtsein gelangen, sie werden also unwillkürlich reproduziert. Der Zufall ist nur scheinbar, sie werden nach den Assoziationsgesetzen durch Erlebnisse in der Gegenwart verursacht. Selbst, wenn die Inhalte nicht mehr ins Bewußtsein gelangen, können sie als gemachte Erfahrungen ihre Wirkung in der Gegenwart entfalten.

Ebbinghaus unterschied wiederum zwischen Gedächtnisspanne und natürlichem Gedächtnis, nach dem heutigen Verständnis handelt es sich dabei um das Kurzzeit- und Langzeitgedächtnis. Seine Untersuchungen wurden mit verbalem Lernen und

Üben sinnloser Silben durchgeführt. Die verschiedenartigen Störungen des Sinnes, die sich mit sinnvollem Material ergeben könnten, wie z.B. beim Lernen von Gedichten sollten damit minimiert werden. Forschungsziel dieser frühen Lern- und Gedächtnisforschung war die Aufklärung der Gesetze des Merkens, des Behaltens und der Reproduktion in weitgehender Unabhängigkeit von den Inhalten und der Bedeutung des Erlernten. Ebbinghaus forderte für die Lernuntersuchungen ein möglichst assoziationsfreies Material. Die alte Gedächtnispsychologie untersuchte demgemäß vor allem Reproduktionsvorgänge. In der Konzeption von Ebbinghaus waren emotionale und individuell motivierte Assoziationen möglichst ausgeschaltet. In der Praxis hat sich jedoch gezeigt, daß entgegen der experimentellen Anordnung alle Versuchspersonen dazu übergingen, sich eine sinnvolle Organisation des Gedächtnismaterials zu schaffen. Dafür wurden inhaltlich sinnlose Silbenreihen rhythmisiert, durch logische Hilfsvorstellungen gruppiert oder durch spontane Einfälle in eine persönlich sinnvolle Beziehung gebracht. Mit derartigen Hilfen wurde weniger Energie und psychische Aktivität auf das inhaltlich bedeutungslose Lernmaterial aufgewandt (Haseloff & Jorswieck, 1971).

Bartlett (1958) kritisierte die künstliche Situation bei Ebbinghaus, die wenig mit dem Gedächtnis im Alltagsleben zu tun hatte. Die Forschung war dadurch zu einseitig an Reizen orientiert, Einstellungen und frühere Erfahrungen wurden vernachlässigt. Für Bartlett war die Suche nach Bedeutung beim menschlichen Lernen und Gedächtnis wesentlich. Er zog dabei sinnvolles Material in seine Laboruntersuchungen ein. Um das Behalten von sinnvollem Material zu untersuchen, wurden Erzählungen, Prosastücke und Bilder verwendet. Lernen und Erinnern wurden als aktive Prozesse gesehen, die eine Suche nach Bedeutung umfaßten.

Nach Fleischmann (1989) ist „Gedächtnis" ein von vielfältigen Vorannahmen und Traditionen gekennzeichneter Begriff, der innerhalb der allgemeinen Psychologie auf dem Hintergrund bestimmter Modellannahmen experimentell analysiert wird. Gedächtnismodelle beinhalten systematisch in Beziehung gesetzte Annahmen, die den Zusammenhang zwischen beobachtetem Behalten und zeitlich vorangegangener Gegebenheiten nomothetisch zu beschreiben versuchen. Erwartungen in bezug auf Gedächtnistheorien formulierte Baddeley (1986):

- Standortbestimmung und Zielorientierung. Theorien legen wie Landkarten Markierungspunkte hinsichtlich des gegenwärtigen Standortes fest und sie bieten eine Unterstützung zur Erreichung eines bestimmten Zieles.

- Therapeutische Methoden und Strategien entwickeln sich aus theoretischen Ansätzen.

- Evaluation einer Gedächtnistrainingsmethode. Die Beobachtung, daß eine Methode den Teilnehmern Spaß macht und sie den Anschein haben, daß sich das Gedächtnis verbessert, ist noch keine adäquate Rechtfertigung für eine

Trainingsmaßnahme. Allerdings, auch wenn ein Trainingsprogramm zur Leistungssteigerung des Gedächtnisses wissenschaftlich evaluiert wurde, sagt der Erfolg einer Gedächtnistrainingsmethode bezüglich einer Verallgemeinerung auf alltägliche Aufgaben wenig aus.

Im folgenden werden verschiedene theoretische Ansätze vor und nach Ebbinghaus kurz aufgelistet. Historische und biologische Theorien fanden ihren Ursprung in der Antike.

2.2 Historische Ansätze

Die Gedächtnisforschung geht bis in die Zeit der Antike zurück. In der altgriechischen Mythologie wurde das Gedächtnis als Göttin Mnemosyne personifiziert. Aristoteles (384–322 v. Chr.) begründete eine wissenschaftliche Lehre des Gedächtnisses. Er betrachtete in seiner Schrift über Gedächtnis und Besinnung das Gedächtnis als Vermögen, bleibende Eindrücke von Empfindungen aufzubewahren, gleich einem Abdruck eines Siegelringes in Wachs. Er betrachtete diese Eindrücke allerdings nicht als statische Erscheinungen, sondern als bleibende Bewegungen und Erscheinungen. Gedächtnis bedeutete danach, daß innere Bewegungen zum Zentrum der Empfindungen gelangten und dort als früher empfangene Bilder bewußt wurden. Er betrachtete das Herz als den Sitz der geistigen Fähigkeiten bzw. als Verbindungsstelle zwischen Geist und Körper.

Bereits in der Antike fanden die Techniken zum Lernen von Information große Aufmerksamkeit. Schon die Griechen hielten Kurse über die Gedächtniskunst ab. Man betrachtete die Memorisierungsstrategien als wesentliche Bestandteile der Kenntnisse eines Redners. Gedächtnisgeschicklichkeiten und ein leistungsfähiges Gedächtnis waren insofern wichtig, da der Einfluß von Büchern Niederschriften und anderen externen Speichern nicht verfügbar war. Praktiker der antiken Mnemotechniken begeistern auch heute noch in Vorträgen die Zuhörer.

2.3 Biologische Ansätze

Bei den biologischen Theorien wurden in zellphysiologischen, biochemischen und molekulargenetischen Untersuchungen die zugrundeliegenden Bedingungen und Mechanismen von Gedächtnis und Lernen beschrieben. Schwerpunkt dieser biologischen Theorien war die Frage: Wie vollzieht sich die Speicherung und Reaktivierung von Gedächtnisinhalten in den Nervenzellverbänden?

Die wichtigste Erkenntnis der Neuronentheorie ist, daß ein Neuron als Elementareinheit des Nervensystems sowohl eine ontogenetische als auch morphologische und physiologische, d.h. trophische und funktionelle Einheit darstellt. Diese Einheit ist für die Aufnahme, Verarbeitung, Weiterleitung und vor allem die Speicherung von Informationen in einem Organismus verantwortlich (Rahmann & Rahmann, 1988).

Mittels anatomischen und funktionsmorphologischen Untersuchungen werden Hirnstrukturen aufgespürt und herausgefunden wie genau sich Gedächtnisinhalte lokalisieren lassen. Das Studium der Eigenschaften und Veränderungen von Nervenzellverbänden ist wesentlich für das Verständnis, auf welcher materiellen Basis Informationen erworben und wieder abgerufen werden können. Es besteht die Annahme, daß eine längerfristige Speicherung von Informationen auf Veränderungen in den Nervennetzen beruht. Bereits 1949 wurde postuliert, daß durch Gebrauch (Aktivität) von bestimmten Nervenbahnen die Kontaktstellen (Synapsen) zwischen den einzelnen feuernden Neuronen physiologisch oder morphologisch gefestigt werden. Hebb (1949), der Vater der physiologischen Gedächtnistheorien, ging bereits von einem Kurzzeit- und einem Langzeitgedächtnis aus. Das Langzeitgedächtnis basierte auf einer strukturellen Änderung der Spur und war dauerhaft. Das Kurzzeitgedächtnis, das auf einer Aktivitätsspur basierte, war dagegen nur von kurzer Dauer. Er ging von einem riesigen neuronalen Netzwerk mit zufälligen Verknüpfungen aus. Eine wiederholte Reizung von Neuronengruppen führte zur Bildung von Zellverbänden. Ob jede Synapse nur vorübergehend besteht, ob nicht mehr gebrauchte Verbindungen abgebaut werden, wie synaptische Bahnungen im einzelnen reguliert werden und welche biochemischen Mechanismen dem jeweils zugrunde liegen, sind wichtige Fragen der gegenwärtigen biologischen Gedächtnispsychologie. Untersuchungen bestätigten, daß Gedächtnisprozesse auf das Zusammenspiel mehrerer Transmitter in spezifischen Hirnregionen, primär im Cortex, Hippocampus und in limbischen Regionen angewiesen sind (Birbaumer, 1989).

In den 80er Jahren unterschied man anatomisch mindestens zwei große, relativ unabhängig voneinander bestehende Gedächtnissysteme:

1. Das deklarative, explizite oder relationale Gedächtnis, das Fakten und Wortbedeutungen umfaßt, unmittelbar bewußt ist, schnell und flexibel, jedoch nicht immer verfügbar ist.

2. Ein implizites, prozedurales oder nicht deklaratives Gedächtnis, das unbewußt, unflexibel ist und nur in jenen Zusammenhängen einsetzbar, wo es erworben wurde. Es umfaßt Fertigkeiten und Gewohnheiten. Das implizite Gedächtnis macht einen wichtigen Teil der Persönlichkeit aus und beeinflußt das Verhalten, ohne daß man sich in der Regel darüber im klaren wäre.

Mittels Funktionsmodellen wird eine Gedächtnisbildung durch molekulare Bahnung in den Synapsen erläutert. Computermodelle, die neuronale Netzwerke abbilden, können zentralnervöse Prozesse simulieren. In den letzten Jahren wurden große

Fortschritte in der Entschlüsselung der materiellen und strukturellen Grundlagen der synaptischen Plastizität erzielt. Gegenwärtig konkurrieren verschiedene molekulare Modelle der Gedächtnisbildung miteinander.

2.4 Assoziationstheoretische Ansätze

Der Erwerb und das Behalten wurden in assoziationstheoretischen Modellen untersucht. Assoziationstheoretische Annahmen gingen davon aus, daß Merkinhalte als Reiz-Reaktions-Verknüpfungen beschrieben werden können, da der zentralnervöse Prozeß in der Herstellung einer Assoziation, einer zeitlich engen Paarung zwischen Reiz (S) und Reaktion (R), besteht. Reiz, Reaktion und Assoziation galten als einzig wichtige Konstrukte bis in die Fünfziger Jahre (vgl. Thorndike et al., 1928, Hull, 1943; Hilgard, 1948). Der Erwerb, das Bewahren und die Wiederaktivierung möglichst einfacher Bewußtseinsinhalte wurden erforscht. Die behavioristischen Theorien entwickelten sich aus den Assoziationstheorien, deren Wurzeln wiederum in der Antike zu finden sind (Warren, 1921) und von den Behavioristen, Skinner, (1938) und Watson, (1913 und 1925) weiterentwickelt wurden. Kognitive Mechanismen zum Speichern von Informationen wurden vom Behaviorismus ausgeklammert.

Bei nicht-assoziativem Lernprozessen änderte sich Verhalten als Konsequenz von Wiederholung der Reizsituation oder der Reaktion und nicht als Folge der engen zeitlichen Paarung. Die assoziationistischen Modelle, deren Untersuchungsstrategien vor allem das Paar-Assoziations-Lernen, das serielle Lernen und das Transferlernen bildeten, wurden um verfeinerte Analysetechniken und Untersuchungsvariablen erweitert. Dies erfolgte z.B. durch Berücksichtigung von Assoziationswerten wie Worthäufigkeit, Bildhaftigkeit und Bedeutungshaltigkeit.

In den 60er Jahren orientierte sich die Lern- und Gedächtnisforschung vor allem an dem Paradigma des assoziativen Gedächtnisses. Das Gedächtnis bestand danach aus einer Vielzahl von Stimulus-Response-Verbindungen. Forschungsziel war die Aufklärung der Gesetze des Merkens, des Behaltens und der Reproduktion in möglichster Unabhängigkeit von den Inhalten und der Bedeutung des Erlernten. Die experimentelle Arbeit mit sinnfreiem Gedächtnismaterial schien die Lösungsmöglichkeit für diese Aufgabe (Haseloff & Jorswieck, 1971). Regelhaftigkeiten in der Assoziationsbildung und -wiedergabe standen im Mittelpunkt des behavioristischen (verhaltenstheoretischen) Verständnisses der Psychologie. Gedächtnis- und Behaltensleistungen wurden im Rahmen lernpsychologischer Ansätze untersucht. Die Grundlage der Verhaltenstheorien bildeten die klassische und instrumentelle Konditionierung, die als universelle Lerngesetze vom einfachen Lebewesen bis zum Menschen galten.

2.5 Kognitive Ansätze

2.5.1 Strukturelle Ansätze

James (1890) ging bereits von einer Zweiteilung des Gedächtnisses bzw. Bewußtseins aus. Er unterschied das „Primärgedächtnis" mit unmittelbar präsenten Inhalten und das „Sekundärgedächtnis", deren Inhalte nur unter Anstrengung abgerufen werden können. Die Reproduktion aus dem primären Gedächtnis war einfach und mühelos, dagegen war der Abruf aus dem sekundären Gedächtnis durch aktive Suchprozesse gekennzeichnet.

Auch mit der kognitiven Wende in der Psychologie wurden noch immer universelle und generelle Fragestellungen hinsichtlich Gedächtnis und Lernen bevorzugt. Ausgangspunkt ist die Annahme eines dreigegliederten informationstheoretischen Speichermodells. Die Modelle von Broadbent (1963), Atkinson und Shiffrin (1968), Anderson u. Bower (1973) stimmen in ihren Grundannahmen im wesentlich überein. Die Gedächtnisspeicher werden dabei als überdauernde strukturelle Bestandteile des Gedächtnisses betrachtet. Mehrspeichermodelle legten den Schwerpunkt auf die unterscheidbaren Gedächtnisstrukturen (Atkinson & Shiffrin, 1968):

Im sensorischen Speicher (im akustischen Bereich echoisches, im optischen Bereich ikonisches Gedächtnis) werden detaillierte Bilder der Informationen, die an den Sinnesorganen ankommen, für die Dauer von ca. 0,1 bis 0,5 Sekunden gespeichert, um Codierung und Merkmalsextraktion sowie die Anregung von Aufmerksamkeitssystemen zu ermöglichen. Alle ankommenden Reizmuster sind unbewußt und werden äußerst schnell in Millisekunden auf einige wichtige Elemente analysiert, bevor selektive Aufmerksamkeitssysteme aktiviert werden.

Eine im sensorischen Speicher aufgenommene Information kann weder wiederholt noch direkt ohne Weiterverarbeitung erhalten werden und läßt sich auch nicht mittels psychometrischer Verfahren erfassen.

Die Begriffe Kurzzeitgedächtnis, Kurzspeicher und Primärgedächtnis werden synonym verwendet. Sie gelten als Speicher mit begrenzter Kapazität (Miller, 1956; Broadbent, 1958). Informationen können eine gewisse Zeit durch Wiederholung im Bewußtsein gehalten werden.

Als Langzeit- bzw. Sekundärgedächtnis wird derjenige strukturelle Gedächtnisteil bezeichnet, in dem die Spuren der Erfahrungen durch Arbeitsprozesse dauerhaft abgespeichert werden. Die Kapazität des Langzeitgedächtnisses ist unbegrenzt. Kurzzeit- und Langzeitspeicher sind keine unterschiedlichen Systeme, in denen Informationen seriell hintereinander abgelegt werden, sondern zwei kontinuierlich ineinanderübergehende Informationsverarbeitungsprozesse (Birbaumer, 1989).

2.5. KOGNITIVE ANSÄTZE

Atkinson & Shiffrin (1968) unterscheiden bei ihrem Gedächtnismodell zwischen Strukturmerkmalen und Kontrollprozessen. Als Strukturmerkmale werden die Differenzierung in verschiedene oben genannte Speicher, die Kapazität der einzelnen Speicher sowie deren neurophysiologische Grundlagen angesehen. Als Kontrollprozesse verstehen die Autoren die Enkodierung, die Organisation, das Üben sowie das Abrufen der Information.

2.5.2 Prozessurale Ansätze

Mit der kognitiven Psychologie wurde das Forschungsgebiet der menschlichen Informationsverarbeitung eingeleitet, wobei Lernen und Gedächtnis als kognitive Prozesse betrachtet werden. Wahrnehmung, Lernen, Gedächtnis und Denken werden nun als Informationsverarbeitung aufgefaßt (Broadbent, 1958, 1963). Er ging von einem temporären und einem dauerhafteren Gedächtnisspeicher aus. Broadbent versuchte aus Verhaltensdaten den Informationsfluß im menschlichen Wahrnehmungs- und Gedächtnissystem abzuleiten. Mit (Craik & Lockhart, 1972) rückten prozessurale Aspekte in den Vordergrund. Gedächtnisprozesse bzw. Gedächtnisoperationen kennzeichnen den hypothetischen, zwischen oder innerhalb der Speicher ablaufenden Informationsübertragungen. Unter Informationsverarbeitung werden innerhalb der Gedächtnispsychologie interagierende hypothetische Strukturen und Prozesse, die zur Beschreibung beobachtbarer Behaltensleistungen dienen, angenommen. Im Mittelpunkt steht die Beobachtung, daß Informationen über ein bestimmten Zeitraum hinweg behalten oder gespeichert werden können (Fleischmann, 1989).

Unter dem Gesichtspunkt der Informationsverarbeitung unterscheidet Fleischmann (1988) Primär- und Sekundärgedächtnisleistungen. Dem Primärgedächtnis werden eher passive und mechanische Behaltensleistungen zugeordnet, etwa das kurzfristige Behalten einer Telefonnummer, die im Alter nur geringen Veränderungen unterliegen. Sekundärgedächtnisleistungen umfassen aktive Verarbeitungsprozesse, die zu längerfristigem Behalten beitragen. Eine dritte Komponente, die zwar nach Fleischmann (1988) im strengen Sinne nicht als Gedächtnisfunktion gilt, stellt den „Tempo-Aufmerksamkeits-Bereich" dar. Mit dieser Komponente wird die Geschwindigkeit der Informationsverarbeitung ausgedrückt. Dem Tempo der Informationsaufnahme kommt eine Schlüsselrolle für eine weiterführende Verarbeitung von Informationen im Gedächtnis zu.

Mit den Begriffen Enkodierung bzw. Kodierung werden Verarbeitungsprozesse angenommen, die im wesentlichen dem Primärspeicher zuordenbar sind und bei denen die Informationsaufnahme entscheidend ist. Diese Verarbeitungsprozesse gelten als Voraussetzung für die Übertragung von Informationen in das Sekundärgedächtnis. Unter Dekodierung wird der Abrufprozess der gespeicherten Information verstanden.

Das Gedächtnis stellt kein einheitliches System dar, sondern umfaßt strukturelle und prozessurale Annahmen zur Informationsverarbeitung. Gedächtnisschemata bilden ein System organisierter Strukturen. Ein Schema verbindet alle für einen Aspekt der Erfahrung relevanten Informationen. Wenn irgendein Schema abgerufen wird, ist die gesamte dort enthaltene Information sofort verfügbar. Erfahrungen kristallisieren zu Wissensstrukturen, die wiederum Erfahrungen aufnehmen (Lindsay & Norman, 1981).

Informationsverarbeitung stellt einen Orientierungsrahmen zur Beschreibung und Analyse von Gedächtnisleistungen dar. Informationsverarbeitende Theorien entwikkelten sich aus der Computertechnologie und gehen von einem dreigegliederten informationstheoretischen Speichermodell aus. Die Art der Repräsentation von Wissen, der Zugriff auf Wissen und die Nutzung von Wissen für unterschiedliche kognitive Prozesse bilden zentrale Fragestellungen.

Es besteht die Annahme, daß sich einzelne dieser Prozesse voneinander abgrenzen lassen. Es wird davon ausgegangen, daß diese Prozesse interagieren können und daß sie sich zusammen mit den strukturellen Gegebenheiten des Gedächtnisses in beobachtbare Behaltensleistungen abbilden lassen (Fleischmann, 1989). Informationsverarbeitungsansätze verbinden die Vielfalt der Gedächtnisfunktionen und Unterschiede in der Verarbeitung, im besonderen der Enkodierung (Zacks & Hasher, 1992).

Untersuchungen auf der Grundlage der kognitiven Psychologie gehen davon aus, daß mindestens zwei grundlegend verschiedene Formen von Langzeitgedächtnis existieren:

- ein prozedurales Gedächtnis, das die Modifikation von Verhalten beim Erlernen einer Fertigkeit darstellt. „Was" d.h. welche Wissensbestände sind über Gedächtnisfunktionen vorhanden?

- ein deklaratives, das die Fähigkeit, wiederzugeben beinhaltet (Birbaumer, 1989). „Wie" d.h. wie werden bestimmte Gedächtnisoperationen sinnvollerweise durchgeführt?

Tulving (1972) unterschied hinsichtlich des Informationsinhaltes zwei Subsysteme des Langzeitgedächtnisses innerhalb des Mehrspeichersystems von Atkinson und Shiffrin (1968):

- Ein semantisches Gedächtnis, das er als System zum Empfangen, Behalten und Übertragen von Informationen definierte. Das semantische Gedächtnis ist der organisierte Wissensspeicher einer Person, der Wissen über die Welt, über die Sprache und ihre Verwendung enthält (Allgemeinwissen).

2.5. KOGNITIVE ANSÄTZE

- Ein episodisches Gedächtnis, wobei das Behalten persönlicher Erlebnisse und ihre zeitlichen Beziehung wesentlich ist. Das episodische Gedächtnis hat einen autobiographischen Bezug (persönliche Erinnerungen).

Die Interaktion zwischen semantischem und episodischem Gedächtnis besteht darin, daß die enkodierte Information zur Übertragung in das episodische Gedächtnis auch „kopierte" Elemente vom semantischen Gedächtnis einschließt. Diese Information wird in beiden Gedächtnisteilen oft in der gleichen Art organisiert (Kausler, 1991).

Die Annahme zweier separater Gedächtnissysteme wird nicht in allen Gedächtnistheorien postuliert. Episodische und semantische Gedächtnisphänomene lassen sich auch innerhalb eines Langzeitgedächtnissystems erklären und beeinflussen die Altersforschung kaum.

Als Alternative zum semantischen Gedächtnis als Konzept eines dauerhaften Wissensspeichers wird bei Kausler der Begriff „generic memory" vorgeschlagen. Es beinhaltet ein umfassenderes Konzept über das Wissen von Wörtern, Fakten und über das Wissen des individuellen Gedächtnissystems. Untersuchungen zum „generic memory system" beziehen sich vor allem auf das internale oder mentale Lexikon, als einen Speicher, der Informationen über Wörter und Konzepte und deren Repräsentation beinhaltet. Das internale Lexikon wird als Netzwerk von „Knoten" betrachtet, das Wörter, Verbindungen und Assoziationen zwischen den Knoten repräsentiert. Das lexikalische Gedächtnis bezieht sich auf Wissensstrukturen und deren Zugang sowie auf das Wissen über eigene Gedächtnisleistungen.

Dieses Modell stellt nach Kausler (1991) die beste Anpassung an die Erforschung von Altersunterschieden in bezug auf Gedächtnisphänomene dar. Dabei werden Verarbeitungs- und Speicherstrukturen postuliert, die in dem Informationsfluß innerhalb der Systeme mitwirken. Die Verarbeitungsstrukturen stellen den Raum zur Enkodierung der Information, um eine episodische Gedächtnisspur zu bilden, die Wiederholung der Information und Übertragung zu einem dauerhaften episodischen Langzeitspeicher.

Neben den Elementen der Gedächtnisteile, welche die Information über unterschiedliche Zeiträume aufbewahren, sind andere Teile des Gedächtnissystems für Kontrollaufgaben zuständig. Diese Kontrollaufgaben bestimmen, wie die Gedächtnisoperationen und damit die Informationsübertragung innerhalb der Gedächtnissysteme übertragen wird. Damit der Inhalt länger im Kurzzeitgedächtnis bleibt, ist eine kontrollierte Verarbeitung erforderlich. Kontrollierte Verarbeitung bedeutet, einen Vergleich von Kurzzeit- und Langzeitinhalten anzustellen und die Zuweisung von Aufmerksamkeitsprozessen (Birbaumer, 1989). Es handelt sich dabei um integrative Prozesse, die Informationen auf übergeordnete Weise analysieren, d.h. die Implikation einer Information prüfen, wie sie bestehenden Gedächtnisstrukturen zugeordnet werden kann.

Der Informationsfluß von den Sinnessystemen durch die Gedächtnissysteme gibt den datengesteuerten Aspekt der Informationsverarbeitung wieder. Es sind Vorgänge, die meist automatisch und ohne bewußte Kontrolle erfolgen. Konzeptuell gesteuerte Mechanismen sind Wiederholungen (Lindsay & Norman, 1981). Wiederholung (rehearsal) und Konsolidierung sind wesentliche Funktionen des Kurzzeitgedächtnisses, wobei nach jedem Memorisierungsdurchgang eine Teileinheit des verfügbaren Materials in das Langzeitgedächtnis übertragen wird.

Ein Vergessen der Information im Kurzzeitgedächtnis wird einerseits durch einen Verfall mit der Zeit als auch durch Interferenz von dargebotenem Material erklärt. Beim Vergessen durch Interferenz wird angenommen, daß die Kapazität des Kurzzeitspeichers bezüglich der Anzahl der Elemente, die behalten werden können, begrenzt ist. Information wird durch Interferenz mit neu dargebotenen Elementen vergessen, weil mit jeder neuen Repräsentation ein altes Element verlorengeht. Beim Vergessen durch zeitlichen Verfall wird angenommen, daß die Kapazität des Kurzzeitgedächtnisses durch zeitabhängige Prozesse begrenzt ist, indem ein Element umso schwächer wird, je länger es im Speicher verweilt, bis es schließlich verschwindet (Lindsay & Norman, 1981).

Im folgenden werden mehrere Ansätze, die die Informationsaufnahme (Informationsenkodierung) als wesentliche Prozesse des Primärspeichers betonen, kurz erläutert:

1. Duale Kodierungstheorie des Gedächtnisses (Paivio, 1971).
   Paivio geht davon aus, daß es zwei unabhängige, aber miteinander verbundene Gedächtnissysteme gibt: Ein bildhaftes und ein verbales Gedächtnis. Das bildhafte Gedächtnis enthält holistische Analogien der Dinge, das verbale hat keine Ähnlichkeit mit den Dingen selbst. Das sprachliche Gedächtnis wird eher der linken Gehirnhälfte zugeordnet, das bildhafte der rechten Hemisphäre. Wenn Wörter als Reizmaterial verwendet werden, ist das Lernen um so leichter, je eher diese Wörter Vorstellungsbilder hervorrufen (Paivio, 1971). Neurophysiologische Daten belegen die getrennte Speicherung und Verarbeitung für Wörter und bildhafte Vorstellungen.

2. Verarbeitungsebenenansatz (Levels of processing), Craik & Lockhardt (1972).
   Die Annahme besteht darin, daß die Beständigkeit einer Gedächtnisspur ausschließlich von der Verarbeitungsebene abhängt. Inneres Wiederholen kann eine Gedächtnisspur erhalten, führt aber nicht zum Lernen. Craik und Watkins (1973) überprüften die Hypothese, derzufolge mechanisches Wiederholen die Stärke einer Gedächtnisspur nicht beeinflußt, indem Versuchspersonen einzelne Wörter unterschiedlich lange speichern sollten. Die Übertragung in das Langzeitgedächtnis erfolgt bei „tiefer" und „reichhaltiger" Codierung der Information im Kurzzeitgedächtnis. Dieses elaborierte Memorieren bedeutet das

2.5. KOGNITIVE ANSÄTZE

Fortschreiten der Reizanalyse von „oberflächlicher" physikalischer Beschaffenheit etwa eines Satzes über dessen syntaktische und phonemische Struktur bis zur „tiefen" semantischen Analyse seiner Bedeutung. Je elaborierter die Codierung, um so mehr Zeit benötigt sie, aber um so stabiler wird die Information behalten; je mehr Beziehungen (zeitliche, räumliche und semantische) zwischen den dargebotenen Inhalten entwickelt werden, und um so reichhaltiger der „Code" ist, umso größer ist die Wahrscheinlichkeit der Übertragung in das Langzeitgedächtnis. Aufgaben, bei denen am stärksten auf die Gedächtnisstrukturen zurückgegriffen werden muß, z.b. die semantische Interpretation der Elemente, erfordern die Einbeziehung einer tieferen Analyseebene, d.h. eine tiefere Informationsverarbeitung. Je tiefer die Informationsverarbeitung, desto besser die Wiedergabe (Craik & Lockhart,1972). So wurde z.B. bei einer Behaltens- und Wiedergabeerkennungsleistung für Wörter bei unterschiedlichen Testbedingungen folgendes Ergebnis erzielt: In jenen Fällen, in denen eine elaborierte Analyse vorgenommen wurde, war die Erinnerungsleistung am besten. Am schlechtesten schnitten Testpersonen ab, wenn nur die Anweisung gegeben wurde, sich die Wörter zu merken.

3. Maintainance rehearsal (Craik & Watkins, 1973).
   Erhaltendes inneres Wiederholen. Das Memorieren zur Erhaltung eines Items allein, d.h. das Wiederholen eines einzelnen Items, um es im Kurzzeitgedächtnis zu halten, führt nicht zur Langzeitspeicherung. Auch wenn die Information wörtlich wiederholt wird, wird sie nicht notwendigerweise ins Langzeitgedächtnis übertragen. Die Aufrechterhaltung neuer Informationen durch wiederholte innere Wiedergabe bzw. ein elaboriertes Wiederholen beinhaltet durch inneres Wiederholen behaltenswirksame Informationstransformation, indem bereits abgespeicherte Informationen zur Speicherung der neuen Informationen herangezogen werden.

4. Kognitive Anstrengung (Hasher und Zacks, 1979).
   Eine Unterscheidung nach dem Grad der Aufmerksamkeitsbeanspruchung bei Gedächtnisprozessen nehmen oben genannte Autoren vor. Automatische Prozesse werden danach bei überlernten Reiz-Reaktionsmuster ohne besondere Erhöhung der Erregung in den beteiligten Netzwerken und ohne Mitwirkung des Bewußtseins ausgelöst. „Effortful processing" erfordert einen „EffortMechanismus" eine willentliche Anstrengung, die in neuen und komplexen Situationen Ein- und Ausgabeprozesse koordiniert. Dieser Prozeß geht mit dem Bewußtsein und verstärktem Energieverbrauch (z.B. Glucose im Zentralnervensystem) einher und erfordert eine kontrollierte Suche durch ständigen Vergleich von Kurzzeit- und Langzeitinhalten (Birbaumer, 1989). Hasher und Zacks gehen davon aus, daß bestimmte episodische Informationen das Arbeitsgedächtnis umgehen und deshalb automatisch ablaufen. Da die verminderte Kapazität des Arbeitsgedächtnisses ein irrelevanter Faktor zur Bestimmung eines

Altersunterschiedes bei Aufgaben, die eine automatische Verarbeitung (z.B. die Häufigkeit, mit der Ereignisse eintreten), darstellt, sollte sich dabei kein Altersunterschied zeigen. Anders verhält es sich bei der Enkodierung anderer Ereignisse, z.B. bei der freien Wiedergabe einer Wortliste, die einen „effortful process" darstellt, der durch Operationen im Arbeitsgedächtnis stattfindet. Bei diesem effortful bzw. aktiven Verarbeitungsprozeß werden altersbedingte Defizite durch eine verminderte Kapazität des Arbeitsgedächtnisses bei älteren Menschen, erwartet.

5. Allgemeine Ressourcen-Modelle (Salthouse, Kausler, and Saults, 1988 a). Eine Theorie, die sich auf das kognitive Altern bezieht, stellt die Ressourcentheorie dar.

> An important theoretical perspective on cognitive aging is what may be called resource theory. This theory is seldom explicitly stated, but many researchers seem to subscribe to the belief that age differences in certain cognitive tasks are not due to impairments in task-specific components or strategies, but instead are at least partially attributable to an age-related reduction in the quantity of some type of general-purpose processing resources considered necessary for efficient functioning in a broad assortment of cognitive tasks. There is much controversy concerning the specific cognitive tasks presumed to be resource-dependent or effortful and those presumed to be resource-independent or automatic, and little consensus exists regard the exact nature of the hypothesized processing resource. Some version of a resource theory nevertheless seems to be accepted by large numbers of researchers because references to resource-like concepts such as working-memory space, attentional energy, and processing time pervade the contemporary research literature in cognitive aging (p. 158).

Die Annahme des allgemeinen Ressourcen-Modells besteht darin, daß im Alter ein Abbau innerhalb des Informationsverarbeitungssystems stattfindet und dieser für gedächtnisbezogene Leistungsminderungen verantwortlich ist. Es gibt jedoch noch Aufgabenbereiche, die weniger dem allgemeinen Abbau unterliegen, so z.B. die automatische Informationsverarbeitung. Unter dem Aspekt der abnehmenden Ressourcen werden die beiden nachstehenden Ansätze (6) und (7) angeführt.

6. Processing Rate Model (Salthouse, 1980) Verarbeitungsgeschwindigkeitsansatz.
Es wird angenommen, daß eine altersbedingte Verlangsamung der Gedächtnisprozesse auch die Rate der Wiederholungen beeinflußt und damit zu einer

2.5. KOGNITIVE ANSÄTZE

weniger dauerhaften Gedächtnisspur führt, die sich negativ auf die Gedächtnisleistungen auswirkt. Diese Rehearsal-rate/trace-decay Hypothese paßt zum Mehrspeichermodell, wobei auch altersbedingte Gedächtnisdefizite vor allem im Sekundärgedächtnis durch geringere Wiederholungsvorgänge auftreten aufgrund von Transferproblemen vom Primär- zum Sekundärgedächtnis.

7. Working Memory (Baddeley und Hitch, 1974).

Nach Kausler (1991) ist das Working Memory Modell das am meisten bevorzugte Modell bei Befürwortern abnehmender Ressourcen mit dem Alter als Ursache für altersbedingte Defizite im episodischen Gedächtnis. Das Konzept geht von einer kapazitätsbegrenzten Informationsverarbeitungsstrukur aus, die aus zwei Komponenten besteht. Eine Komponente bildet die Speicherstruktur und eine andere die Verarbeitungseinheit, letztere ist für kognitive Operationen und Verarbeitungsprozesse verantwortlich. Danach hat die Anwendung dieses Modells hinsichtlich verminderter Ressourcen, die mit dem Alternsprozeß einhergehen, drei Alternativen: verminderte Speicherkapazität, verminderte Verarbeitungskapazität bzw. beides, verminderte Speicher- und Verarbeitungskapazität. „Kapazität" in diesem Sinn wird als „Verarbeitungskapazität" verstanden und damit als eine aktive Verarbeitungsressource.

Der Prozeß des Abrufs von Informationen wird beim folgenden Gedächtnismodell betont.

1. Prinzip der Kodierungsspezifität (Tulving & Thompson, 1973).

Das Prinzip bezieht sich auf den engen Zusammenhang von Enkodierung, Speicherung und Abruf. Je besser die Abstimmung zwischen der Organisation der Enkodierung und den Hinweisen, die später beim Abrufen gegeben werden, um so besser wird die Erinnerungsleistung sein. Die Ähnlichkeit der äußeren Umstände bzw. Kontexte und inneren Zustände (Befindlichkeiten) beim Enkodieren und Abrufen erleichtert das Erinnern. Das Prinzip besagt, daß sich ein Abrufhinweisreiz nur dann Zugang zu einer im Gedächtnisspeicher verfügbaren Information über ein Ereignis verschaffen kann, wenn er als ein Teil der spezifischen Gedächtnisspur der Ereignisse gespeichert worden ist (Tulving, 1968). Danach kann der Zugang zu einer Gedächtnisspur nur ermöglicht werden, wenn ein spezifischer Abrufhinweisreiz vorhanden ist. Abrufhinweisreize, die bei der Enkodierung präsent waren sind am effektivsten, um den Abruf zu erleichtern.

Memory is best when encoding and retrieval conditions are compatible.

2. Metagedächtnis (Brown, 1984; Flavell, 1984).

Der Ursprung des Begriffs „Metamemory" geht auf die Entwicklungspsychologie zurück, die das Wissen über das Gedächtnis bei Kindern betonte (Flavell

& Wellmann, 1977). Der Begriff „Metagedächtnis" wird im allgemeinen als das Wissen über das Gedächtnis definiert (z.B. Wellman, 1983). Damit ist das Metagedächtnis ein Teil des Konzepts „Metakognition" oder Kognitionen über alle Aspekte der Kognitionen. Der Begriff „Metagedächtnis" wird als eine Bezeichnung für multiple spezifische Konzepte gesehen. Darin eingeschlossen sind das Wissen, die Überzeugungen und Verhaltensweisen in bezug zum Gedächtnis (Dixon, 1989; Gilewski & Zelinski, 1986; Cavanaugh et al., 1985). Hultsch et al. (1988) fand vier Aspekte des Metamemorysystems: das Wissen über das Gedächtnis und Gedächtnisprozesse, über die Gedächtnissteuerung und Selbsteffizienz sowie der emotionale Status im Zusammenhang mit Gedächtnisleistungen. Das Metagedächtnis als „Belief-system" zu bezeichnen, geht auf Schulster (1981) zurück. Er beschrieb Wahrnemungen über die eigenen Gedächtnisfähigkeiten als Komponenten einer Theorie über das Selbst über das Gedächtnis und diese wiederum als Teil von einem gesamten Selbstkonzept, Bandura (1977, 1986). Lachmann & Jelalian (1984) nannten diese Selbsteinschätzungen Selbsteffizienz „self efficacy" während Cavanaugh & Perlmutter (1982) Dixon und Hultsch (1983) dieselben Phänomene als Metamemory bezeichneten. Auf die enge Beziehung zwischen Metakognition und Motivation hat Brown (1984) hingewiesen. Das Wissen über sich selbst und über selbstbezogene Überzeugungen beeinflußt den Abrufprozess. Oben genannte Definitionsversuche zeigen, daß in der Literatur noch kein Konsens in Hinblick auf das vorzufinden ist, was genau das Konstrukt Metagedächtnis umfassen soll. Nach Weinert & Schneider (1996) wird inzwischen eine Taxonomie von Metagedächtnis akzeptiert, bei der zwischen dem faktischen deklarativen Gedächtniswissen und einer prozeduralen (exekutiven) Komponente unterschieden wird, die die Gedächtnisüberwachung- und Regulationsprozesse betrifft. Es wird angenommen, daß Gedächtnisleistungen durch die oben genannten Komponenten und deren Interaktion beeinflußt werden.

Die Auswertung der Literatur zeigt die vielfältigen Aspekte der Gedächtnisforschung. Jeder dieser Ansätze bemüht sich um die Aufklärung des Phänomens Gedächtnis. Auf der Grundlage theoretischer Ansätze entwickeln sich therapeutische Methoden und Strategien der Gedächtnisverbesserung, was schon seit der Antike ein Bestreben der Menschen war.

Den Mittelpunkt der gedächtnispsychologischen Ansätze nehmen die speicher- und prozeßbezogenen Konzepte ein. Das Zustandekommen von Lern- und Gedächtnisleistungen wird mittels einer Vielfalt von strukturellen und operativen Merkmalen des kognitiven Systems erklärt. Die Forschungsbemühungen zur Gedächtnisverbesserung bezogen sich meist auf Variablen, die das Gedächtnissystem beeinflussen, wie z.B. anatomische Strukturen oder Kontrollprozesse der Informationsverarbeitung. Ein Schwerpunkt der Bemühungen lag in der Beeinflussung der Kontrollprozesse, der Enkodierung, der Organisation, dem Üben sowie dem Abrufen der Information. Obwohl die meisten Gedächtnisforscher ein Gedächtnismodell akzeptieren,

2.6. MULTIMODALER ANSATZ

das die Bedeutung von Umwelt- und Personenbedingungen hervorhebt, blieben die Forschungsbemühungen hauptsächlich auf oben genannte Schwerpunkte beschränkt. Nach Perlmutter (1988) sollten die Forschungsbemühungen nicht nur auf oben genannte Kontrollprozesse beschränkt bleiben, um das Verständnis für das Phänomen Gedächtnis damit nicht zu begrenzen. Mit dem Ansatz zum Metagedächtnis wird neben den Struktur- und Informationsverarbeitungsansätzen ein weiterer Bedingungskomplex zur Erklärung von Gedächtnisphänomenen herangezogen.

Einen neueren Ansatz zur Erklärung von Gedächtnisvorgängen stellt die unten angeführte multimodale Theorie des Gedächtnisses dar. Der Begriff der Kontrollprozesse innerhalb der kognitiven Gedächtnispsychologie wird dabei auf eine Vielfalt psychologischer Modalitäten ausgedehnt.

2.6 Multimodaler Ansatz

Der multimodale Ansatz nach Herrmann & Searleman (1990, 1992) geht davon aus, daß die Gedächtnisleistung nicht nur von speicher- oder prozeßbezogenen Merkmalen abhängt, die durch die Vermittlung von Lern- und Gedächtnistechniken beeinflußt werden, sondern, daß das Gedächtnis von allen physischen und psychischen Modalitäten beeinflußt wird. Danach lassen sich die Gedächtnisleistungen durch die Optimierung der psychologischen und physiologischen Systeme, in denen das Gedächtnis eingebettet ist, besser beeinflussen als durch das unmittelbare Training informationsverarbeitender Prozesse. Gedächtnisverbesserung ist danach von der psychischen und physischen Verfassung, von Einstellungen, Sozialverhalten sowie von der Interaktion der Sinnes- und Wahrnehmungssysteme mit der Umwelt abhängig. Die Annahme, daß das Gedächtnis von psychologischen Modalitäten beeinflußt wird, wurde bereits von einigen Gedächtnisforschern wie Labouvie-Vief & Gonda, (1976); Fleischmann, (1982); Yesavage, (1985); Weinert & Knopf, (1983); Perlmutter, (1988) dargelegt und geht bereits auf Feinagel, (1812) und Middleton, (1888) zurück. Der multimodale Ansatz stellt demnach eine moderne Überprüfung der Interdependenz des Gedächtnissystems mit anderen Modalitäten dar. Es handelt sich dabei um die kombinierte Vermittlung unterschiedlicher Trainingsinhalte. Die Intervention zur Gedächtnisverbesserung schließt umfassende Variablen mit ein, wie z.B.:

Personenbedingungen: Verbesserung der Einstellung zu sich selbst und zum eigenen Gedächtnis.

Physische Variablen: Verbesserung des Gesundheitszustandes durch Bewegung und Ernährung.

Psychische Variablen: Abbau negativer Gefühlszustände wie Depression und Ängste.

KAPITEL 2. GEDÄCHTNISMODELLE

Umweltbezogene Variablen: Abbau von störenden Umweltfaktoren, Nutzung von physikalischen Hilfen, wie z.B. die Nutzung externer Speicher.

Soziale Variablen: Berücksichtung des sozialen Kontextes.

Abb. 2.1 veranschaulicht die Einflußfaktoren auf die Gedächtnisleistung.

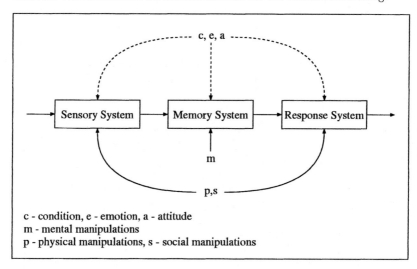

Abbildung 2.1: Einflußfaktoren auf das Gedächtnissystem (Herrmann & Searleman, 1992)

Nach dem multimodalen Ansatz wird die Gedächtnisleistung einerseits unmittelbar durch ein Training der bisher aufgeführten Kontrollprozesse beeinflußt, wie z.b. durch Strategien zur besseren Enkodierung, Organisation und Üben sowie zum Abrufen der Information. Anderseits werden die Behaltens- und Abrufleistungen auch von psychischen, physischen und sozialen Faktoren beeinflußt, in die das Gedächtnissystem als Ganzes eingebettet ist. Diese Art der Intervention verbessert zwar die Gedächtnisleistung nicht unmittelbar, aber die genannten Faktoren können eine entscheidende Rolle für die Wirksamkeit des Gedächtnistrainingsprogrammes selbst darstellen.

2.7 Zusammenfassung der Gedächtnistheorien

Grundlegend lassen sich die Lern- und Gedächtnistheorien in zwei unterschiedliche Ansätze unterteilen: Lernen und Gedächtnis als Konditionierung (klassisch

2.7. ZUSAMMENFASSUNG DER GEDÄCHTNISTHEORIEN

oder instrumentell) bzw. Lernen und Gedächtnis als kognitive Prozesse. Die Assoziationstheorien beinhalten die Annahme, daß Merkinhalte als Reiz-Reaktionsverknüpfungen beschrieben werden können. Ausgangspunkt der kognitiven Modelle ist die Annahme eines dreigegliederten informationstheoretischen Speichermodells. Die Gedächtnisspeicher werden dabei als überdauernde strukturelle Bestandteile des Gedächtnisses betrachtet. Mehrspeichermodelle legen den Schwerpunkt auf die unterscheidbaren Gedächtnisstrukturen. Gedächtnisprozesse bzw. Gedächtnisoperationen kennzeichnen die hypothetischen, zwischen oder innerhalb der Speicher ablaufenden Informationsübertragungen. Der Informationsverarbeitungsansatz betont Gedächtnisprozesse wie Informationsaufnahme, Speicherung und Abruf. Je nach theoretischem Ansatz betonen die Modelle eher die Informationsaufnahme oder den Informationsabruf als wesentliche Gedächtnisprozesse.

Die Unterscheidung zwischen Lernen und Gedächtnis ist willkürlich. Mit der Verlagerung der Betonung von den S-R-Theorien zum informationsverarbeitenden Ansatz veränderten sich auch die Schwerpunkte von Lernen auf Gedächtnis.

Theorienübergreifend wird das Gedächtnis von vielen Gedächtnisforschern in drei Untersysteme aufgeteilt: Das erste ist zuständig für den Erwerb von Informationen (Lernen), das zweite ist verantwortlich für die Speicherung (Gedächtnis) und das dritte ermöglicht den Abruf des Gespeicherten („retrieval"). Gemeinsam ist den informationsverarbeitenden Modellen sowie den traditionellen Lern- und Gedächtnismodellen die Analyse des verbalen Lernens.

Modelle, die sich auf das kognitive Altern beziehen, gehen meist von abnehmenden Ressourcen oder von verminderter Verarbeitungs- und Speicherkapazität aus. Mit den Ansätzen zum Metagedächtnis und mit dem multimodalen Gedächtnismodell wird das Gedächtnis nicht nur von speicher- und prozeßbezogenen Merkmalen aus gesehen, sondern als von weiteren psychologischen Modalitäten beeinflußt. Das Gedächtnissystem wird dabei in ein System physischer, psychischer und sozialer Modalitäten eingebettet.

Im folgenden Kapitel werden Befunde zu Gedächtnisleistungen aufgeführt. Die meisten Studien beziehen sich auf alterskorrelierte Veränderungen des menschlichen Gedächtnisses und werden unterschiedlichen Modellvorstellungen zugeordnet.

Kapitel 3

Befunde zu Gedächtnisleistungen bei älteren Menschen

3.1 Allgemeines

In der gerontologischen Gedächtnisforschung zeigte sich, daß ältere Menschen größere Probleme bei der Enkodierung der Information haben, daß die Informationsverarbeitung langsamer vor sich geht und daß der Abruf der gespeicherten Information erschwert ist (vgl. Schonfield & Robertson, 1966; Hulicka & Grossman, 1967; Craik 1968; Lehr 1972; Fleischmann, 1982, 1989). Eine große Anzahl an Studien gingen der Frage nach Altersbeeinträchtigungen nach (s. Craik, 1977, Fleischmann, 1989, Kausler, 1991).

Aufgrund der unterschiedlichen Modellvorstellungen, Hypothesen und Untersuchungsschwerpunkten ergeben empirische Befunde zu Art und Ursache alterskorrelierter Veränderungen hinsichtlich der Gedächtnisleistungen ein sehr heterogenes Bild (s. Fleischmann, 1989; Hultsch & Dixon, 1990; Kausler, 1991). Es bestehen kaum Bemühungen, Gedächtnis im Rahmen einer umfassenden Theorie zu beschreiben (Fleischmann, 1989). Ohne einen umfassenden theoretischen Rahmen bleiben die Bemühungen um Gedächtnisverbesserungen jedoch fragmentarisch (Gruneberg, 1992). In theoretischen wie empirischen Arbeiten stehen spezielle Fragen zu eng umschriebenen Gedächtnisleistungen im Mittelpunkt.

Ein weiteres Problem liegt darin, daß die unten aufgeführten Studien zu Gedächtnisleistungen und die beschriebenen Altersunterschiede häufig aus Querschnittstudien hergeleitet werden und damit z.b. Kohorteneffekte zu wenig Berücksichtigung finden. Für die Erfassung von Altersveränderungen über die Zeit stellt die Längsschnittmethode die angemessenste Methode dar. Durch die mehrmalige Untersuchung derselben Personen können Veränderungen innerhalb des Individuums festgestellt werden, allerdings lassen sich die Ergebnisse wieder schwer auf andere Kohorten verallgemeinern (Rott, 1990).

3.2 Befunde zum Nichtgebrauch der Hirnrindenverbindungen

Wie bereits oben erwähnt, wurden degenerative Alternsprozesse aufgrund methodischer Mängel überschätzt (Coleman & Flood, 1987, Haug 1989). Biologische Ansätze gehen häufig davon aus, daß der Gebrauch oder Nichtgebrauch einer Funktion das Altern beeinflußt, daß jede Arbeit, sei es auch nur mentale, frühzeitiger Alterung entgegenwirkt (Lorand, 1913). Die Annahme von „use it or lose it" geht davon aus, daß die Stimulation des neuronalen Systems eine Möglichkeit ist, die Plastizität des alternden Gehirns günstig zu beeinflussen (Swaab, 1989). Die verminderte Leistungsfähigkeit älterer Menschen wird allein dadurch erklärt, daß nicht genutzte synaptische Verbindungen atrophieren. Sie können bei entsprechender Förderung teilweise oder ganz ihre Funktion wieder aufnehmen (Haug, 1989).

Im Rahmen der genetischen Determination der Alterung der Gehirnstrukturen kann der Gebrauch bzw. Nichtnutzung der entsprechenden Hirnrinden-Strukturen den Zeitpunkt beeinflussen, bei dem es zu sehr späten oder frühzeitigen degenerativen Veränderungen der nervösen Gewebe kommt (Haug, 1984). Der Gebrauch von Hirnrindenverbindungen trägt zur Strukturerhaltung und damit auch zur Funktionserhaltung bei, ähnlich wie auch durch Übung die Muskulatur erhalten bleibt, während der Nichtgebrauch zur Hypotrophie führt (Haug, 1985).

Im Sinne der „disuse"Hypothese argumentieren Sorenson (1930), daß durch den Wegfall von Funktionsrollen alte Menschen im Lernen zumeist wenig trainiert sind und geringere Leistungen erreichen. Eine Lerntätigkeit im Alter ohne spezielle Instruktionen verbessert bereits die Lernfähigkeit. Thorndike (1928) hat Vergessen als eine Folge fehlender Übung verstanden. Jede Funktion wird durch Nichtgebrauch geschwächt. Er überprüfte den Zusammenhang zwischen Lernfähigkeit und Alter durch einen Vergleich der Lernleistungen einer jüngeren Gruppe (unter 35 Jahren) mit einer älteren Gruppe (über 35 Jahren) beim Lernen von Esperanto. Das schlechtere Abschneiden der Älteren in einem Test begründete er damit, daß die ältere Gruppe nicht mehr an das schulische Lernen gewöhnt war. Olechowski (1969) erklärt das schlechtere Lernergebnis der Älteren mit der Inaktivitätsatrophie des alternden Gehirns. Weinert (1983) findet, daß geringe Lernaktivitäten mit der Zeit zur mangelnden Nutzung des Gedächtnisses führt und dadurch auch effektive Lern- und Erinnerungsmethoden nicht mehr genutzt werden (Produktions- bzw. Nutzungsdefizit).

3.3 Befunde zu assoziationstheoretischen Ansätzen

3.3.1 Serielles Lernen

In assoziationstheoretischen Modellen wurden altersbezogene Leistungsdifferenzen untersucht, vor allem der Erwerb und das Behalten einfacher Assoziationen. Die Untersuchungen zum verbalen Lernen hatten ihren Ursprung in der Erforschung des seriellen Lernens (Ebbinghaus 1885). Das Erlernen sinnloser Silben oder Wortlisten gehörte zu den Aufgaben des seriellen Lernens. Positionsabhängige, unterschiedliche assoziative Stärken für einzelne Items können beim Erlernen der Wortlisten abgeleitet werden.

Die freie Reproduktion und das Wiedererkennen zählt zu Methoden, mit deren Hilfe Erinnerungsleistungen geprüft werden. Bei der freien Reproduktion werden Merkinhalte, z.b. eine Wortliste, ohne Hilfestellung wiedergegeben. Beim Wiedererkennen werden die ursprünglichen Wörter zusammen mit Distraktoren vorgegeben. Es muß nun entschieden werden, welche Information bekannt und welche neu ist. Wiedererkennungsleistungen sind den freien Reproduktionsleistungen meist überlegen. Beide Meßmethoden werden zur psychometrischen Erfassung von Gedächtnisleistungen eingesetzt. Sie basieren auf unterschiedlichen theoretischen Annahmen (Fleischmann, 1988):

1. Bei der Schwellenhypothese geht man von unterschiedlichen Gedächtnisstärken aus. Es besteht die Annahme, daß es sich um identische Gedächtnisprozesse handelt, nur daß beim freien Reproduzieren höhere Gedächtnisstärken benötigt werden, um die Merkinhalte abzurufen.

2. Beim Zwei-Phasen-Modell der Reproduktion ist ein Abrufprozeß erforderlich, bei dem die Merkmale aktualisiert werden, sowie ein anschließender Prüfvorgang, bei dem der abgerufene Merkinhalt mit dem gesuchten verglichen und im Falle einer Korrespondenz wiedergegeben wird. Beim Wiedererkennen ist nur ein Prüfschritt erforderlich, der Abrufvorgang entfällt.

Bei dem Zwei-Phasen-Modell werden differentielle Auswirkungen bestimmter Lernbedingungen auf die freie Reproduktion und das Wiedererkennen angenommen. Durch die sprachstatistische Auftretenshäufigkeit von zu erlernendem Wortmaterial konnte gezeigt werden, daß Wörter mit hoher Auftretenshäufigkeit im Alltag relativ leicht reproduziert werden, an selten auftretende Wörter wurde sich in Wiedererkennungsprüfungen leichter erinnert.

Ein differentieller Effekt auf die Reproduktions- und Wiedererkennungsleistung kann durch die Art der Instruktion bewirkt werden. Instruktionen, die ausdrücklich auf ein späteres Abprüfen der dargebotenen Inhalte hinweisen, führen zu Steigerungen der Behaltensleistungen beim freien Reproduzieren, jedoch zu keinem Einfluß auf die Wiedererkennungsleistungen (vgl. Fleischmann,1988).

Im gerontologischen Bereich wurden im Vergleich zu Wiedererkennungsleistungen schlechtere Leistungen in den freien Reproduktionsprüfungen festgestellt. Dabei zeigten die freien Reproduktionsprüfungen eine deutliche Altersabhängigkeit. Aufgaben zum Wiedererkennen zeigten z.T. keine (Schonfield & Robertson, 1966) oder nur geringe altersbezogene Leistungsunterschiede (Craik, 1971) bzw. mäßige Leistungseinbußen mit zunehmenden Alter hinsichtlich der Aufgaben zum Wiedererkennen (Erber, 1974).

Basierend auf dem Zwei-Phasen-Modell wurde eine Abrufdefizit-Hypothese formuliert, die alterstypisch reduzierte Merkleistungen aufgrund beeinträchtigter aktiver Suchprozesse annimmt.

3.3.2 Paar-Assoziationslernen

Das Paar-Assoziationslernen wurde für die Untersuchung altersbezogener Differenzen prototypisch. Komplexere Operationen sind Gegenstand von Informations-Verarbeitungsansätzen.

Zu den am häufigsten untersuchten Hypothesen einer Altersabhängigkeit von Gedächtnisleistungen gehört die Erwerbs-Defizit-Hypothese (Fleischmann, 1982). Mit dem Untersuchungsparadigma des Paar-Assoziationslernens und des oben aufgeführten seriellen Lernens können altersspezifische Erwerbsdefizite ermittelt werden (Arenberg & Robertson-Tchabo, 1977). Altersunterschiede zeigten sich bei Salthouse et al., (1988 a) beim Paar-Assoziationslernen mit Stichproben unterschiedlicher Altersklassen. Defizite zeigten sich dabei bereits für die mittlere Altersgruppe (40–59 Jahre).

Die Veränderung der Leistungen im Paar-Assoziationslernen gilt als eines der eklatantesten Anzeichen für ein generelles Lerndefizit mit zunehmenden Alter. Zahlreiche Studien belegen die These von einem deutlichen Lerndefizit der Älteren, soweit Lernen durch die Fähigkeit definiert wird, Beziehungen zwischen vorher unverbundenen Elementen herzustellen (Lehr, 1991).

Kein Altersunterschied zeigte sich jedoch bei Wortpaaren mit hohem Assoziationswert, bei mittlerem Assoziationswert schnitten Ältere geringfügig schlechter ab, nur bei schwachem Assoziationswert der zu lernenden Wortpaare war der Altersunterschied erheblich (Zaretzky & Halberstam, 1968; Canestrari, 1966). Erklärt wird dieses Ergebnis dadurch, daß ein solcher Altersabfall nicht an der nachlassenden Lernfähigkeit liegt, sondern an einer Codierungsschwäche und an der Ungeübtheit, solche Gedächtnisinhalte zu verschlüsseln.

3.3. BEFUNDE ZU ASSOZIATIONSTHEORETISCHEN ANSÄTZEN 39

Die Befunde zu aufgabenbezogenen Merkmalen befassen sich in erster Linie mit der Rolle der Bedeutungshaltigkeit der Aufgaben. Bezüglich der Verwendung von sinnarmen bzw. bedeutungshaltigen Aufgaben widmete sich die Forschung zunehmend der Frage nach altersbedingten Leistungsunterschieden zur Überprüfung der Gedächtnisleistungen (Gruneberg et al., 1988; West, 1986). Die Ergebnisse zu lernmaterialspezifischen Enkodierungsprozessen (z.B. Lernmaterialien unterschiedlicher Bedeutungshaltigkeit) zeigen jedoch kein einheitliches Bild (vgl. Craik, 1977).

Die Grundlagenforschung über Lernen, über Veränderungen der Lernfähigkeit in verschiedenen Lebensaltern beschäftigte sich primär nicht mit sinnhaftem, sondern mit sinnfreiem Material, d.h. mit dem Erlernen ungewohnter Signalfolgen, Muster, Wortlisten oder Bewegungsweisen (Lehr,1991; Hulicka,1967b). Bei Verwendung von sinnlosen Silben oder sinnarmen Material zeigten sich schon Leistungsdefizite im Alter von 30–40 Jahren, während die Erhaltung des Kurzzeitgedächtnisses für sinnvolles Material bis zum Alter von 69 Jahren nachgewiesen werden konnte (Craik, 1968). Eine Überlegenheit der Älteren beim Lernen sinnvollen Materials zeigte sich in einer Untersuchung, bei der ältere Wissenschaftler und Studenten kurze Passagen sinnlosen Materials und längere sinnvolle Texte lernen sollten. Während die Studenten beim Lernen des sinnlosen Materials überlegen waren, lernten die Wissenschaftler die sinnvollen Texte besser (Löwe & Almeroth, 1975). Das Wiedererkennen gut vertrauter und sinnvoller Reize gilt als relativ altersinvariant (Weinert & Schneider, 1996).

Jüngere und ältere Menschen unterscheiden sich im Gebrauch von Hilfstechniken. Ältere Menschen machen weniger Gebrauch von Mediatoren bzw. Lerntechniken, dies führe zur Mediationsdefizithypothese (Kausler, 1991). In der Studie von Craik & Rabinowitz, (1984) verwenden die Probanden zur besseren Encodierung des Lernstoffes weniger Mediatoren oder Mnemotechniken. Dies ist ein wichtiger Faktor, der sich beim Paar-Assoziationslernen zeigt und die schlechteren Leistungen bei älteren Menschen erklärt. Jüngere nehmen häufig bildhafte Vorstellungen als Mediatoren im Vergleich zu verbalen Mediatoren. Nachdem Ältere auf die Möglichkeit von Gedächtnisstützen aufmerksam gemacht wurden, verbesserten sie ihre Lernleistung erheblich, so daß die Leistungsunterschiede im Vergleich zu den Jüngeren nahezu nivelliert wurden (vgl. Lehr, 1991).

So stellten Hulicka & Grossman (1967) fest, daß ältere Menschen spontan weniger Gebrauch von Mediatoren beim Lernen von Wortpaaren machen. In vier Gruppen älterer und jüngerer Versuchspersonen verglichen sie die Lernergebnisse für zusammenhangslose Wortpaare, wenn entweder keine Instruktion gegeben wurde bzw. mit der Instruktion, sich selbst ein Bild vorzustellen. Der dritten Gruppe wurde eine Verbindung zwischen den Wortpaaren vorgegeben mit dem Hinweis, sich ein Bild zu produzieren. Die vierte Gruppe erhielt nur eine verbale Anweisung, d.h. es wurde nur eine Assoziation vorgegeben, ohne die Anweisung, sich ein Bild vorzustellen. Im Vergleich zur Kontrollgruppe (keine Anweisung) verbesserten sich die Älteren signifikant, wenn einerseits eine Assoziation zwischen den Wortpaaren vorgegeben wurde und anderseits die Anweisung gegeben wurde, sich ein entsprechendes Bild vorzustellen. Beide Gruppen verbesserten sich unter den Mediatorbedingungen, bei den Älteren von 13 Prozent korrekten Antworten ohne Mediator auf 65 Prozent mittels eines Mediators.

Als relativ altersinvariant wird das klassische und instrumentelle Konditionieren gesehen (zusammenfassend in Weinert & Schneider, 1996).

3.4 Befunde zu kognitiven Modellen

3.4.1 Strukturelle Ansätze

Strukturelle Ansätze, die in den Mehrspeichermodellen von Broadbent (1963), Atkinson & Shiffrin (1968), Anderson & Bower (1973) Murdock (1967) zu finden sind, erlauben eine integrative Zuordnung der meisten im Bereich gerontopsychologischer Gedächtnisforschung ausgewiesenen Befunde (Fleischmann, 1989).

Die in den Mehrspeichermodellen angenommenen Gedächtnissysteme unterscheiden sich hinsichtlich ihrer Funktion, Kapazität und Speicherdauer. Gedächtnisbeeinträchtigungen werden auf Faktoren wie reduzierte Speicherkapazitäten, Abrufprobleme aus den verschiedenen Speicherstrukturen und auf Störungen der Transferprozesse innerhalb der Strukturen zurückgeführt (Craik, 1977). Das Primärgedächtnis gilt innerhalb dieser Modelle als eine begrenzte Gedächtnisstruktur. Die von Miller (1956) postulierte Aufnahmekapazität des Kurzzeitspeichers (7 plus/minus 2 Einheiten) erfährt auch im Alter keine wesentliche Veränderung. So ergab eine „digit span" Aufgabe, daß Jüngere im Mittel 7 Zahlen, Ältere 6.5. wiedergeben konnten (Kausler, 1991). Es wird von geringen Altersunterschieden in den Leistungen des Primärgedächtnisses ausgegangen (Craik, 1977). Die Befundlage zur Hypothese einer altersspezifisch reduzierten Kapazität des Primärgedächtnisses ist allerdings gemischt, es liegt auch kein einheitliches Konzept zur Erfassung der Gedächtniskapazität vor (Fleischmann, 1989). Altersunterschiede zeigen sich hinsichtlich der Organisation von Elementen in Chunks (z.B. Gruppierungen, Kategorien), um größere Informationsmengen auch ohne rehearsal (Wiederholung) im Kurzzeitgedächtnis zu behalten. Ältere nutzen weniger die Möglichkeit „Chunks" zu bilden (Taub, 1974). Untersuchungen haben nachgewiesen, daß ältere Menschen das zu lernende Material weniger strukturieren und organisieren (Craik & Rabinowitz, 1984). Es zeigte sich in Untersuchungen, daß die Lerneinheiten seltener auf strukturelle Merkmale hin befragt werden und weniger Cluster (Einheiten) gebildet werden (Denney, 1974).

Insgesamt läßt sich feststellen, daß die Gedächtniskapazität oder Gedächtnisspanne im Sinne festgelegter Strukturmerkmale relativ altersinvariant ist (Fleischmann, 1989).

3.4.2 Prozessurale Ansätze

Es besteht die Annahme, daß die Defizite im späten Erwachsenenalter hinsichtlich der Gedächtnisleistungen im Primärgedächtnis unwesentlich sind (Craik, 1977; Fleischmann, 1989; Kausler, 1991), folglich Prozesse im Sekundärgedächtnis für auftretende Defizite im episodischen Gedächtnis im Alter verantwortlich sind. Zur Überprüfung der Phänomene des Sekundärgedächtnisses werden Gedächtnisleistungen mit Aufgaben zur freien Reproduktion (Primacy effect) herangezogen. Im gerontologischen Bereich wurden im Vergleich zu Wiedererkennungsleistungen, schlechtere Leistungen in den freien Reproduktionsprüfungen festgestellt. Die freien Reproduktionsprüfungen zeigten eine deutliche Altersabhängigkeit. Diese Leistungsdefizite bei den älteren Personen werden einerseits im Sinne einer Beeinträchtigung des Informationstransfers vom Primär- zum Sekundärgedächtnis (Enkodierungsdefizit-Hypothese) erklärt. Damit im Zusammenhang steht, daß ältere Menschen weniger leistungsverbessernde Gedächtnisstrategien anwenden. Anderseits werden die Leistungsdefizite mit einem erschwerten Informationsabruf (Abrufdefizit-Hypothese) erklärt.

Altersunterschiede bei Aufgaben zum semantischen Gedächtnis waren im Vergleich zu Altersunterschieden im episodischen Gedächtnis vernachlässigbar klein (Kausler, 1991), während Light & Burke (1988) altersbezogene Leistungseinbußen bei einer Reihe von Aufgaben zum semantischen Gedächtnis fanden.

Altersbedingte Defizite im Lexikon könnten einerseits aufgrund einer veränderten Struktur bzw. aufgrund veränderter Aktivierungsprozesse (automatische oder aufmerksamkeitsabhängige) gesehen werden. Die Aufmerksamkeitsaktivierung gilt als altersunabhängig. Der Verlust von repräsentativen Knoten beim normalen Altersprozeß wird als unwahrscheinlich angenommen (Kausler, 1991).

Eine Ausnahme von der Unversehrtheit des lexikalischen Gedächtnisses im Alter stellt das Phänomen des „Auf der Zunge liegens" dar, bei dem nach einem ganz bestimmten Wort gesucht wird und der Zugang zum lexikalischen Gedächtnis verwehrt bleibt. Burke et al., (1988) ließ ältere und jüngere Probanden Tagebücher und Aufzeichnungen über oben genannte Phänomene führen. Dabei stellte sich heraus, daß Ältere doppelt so häufig nach einem bestimmten Wort suchen. Diese Relation zeigt sich auch, wenn ältere und jüngere Untersuchungsteilnehmer mittels Gedächtnisfragebogen die Häufigkeit des Auftretens dieses Phänomens abschätzen sollen (Cohen & Faulkner, 1986).

Im folgenden werden Befunde zu informationstheoretischen Ansätzen zugeordnet, die die Informationsaufnahme als wesentliche Prozesse betonen:

1. Befunde zur dualen Kodierung:
   Die duale Kodierungstheorie erklärt die bessere Behaltensleistung bei konkreten Begriffen im Vergleich zu abstrakten Wörtern bei der freien Wiedergabe,

da konkrete Wörter eher bildlich vorgestellt werden können. Altersunterschiede bei der freien Wiedergabe für normale Sätze fanden Whitbourne & Slevin (1978) in einer Studie, in der zwei verschiedene Satzformen verwendet wurden: Einerseits Sätze mit konkretem, bildhaften Subjekt und Objekt, andererseits Sätze mit abstrakten, wenig bildhaftem Subjekt und Objekt. Konkrete Sätze mit hoher Bildhaftigkeit steigerten die Wiedergabeleistung bei jungen und älteren Probanden, es blieb jedoch ein Leistungsunterschied bezüglich des Alters. Von einer im Alter reduzierten Überlegenheit von bildhaften gegenüber verbalen Behaltensleistungen wird in der Studie von Rissenberg & Glanzer (1987) ausgegangen. Bei den jüngeren Versuchspersonen zeigte sich eine Überlegenheit bei der Reproduktion konkreter Wörter gegenüber abstrakten, während die Unterschiede bei den älteren Versuchspersonen statistisch nicht signifikant waren. Erklärt wird dieses Phänomen bei Kausler (1991) damit, daß ältere Personen spontan weniger Bilder zu Wörtern produzieren. Es wird vorgeschlagen, ältere und jüngere Menschen zu vergleichen, wenn Bilder selbst vorgegeben werden.

2. Befunde zum Verarbeitungsebenenansatz:
Eine Alternative zum Mehrspeichermodell ist der Ansatz des Levels-of-Processing oder Verarbeitungsebenenansatz nach Craik & Lockhardt (1972). Nach diesem Modell werden Altersunterschiede im episodischen Gedächtnis aufgrund von unterschiedlichen Enkodierungsprozessen gesehen. Sie überprüften die Behaltens- und Wiedergabeerkennungsleistung für Wörter. Wörter, die elaboriertes Verarbeiten erfordert hatten (z.B. einen Satz bilden), wurden sehr viel besser behalten. Eysenck (1974) überprüfte mittels Orientierungsaufgaben tiefe und oberflächliche Verarbeitung bei älteren und jüngeren Probanden. Bei oberflächlicher Verarbeitung unterschieden sich die Leistungen in den beiden Altersgruppen nicht. In den Aufgaben, die tiefe Verarbeitung erforderten, waren jedoch Leistungsunterschiede zugunsten der jüngeren erkennbar. Die Leistungsunterschiede konnten zwar reduziert werden, wenn tiefe Verarbeitungsstrategien angeboten wurden, ein Ausgleich konnte jedoch nicht erreicht werden. In nachfolgenden Studien konnten ähnliche altersbedingte Leistungsunterschiede bei tiefer Verarbeitung repliziert, jedoch auch Ausnahmen erzielt werden, in denen die älteren Probanden fast annähernd den Leistungslevel der jungen erreichen konnten (Mitchell & Perlmutter, 1986). Benton et. al., (1983) zeigten, daß solche Textpassagen besser behalten wurden, über die die Leser — durch nachfolgende Fragen angeregt — mehr Entscheidungen treffen mußten.

Die altersabhängigen Defizite kommen danach dadurch zustande, daß ältere Menschen weniger Strategien einer vertieften Verarbeitung (z.B. Vorstellungsbilder) einsetzen (Craik, 1968; Craik & Tulving, 1975) oder aufgrund einer verringerten kognitiven Verarbeitungsressource (Craik & Rabinowitz, 1984). Die Leistung der älteren Menschen wurde verbessert, wenn in den freien Reproduktionsaufgaben Abrufhilfen (cued recall) gegeben wurden (Kausler, 1991).

3.4. BEFUNDE ZU KOGNITIVEN MODELLEN

Rabinowitz et al., (1982) gehen davon aus, daß ältere Menschen Gedächtnisinhalte eher allgemein, z.b. auf der Basis von Ähnlichkeiten mit gemachten Erfahrungen enkodieren, die zu weniger spezifischen Gedächtnisspuren führen als bei den jüngeren und dadurch eher Abrufprobleme haben. Wenig elaborierte Verarbeitung bei der Enkodierung trägt dazu bei, daß Merkinhalte nur schlecht erinnert werden können (Arenberg & Robertson-Tchabo, 1977).

3. Befunde zum Maintainance rehearsal:
   Wiederholungen der zu merkenden Items sind für die Übertragung der Information vom Kurzzeit- ins Langzeitgedächtnis wesentlich. Je mehr Wiederholungen, desto eher erfolgt die Übertragung ins Langzeitgedächtnis. Ältere Menschen nutzen diese Rehearsalprozesse weniger als jüngere (Kausler, 1991).

4. Befunde zu kognitiver Anstrengung (effortful phenomena):
   Altersbedingte Defizite bei der subjektiven Organisation von Lernmaterial ist nach Kausler (1991) vermutlich ein Grund, warum ältere bei der freien Reproduktion schlechter abschneiden. Eysenck (1975) fand gemischte Ergebnisse hinsichtlich eines alterssensitiven bzw. altersinsensitiven Zugangs zur kategorialen Information. Altersbedingte Defizite zeigten sich eher in den weniger „kognitiv anstrengenden" Aufgaben als bei den Aufgaben, die kognitiv mehr „effortful" waren. Es wird angenommen, daß automatische Prozesse von Wiederholungen unabhängige Gedächtnisleistungen darstellen und damit von den Einschränkungen im Arbeitsgedächtnis im Alter nicht betroffen sind. Untersucht wurde dieser Zusammenhang vor allem mit räumlichen, zeitlichen und häufigkeitsbezogenen Informationsmerkmalen für welche die Anweisung, sich diese einzuprägen, keinen behaltensfördernden Effekt erwarten läßt. Eine Studie von Salthouse et al., (1988a) konnte nachweisen, daß bei häufigkeitsbezogenen Gedächtnisleistungen die Altersunterschiede nur geringfügig waren, vor allem weitaus geringer als, z.B. beim Paar-Assoziationslernen. Nach Sanders et al., (1990) erfordert die Speicherung häufigkeitsbezogener Information nur minimale Anstrengung und nur wenig Kapazität des Arbeitsgedächtnisses. Deshalb werden nur altersunabhängige automatische Prozesse aktiviert.

Altersunterschiede bei der Wiedergabe zeitlicher Information wurden bei McCormack (1982a) und Salthouse et al., (1988a), nicht jedoch bei Perlmutter et al., (1981) gefunden. Für die Wiedergabe räumlicher Kontextinformation zeigten sich wiederum bei Perlmutter (1981) altersbedingte Leistungsunterschiede. Ein weiterer Aspekt, der im Zusammenhang mit dem „Alltagsgedächtnis" steht, ist die Erinnerung verschiedener episodischer Ereignisse sowie die Zusammenhänge, Gemeinsamkeiten dieser Ereignisse herstellen (source memory s. Cohen & Faulkner, 1989). Craik et al ., (1990) untersuchte source memory in der Altersgruppe 60 bis 84 Jahre. Er fand signifikante Zusammenhänge zwischen Alter und „source amnesia" (je älter desto größer war source amnesia) und je besser die verbale Flüssigkeit, desto geringer war die source amnesia.

Häufig genannte Gedächtnisprobleme im Alter stellen Vergeßlichkeiten im Alltag dar, die sich auf Erinnerungen für Aktivitäten und Handlungen beziehen, wie z.b., ob die Herdplatte ausgeschaltet wurde. Die Erinnerung an bereits durchgeführte Alltagshandlungen stellt eine wesentliche Anforderung an die Gestaltung des Tagesablaufs dar, diese Erinnerung gilt wiederum als alterssensitiv (Kausler, 1991). Bei der Wiedergabe spezifischer Aktivitäten (kognitive Aufgaben) zeigten sich kaum signifikante Defizite (Lichty et al., 1986) bei den Älteren.

Weitere Untersuchungen beschäftigen sich mit der Ausführung geplanter Handlungen. Ein Großteil der Untersuchungen zum episodischen Gedächtnis basieren auf Komponenten des retrospektiven Gedächtnisses, d.h. es enthält Gedächtnisspuren von Ereignissen in der Vergangenheit. Als Reality Monitoring wird die Erinnerung an geplante Handlungen bezeichnet, wie z.B. habe ich jetzt den Briefkasten geleert oder hatte ich es nur vor, den Briefkasten zu leeren? Die Ergebnisse solcher Studien zeigen, daß dabei kaum Altersunterschiede auftreten (Kausler, 1991).

Unter „prospective memory" wird die Erinnerung geplanter Handlungen zu einem bestimmten Zeitpunkt in der Zukunft verstanden (Meacham & Leimann,1975; Meacham, 1988; West, 1988). Poon et al., (1982), West et al, (1984) untersuchten, ob alte oder junge Personen sich besser daran erinnern, einen verabredeten Telefonanruf pünktlich durchzuführen und fanden eine Überlegenheit der älteren Personen. Sinnott (1986) fand ebenfalls keine Altersunterschiede in der Ausführung bestimmter künftiger Handlungen in einer Feldstudie. Kausler (1991) fordert weitere Studien, die künftige alltagsbezogene Gedächtnisprozesse einbeziehen, bevor diesen Prozessen Altersunabhängigkeit bestätigt wird.

Als Altersphänomen gilt, daß lang zurückliegende Ereignisse von älteren Menschen besser erinnert werden als neu hinzugekommene Informationen. Studien belegen, daß in den ersten zehn Jahren nach dem Erwerb der Information die Vergessensrate am größten ist, danach bleibt die Information unabhängig vom Alter relativ konstant (Schonfield, 1969b). Arenberg, (1976) wiederum fand, daß Lerninhalte, welche weiter zurückliegen, schlechter erinnert werden und dies unabhängig von der Art der Darbietung.

5. Befunde zu Ressourcen Modellen:
Alterskorrelierte Leistungsdefizite im Gedächtnisbereich werden vor dem Hintergrund allgemeiner abnehmender kognitiven Ressourcen erklärt. Bei der Organisation von Lernmaterial besteht die Annahme, daß die Informationsspeicherung im episodischen Gedächtnis ähnlich wie im Lexikon des semantischen Gedächtnisses nach hierarchischen Strukturen erfolgt. Unabhängig vom Dual Store Model bzw. vom Ansatz der Informationsverarbeitungstiefe wurde die Erforschung organisatorischer Prozesse von Hultsch, (1971b) durchgeführt. Al-

3.4. BEFUNDE ZU KOGNITIVEN MODELLEN

tersbedingte Leistungsunterschiede in der Organisation von Lernmaterial werden mit abnehmenden Ressourcen-Modellen erklärt. Altersbedingte Defizite zeigen sich ebenfalls bei Aufgaben zur Kategorisierung von Wortlisten. Ältere enkodieren weniger Wörter pro Kategorie als Jüngere.

In vielen Studien zeigen sich Hinweise auf eine generelle Verlangsamung kognitiver Verarbeitung im Alter (processing rate model) oder durch kapazitätsbegrenzte Informationsverarbeitungsstrukturen im Arbeitsgedächtnis (working memory).

Fleischmann (1989) und Kausler (1991) erklären alterstypisch reduzierte Merkleistungen aufgrund beeinträchtigter aktiver Suchprozesse, die durch eine Verlangsamung kognitiver Verarbeitungsprozesse bedingt werden. Querschnittsanalysen im Altersbereich 60 bis 90 Jahre zeigten, daß nachlassende Gedächtnisleistungen mit einem reduzierten Tempo der Informationsaufnahme und -verarbeitung einhergehen. Eine verlangsamte Informationsaufnahme stellt wiederum eine ungünstige Bedingung dar, Informationen ins Gedächtnis aufzunehmen und wiederzugeben (Fleischmann, 1988). Eine im Alter verminderte Verarbeitungsgeschwindigkeit führt zu verminderten Rehearsalraten und damit zu einer verminderten Gedächtniskonsolidierung. Die zum Erwerb verfügbare Zeit spielt eine wesentliche Rolle.

Einen signifikanten Zusammenhang zwischen dem Zeitraum zum Erwerb und Alter fanden Monge & Hultsch (1971). Schnelleres Lernen wird durch selbstbestimmte Zeitangaben erreicht (Canestrari, 1963). Auch eine schnelle Wiedergabebedingung benachteilige ältere Menschen. Stine et al., (1990) fand Altersunterschiede abhängig von der Zeit, die zum Lesen der Textpassagen gewährt wurde, was ebenfalls mit den Altersunterschieden bezüglich der Verarbeitungskapazität des Arbeitsgedächtnisses erklärt wird (Hultsch et al., 1990). Festgestellt wurden entwicklungsbedingte Einbußen bei umschriebenen Lern-, Speicherungs- und Abrufkompetenzen im höheren Erwachsenenalter (Fleischmann, 1989). Diese zeigen sich vor allem, wenn die Bewältigung dieser Aufgaben mit Zeitbegrenzungen ausgeführt werden mußten und große Anforderungen an die Kapazität des Arbeitsgedächtnisses gestellt werden. Gedächtnisbezogene Leistungsdefizite werden einerseits durch abnehmende Ressourcen-Modelle erklärt, sowie mit Defiziten im Arbeitsgedächtnis, wobei von einer kapazitätsbegrenzten Informationsverarbeitungsstruktur ausgegangen wird, so daß aktive Verarbeitungsprozesse weniger effektiv durchgeführt werden können.

Es bestand die Annahme, daß automatische Prozesse von Wiederholungen unabhängige Gedächtnisleistungen darstellen und damit von den Einschränkungen im Arbeitsgedächtnis im Alter nicht betroffen sind. Altersbezogene Leistungsdefizite zeigen sich danach bei Gedächtnisaufgaben, die aktive Verarbeitung „effortful process" erfordern, während automatische oder passive Verarbeitungsschritte geringere Altersdifferenzen aufzeigen. Neuere Untersuchungen zeigen jedoch, daß auch die automatische Informationsverarbeitung Alterseinbußen erleidet (Salthouse, 1991; Knopf, 1992).

Eine Integration der Studien zu den oben erwähnten theoretischen Ansätzen zeigt sich z.B., daß Gedächtnisaufgaben zur freien Wiedergabe Beispiele für einen von der Wiederholung abhängigen Gedächtnisprozess darstellen, der kognitive Anstrengung erfordert und damit ressourcenabhängig sind (Kausler, 1991).

Ergebnisse von Studien bestätigen einen altersbedingten Abbau in episodischen Gedächtnisleistungen. Yesavage (1985) geht von einem 20–40 prozentigen Abbau bei 70-jährigen „normalen" Menschen aus, je nach dem welche Testmethoden verwendet werden. Die reduzierten Leistungen können nach Kausler (1991) zwar mit der Abnahme der Ressourcen (general-processing resources) als Folge normalen Alterns erklärt werden. Andere Faktoren als das Alter an sich können für die altersbedingten Leistungsabnahmen ebenfalls in Frage kommen. Ähnlich wie bei dem später aufgeführten Kapitel über Intelligenzleistungen können auch im Bereich Gedächtnis andere Faktoren eine wichtige Rolle spielen, so z.B. der Gesundheitszustand. Milligan et al. (1984) fanden, daß bei Personen mit einem besseren subjektiven Gesundheitszustand die Lernleistungen anstiegen. Auch der Vergleich mit dem Ausmaß der mentalen Aktivität kann nach Kausler (1991) eine Rolle spielen. In den Studien wurden meist junge Studenten mit älteren Personen verglichen, deren mentale Aktivität nicht so hoch eingeschätzt wird. Craik et al., (1987) fanden, daß ältere Bewohner eines Heimes mit einem hohem physischen und mentalen Aktivitätsangebot in den Leistungstests wesentlich besser abschnitten als Personen mit einem passiveren Lebensstil. Die älteren aktiven Probanden erreichten sogar Testwerte, die mit denen der jungen Studenten vergleichbar waren. Arbuckel et al., (1986) fanden, daß die Selbsteinschätzungen der mentalen und sozialen Aktivität ein wichtiger Prädiktor zur Vorhersage von Leistungen bei der freien Wiedergabe ist.

Die Rolle der verbalen Fähigkeiten gewinnt in den Studien zur kognitiven Leistungsfähigkeit zunehmend an Bedeutung (Hultsch & Dixon, 1990). In diesem Zusammenhang bestand die Annahme, daß altersbedingte Leistungsunterschiede durch hohe verbale Fähigkeiten gemildert werden könnten. Meyer & Rice (1989) berichteten, daß ältere Personen mit hohen verbalen Fähigkeiten bei einer Wiedergabeaufgabe genauso gut abschnitten wie eine zufällig ausgewählte jüngere Stichprobe. Dixon et al., (1984) fanden, daß die verbal begabten älteren Probanden bei der Wiedergabe von Prosatexten im Vergleich zu jüngeren zwar nicht ganz so gut abschnitten, aber bei der Identifikation der Hauptideen des Textes genauso gut waren wie jüngere Probanden mit hohen verbalen Fähigkeiten. Von den Autoren werden hohe verbale Fähigkeiten als wichtiger Prädiktor gesehen, der Leistungsunterschiede aufklärt, die sonst dem Alter zugeschrieben werden.

3.4. BEFUNDE ZU KOGNITIVEN MODELLEN

Kausler und Hakami (1983b) fanden eine positive Korrelation zwischen einem Wortschatztest und freier Wiedergabe bestimmter Themen. Studien, die sich mit der Frage nach Altersunterschieden bei der Erinnerung von Fernsehprogrammen beschäftigten, zeigen, daß altersbedingte Leistungsunterschiede für Personen mit guten verbalen Fähigkeiten vernachlässigbar klein werden (Cavanaugh et al., 1983).

Im folgenden werden Befunde zu gedächtnistheoretischen Ansätzen angeführt, die den Prozeß des Abrufs von Informationen betonen:

1. Befunde zur Enkodierungsspezifität:
   Bei dieser Theorie wird angenommen, daß ältere Menschen weniger gut im Enkodieren von Kontextinformationen sind als jüngere. Tulving (1968) zeigte, daß Reproduktionsleistungen gegenüber Wiedererkennungsleistungen überlegen waren, wenn spezifische Kontextinformationen bei der Reproduktion angeboten wurden, wie sie in der Erwerbsphase vorlagen. In der Studie von Puglisi et al., (1988) konnte eine unterschiedliche Verarbeitung der Enkodierungsspezifität bei jüngeren und älteren kaum nachgewiesen werden.

2. Befunde zum Metagedächtnis:
   Die Erforschung des Metagedächtnisses in Bezug auf Altersunterschiede nahm in den letzten Jahren an Bedeutung zu. Mangelhafte Metakognitionen (z.B. das Wissen über das Gedächtnis, über Aufgabenanforderung und Strategien) gelten als Ursache für die Produktionsineffzienz (Weinert & Knopf, 1983) bzw. das Produktionsdefizit der älteren Menschen bei kognitiven Aufgaben (Hultsch & Dixon, 1990). Altersbedingte Leistungsunterschiede werden also weniger Defiziten im episodischen Gedächtnissystem zugeschrieben, als vielmehr einer ineffektiven Nutzung bzw. Defiziten im Metamemorysystem (Kausler, 1991; Perlmutter,1978; Lachmann & Lachmann,1980). Vorhersagen über eigene Gedächtnisleistungen wurden als Indikator für das Wissen über das Gedächtnis verwendet (Brigham & Pressley, 1988; Cavanaugh & Perlmutter, 1982). Je genauer die Vorhersagen, desto besser ist das Wissen über das eigene Gedächtnissystem und dessen Funktionsweise. Studien zur Vorhersagegenauigkeit der Älteren weisen unterschiedliche Ergebnisse auf. In einigen Studien wurden weniger genaue Vorhersagen der eigenen Gedächtnisleistungen im Vergleich zu den jüngeren gefunden (Brigham & Pressley, 1988; Lachman & Jelalian, 1984; Lovelace & Marsh, 1985). In der Studie von Bruce et al., (1982) mit einer episodischen Gedächtnisaufgabe überschätzten die älteren Probanden ihre tatsächliche Wiedergabeleistung. Andere Studien belegen eine relativ genaue Vorhersage der eigenen Gedächtnisleistungen sowohl der jüngeren als auch der älteren Probanden (Perlmutter, 1978; Camp et al., 1983; West et al.; 1986; Rebok & Balcerak, 1989). Camp und Pignatiello (1988) fanden,

daß ältere und jüngere Personen gleich sicher ihre Fähigkeiten einschätzten, Faktenwissen zu erinnern und logische Schlußfolgerungen zu ziehen, allerdings nahmen die älteren an, daß die Fähigkeiten, Faktenwissen zu erinnern mit zunehmenden Alter geringer werde. In der Studie von Knopf (1987) gaben ältere Menschen pessimistische Leistungsprognosen ab. Die unterschiedlichen Ergebnisse in den Vorhersagen werden auf unterschiedliche Aspekte in den Meßverfahren zur Erfassung des Metagedächtnisses zurückgeführt (Lovelace & Marsh, 1985). Ein wichtiger Prädiktor für die Vorhersagegenauigkeit der Leistungen stellt in allen Altersgruppen die Art der Aufgabe selbst dar (Hertzog, Dixon, & Hultsch, 1990). Von einer Überschätzung der eigenen Gedächtnisleistung durch Unterschätzung der Aufgabenschwierigkeit gehen Lovelace & Marsh (1985) aus.

Mit der Rolle des Wissens (allgemeines bzw. bereichsspezifisches) befassen sich eine Reihe von Untersuchungen zur Erforschung altersbedingter Leistungsunterschiede anhand der Wiedergabe von Textpassagen (Cohen, 1988; Dixon & Bäckman, 1989). Studien (vgl. Lachmann et al., 1979; Botwinick et al., 1980) zeigen, daß bei sinnhaftem Material die Älteren ihr Wissen verwenden konnten, um Hinweise auf die gesuchte Information zu bekommen. In einer Stichprobe von Studenten und Pensionären zur Wiedererkennungsleistung und freier Wiedergabe von Nachnamen berühmter Persönlichkeiten zeigten sich die Pensionäre überlegen. Die Autoren interpretieren dieses Ergebnis als einen Effekt der größeren Wissensmenge der älteren Versuchspersonen. Sie haben mehr Hinweise zur Verfügung, um assoziative Pfade zu der gesuchten Information zu bilden. Hultsch & Dixon (1983) untersuchten bereichsspezifisches Wissen mittels kohortenspezifischer Persönlichkeiten aus dem Unterhaltungsbereich und fanden gleiche Wiedergabeleistungen bei allen Altersgruppen. Byrd (1986-87) berichtete ähnliche Ergebnisse bei Verwendung von Themen aus den jeweiligen Kohorten. Nur in einer späteren Abfragebedingung schnitten die Älteren bei der Unterscheidung neuer Information vom früherem Wissen schlechter ab.

Die Rolle des Wissens für Gedächtnis- und Lernleistungen wird auch bei Knopf (1988) hervorgehoben. Gedächtnisleistungen liegen in Wissensdomänen bei allen Altersgruppen höher als in vergleichbaren Aufgaben, die nicht durch Rückgriff auf das Wissen zu bearbeiten sind. Charakteristisch für das höhere Erwachsenenalter ist die kompensatorische Funktion des Wissens: Defizitäre Entwicklungsverläufe können durch Wissen ausgeglichen werden. Zusammenhänge erkennen von Textpassagen zeigten altersbedingte Defizite, wenn die Informationsfülle die Kapazität des Arbeitsgedächtnisses der Älteren überlastete, jedoch nicht die der Jüngeren (Light et. al, 1982 ; Zacks et al., 1987).

Lachmann, Lachmann & Thronesbery (1979) untersuchten, in welchem Ausmaß Personen verschiedener Altersgruppen beurteilen können, ob eine Antwort auf eine Frage, die nicht sogleich abrufbar ist, nach einer Zeit doch gefunden werden kann und ob die Suchzeit bei solchen Fragen, auf die keine Antwort

3.4. BEFUNDE ZU KOGNITIVEN MODELLEN

gefunden werden kann, relativ kürzer ist. Sie finden keinen Altersunterschied und stellen fest, daß die Fähigkeit des Metagedächtnisses bei ihren freiwilligen älteren Versuchspersonen bis zum Alter von ca. 70 Jahren erhalten bleibt.

Es zeigte sich, daß die gefundenen Leistungseinbußen älterer Menschen bei Lern- und Gedächtnisaufgaben auch damit zusammenhängen, daß die bevorzugt verwendeten Materialien an den Lerngewohnheiten, dem Wissen und den Interessen jüngerer Menschen orientiert waren (Perlmutter, 1980). In der Aktualisierung des Wissens bei gesunden alten Menschen traten keine Verschlechterungen der Leistungen bis zum Alter von 70 Jahren auf, vor allem bei Versuchen, die der realen Lebenssituation entsprechen. Wesentlich bei Lernaufgaben ist, daß die relevanten Wissensstrukturen im Alter aktiviert werden, damit das Wissen nicht in falsche Strukturen eingeordnet wird und verblaßt.

Leistungsunterschiede können auch in Abhängigkeit von der Motivation auftreten (Lehr, 1991). Es zeigen sich altersbedingte Verhaltensunterschiede, die nichts mit der Lernleistung zu tun haben. Jüngere zeigen sich risikofreudiger, raten bei Unsicherheit, während Ältere hier eher auf eine Antwort verzichten, also größere Vorsicht zeigen. Lern- und Erinnerungsaufgaben im natürlichen Kontext beeinträchtigen den älteren Lerner weniger als künstliche Laboraufgaben (Schuster & Oeltzschner, 1984).

Spezielle Lernaufgaben — besonders wie sie in bezug auf das Lernen alter Menschen für die Möglichkeiten des psychologischen Laboratoriums typisch sind — weisen Altersdefizite auf. Eine Altenbildung sollte sich an die Fähigkeiten des älteren Lerners anpassen, indem auf das Lernen von bedeutungsarmen Material und auf umfangreiches Auswendiglernen verzichtet wird (Schuster & Oeltzschner, 1984).

Welche Informationen für eine Person bedeutsam sind, hängt von verschiedenen Faktoren ab (Joerger, 1984):

1. Vorerfahrung: Je mehr Wissen über eine Sache bereits vorhanden ist, desto eher und differenzierter werden weitere Informationen hierzu wahrgenommen.

2. Bedürfnis, Motivation und Einstellung: Das Individuum nimmt die Umwelt abhängig von seiner Bedürfnisstruktur wahr. Dinge, die für eine Person nicht bedeutsam sind, werden weniger beachtet und gelernt.

3. Erwartung: Der Mensch baut im Laufe des Lebens ein Netz von Erwartungen auf. Neue Eindrücke werden entsprechend dieser Erwartungshaltung wahrgenommen und gedeutet.

Abb. 3.1 zeigt einen Überblick über die angeführten Gedächtnismodelle und Hypothesen der kognitiven Alterung.

KAPITEL 3. BEFUNDE ZU GEDÄCHTNISLEISTUNGEN

Modelle	Hypothesen
Historische Ansätze * Mnemotechniken	Plastizitätsgrenze
Biologische Ansätze * Zellphysiologische und biochemische Mechanismen des Gedächtnisses * explizites, deklaratives Gedächtnis * implizites, prozedurales Gedächtnis	Produktions- und Nutzungsdefizite Degenerative Alternsprozesse * Altersvariant * Altersinvariant
Assoziationstheoretische Ansätze * S-R-Lernen * serielles Lernen * Paarassoziationslernen * Klass. u. Instrumentelles Lernen	* Abrufdefizit * Erwerbsdefizit * Mediationsdefizit * Altersinvariant

Kognitive Ansätze

Strukturelle Ansätze: * Mehrspeichermodelle * Sensorische Speicher * Kurzzeitgedächtnis * Langzeitgedächtnis	Abrufdefizit und Kapazitätshypothese Kurzfrist. Kapazität altersinvariant
Prozessurale Ansätze	Verarbeitungshypothesen, Abrufdefizite, Endkodierungsdefizit
Duale Kodierung betont bildhaftes vs verbales Gedächtnis	Reduzierte Überlegenheit der Bilder
Verarbeitungsebenenansatz betont Verarbeitungstiefe	Geringere Informationsverarbeitungstiefe
Maintenance Rehearsal betont erhaltendes Wiederholen	Geringere Rehearsalraten
Kognitive Anstrengung betont aktive u. passive Verarbeitung	Geringere aktive Verarbeitung
Allgemeine Ressourcen-Modelle betonen Ressourcenabhängigkeit	Allgemein abnehmende Ressourcen
Processing Rate Model betont Verarbeitungsgeschwindigkeit	Tempohypothese langsamere Verarbeitung
Working Memory betont Informationsverarbeitung	Kapazitätsbegrenzte Informationsverarbeitungsstruktur
Enkodierungsspezifität betont Kontextinformation	Geringere Nutzung von Kontextinformationen
Metagedächtnis betont Kenntnisse über das eig. Wissen	Produktionsineffizienzhypothese mangelhafte Metakognition

Abbildung 3.1: Überblick über die Gedächtnismodelle und Hypothesen zur kognitiven Alterung

3.4. BEFUNDE ZU KOGNITIVEN MODELLEN

Zusammenfassend lassen sich aufgrund der ausgewählten Literatur folgende Aussagen zu den Befunden von Gedächtnisleistungen bei älteren Menschen treffen: Die traditionellen Lerntheorien, die vom Assoziationismus abgeleitet wurden, trugen wenig zum Verständnis für Gedächtnisleistungen persönlich erfahrener Ereignisse bei. Im Gegensatz dazu legte der Informationsverarbeitungsansatz seinen Schwerpunkt auf die Analyse episodischer Gedächtnisleistungen im Zusammenhang mit menschlichem Verhalten.

Es wurde auf die Probleme der älteren Menschen beim En- und Dekodieren hingewiesen, die für die schlechteren Lernleistungen verantwortlich gemacht werden. Fehlende Gedächtnishilfen, z.B. die Benutzung effektiver Kategorien, Verbalisieren wichtiger Dimensionen des Lernmaterials, weniger spontan eingesetzte Wiederholungen tragen zu diesem Phänomen bei. Leistungsdefizite mit zunehmenden Alter werden mit unterschiedlichen Modellen zum Gedächtnis, z.B. mit geringer Nutzung tiefer Verarbeitungsstrategien, mit abnehmenden Ressourcen und mit einer Kapazitätsbegrenzung der Informationsverarbeitungsstruktur im Working Memory System erklärt. Ähnliche Annahmen liegen kognitiven Verarbeitungsmodellen zugrunde, die zwischen aktiven und passiven Formen der Informationsverarbeitung unterscheiden.

Ein Großteil der Forschung zum Gedächtnis bezog sich auf die Frage nach Altersunterschieden in verschiedenen Aufgabenbereichen. Die Unterscheidung bezog sich meist zwischen Primär- und Sekundärgedächtnis, wobei festgestellt wurde, daß das Primärgedächtnis altersinsensitiver ist als das Sekundärgedächtnis. Es zeigte sich, daß episodische Aufgaben eher Abbau anfällig sind als semantische. Im Zusammenhang mit altersbedingten Leistungsveränderungen wurde die Frage nach aufgabenspezifischen oder personenbezogenen Merkmalen untersucht, wie z.B. Bedeutungshaltigkeit des Gedächtnismaterials, Motivation und Wissen.

Kognitive Leistungen werden zunehmend als Produkt komplexer Interaktionen zwischen Aufgabenspezifität und Persönlichkeitsmerkmalen gesehen. Die Rolle individueller Persönlichkeitsunterschiede, Einstellungen, spezifischer Fähigkeiten wie z.B. verbale Fähigkeiten, und soziale Prozesse werden im Zusammenhang mit kognitiven Leistungen untersucht.

Hinsichtlich der Gedächtnisleistung wird nach Faktoren gesucht, welche die Leistungsunterschiede zwischen jüngeren und älteren Personen durch entsprechende Interventionsmaßnahmen verringern.

Kapitel 4

Untersuchungen zum Gedächtnistraining bzw. zum Training intellektueller Funktionen

4.1 Allgemeines

Alle intelligenten Systeme benötigen ein Gedächtnis. Seit der Intelligenzstrukturforschung (Horn & Catell, 1966) wird das Gedächtnis als eigenständige Komponente intellektueller Leistung gesehen. Einzelne Gedächtnisleistungen lassen sich auf bestimmte Grunddimensionen intellektueller Leistungsfähigkeit zurückführen. Gedächtnistests sind Teil der Intelligenzdiagnostik. Den Zusammenhang Intelligenz mit Gedächtnis verdeutlicht z.b. die Tempo-Aufmerksamkeits-Komponente, womit die Schnelligkeit der Informationsverarbeitung ausgedrückt wird. Dem Tempo der Informationsaufnahme und -verarbeitung kommt eine Schlüsselrolle im Gedächtnissystem zu, z.B. bei den Ressourcen-Modellen, die von einer generellen Verlangsamung kognitiver Verarbeitung im Alter ausgehen.

Eine der am häufigsten genannten Alterserscheinungen im psychischen Bereich stellen die subjektiv wahrgenommen Leistungseinbußen des Gedächtnisses dar. Untersuchungen konnten nachweisen, daß ältere Menschen ihre Gedächtnisleistungen im Vergleich zu früher geringer einschätzen (Abson & Rabbitt, 1988). Klagen über ein nachlassendes Gedächtnis fanden sich bereits bei zwölf Prozent der Personen zwischen 40 und 50 Jahren und bereits bei fast der Hälfte der Personen über 60 Jahren (Roberts, 1983). Festgestellt wurde, daß die subjektiven Einschätzungen der Gedächtnisleistungen der Älteren nicht mit objektiven anhand von Testaufgaben erhobenen Kennwerten im Zusammenhang stehen (Scogin, 1985; Sunderland et al, 1986). Allerdings lassen sich durch die Variabilität der Meßmethoden und durch die unterschiedlichen Untersuchungsschwerpunkte Ergebnisse zu altersbedingten Einbußen schwer integrieren (Gilewski & Zelinski, 1986).

Die subjektiven Urteile über Gedächtnisprobleme können Ausdruck einer im Alter steigenden Aufmerksamkeit für Mißerfolge und damit eine einhergehende Mißerfolgserwartung sein. Die Annahme, daß im Alter das Gedächtnis zwangsläufig nachläßt und die damit verbundene Angst lenkt die Aufmerksamkeit (Zarit et al., 1981).

Wenig Studien befassen sich mit der Frage, welche Gedächtnisprobleme die älteren Menschen überhaupt mittels eines Trainings beseitigt haben wollen. Es stellte sich heraus, daß nicht nur das Vergessen irgendwelcher Einkäufe die Älteren beeinträchtigt, sondern das Merken von Namen und wichtiger Daten, vergangene und gegenwärtige Ereignisse und Informationen (Zelinski et al., 1980; Leirer et al., 1990). Die Wünsche der Gedächtnisverbesserung drücken eher das Bestreben aus, in sozialen Situationen auf ein verläßliches Gedächtnis zurückgreifen zu können. Trainiert wird jedoch häufig das Merken von Wortlisten mittels einer Memorisierungsstrategie. Trainingsprogramme zur Verbesserung der Gedächtnisleistung älterer Menschen legen häufig den Schwerpunkt auf die Behebung isolierter Gedächtnisdefizite, wobei vor allem Mnemotechniken eingesetzt werden. Spezifische Interventionen zielen auf das Training spezifischer Funktionen oder Leistungen ab, wie z.B. das kurzfristige Merken von Ziffern.

Leistungssteigerungen infolge gedächtnisbezogener Interventionsmaßnahmen wurden in vielen Untersuchungen nachgewiesen (vgl. Fleischmann, 1982, 1989; Kotler-Cope & Camp, 1990; Yesavage et al.; 1989; Oswald et al., 1994, Knopf, 1993) und diese werden z.T. im Rahmen breit angelegter Interventionsprogramme durchgeführt. Meist bleiben die Trainingsansätze auf eng umschriebene Teilleistungen des Gedächtnisses beschränkt. In vielen Studien zum Gedächtnistraining stand die Vermittlung bekannter leistungsfördernder Strategien im Vordergrund, die sogenannten Mnemotechniken. Wegen des Problems der Generalisierung konzentrieren sich viele erfolgreiche Trainingsprogramme eher nur auf eine spezifische Technik als auf globale Techniken (McEvoy 1992).

Aufgabenstellungen zur Erfassung von Ausgangsleistung und Leistungsveränderungen sind z.B. die freie Reproduktion bzw. das Wiedererkennen von Wortlisten sowie auch Aufgaben zum Paar-Assoziationslernen. Durch die leichte Handhabung finden solche Tests eine große Verbreitung. Nach Yesavage (1985) lassen sich mit geeigneten Gedächtnistechniken Defizite bei diesen Aufgabenstellungen meist beheben und damit den Erfolg einer Methode nachweisen. Es wurde festgestellt, daß es bei den Trainingsteilnehmern eine große Variabilität hinsichtlich der Verbesserungen gab (Yesavage, 1985; Weinert et al., 1988). Die Trainingseffekte stellen damit bei älteren Personen einen breiten Rahmen dar, von erheblichen bis nur mäßig geringen Leistungssteigerungen. Salthouse (1982) geht von Kompensationsmöglichkeiten zur Behebung der Defizite aus.

4.2 Ansätze zum Gedächtnistraining

4.2.1 Studien zu Mnemotechniken

Häufig angewandte Gedächtnistechniken stellen die Methode des Ortes, die Schlüsselwortmethode und das Verknüpfen visueller Vorstellungsbilder dar. Bei der Methode des Ortes (loci-Technik) lernt man geographische Orte und verwendet sie als Hinweisreize für den Abruf der Elemente. Häufig werden Orte verwendet, die bekannt sind, z.b. der Grundriß des eigenen Hauses oder ein bestimmter Weg. Um sich Elemente oder eine Wortliste zu merken, werden einfach verschiedene Orte entlang eines Weges vorgestellt und jedes zu merkende Element im Geiste einem solchen Ort zugeordnet. Dabei ist es wichtig, spezielle Zielorte zu haben, an denen die Elemente plaziert werden, die erinnert werden sollen. Die Methode beruht darauf, daß Begriffe besser eingeprägt werden, wenn die einzelnen Begriffe bildlich vorgestellt werden. Bei der Assoziationstechnik wiederum werden einfache Assoziationen zwischen den zu lernenden Elementen hergestellt, so daß sie alle innerhalb einer sinnvollen Geschichte verbunden werden können. Die Methode, sich eine Geschichte zu merken, ist mit der Loci-Technik verwandt. Die Geschichte gibt den Rahmen ab, an dem die ansonsten willkürlichen Begriffe verankert werden können.

Die Schlüsselworttechnik gilt dem gleichen Zweck. Hier geht es darum, eigentlich beziehungslose Elemente zu verknüpfen. Die Technik benutzt Schlüsselwörter, d.h. Wörter, die mit Zahlen assoziiert sind. Um eine Wortliste zu lernen, wird jedes Wort mit einem Schlüsselwort verbunden und ein Bild geformt, meist ein bedeutungshaltiges, bizarres Bild. Wenn die Elemente später wiedergegeben werden, werden die Schlüsselwörter und Bilder erinnert und das gesuchte Element ist leichter abrufbar (vgl. Lindsay & Norman, 1981; Birbaumer, 1989).

All diese Techniken stellen einen organisatorischen Rahmen für das zu lernende Material zur Verfügung und erfordern etwas Mühe, um das System zu lernen. Wesentlich bei den Techniken ist, daß die Aufmerksamkeit auf das Gedächtnismaterial gelenkt wird. Die meisten Techniken erfordern die Fähigkeit, sich visuelle Bilder vorzustellen. Visuelle Vorstellungsbilder führten zu signifikanten Leistungssteigerungen (Costa & Mc Crae, 1985).

Das Training in Mnemotechniken zeigte bei älteren Menschen hinsichtlich der freien Wiedergabe widersprüchliche Ergebnisse. Verbesserungen zeigten sich z.B. in den Studien von Robertson-Tchabo et. al. (1976) und Yesavage & Rose (1984). Mason & Smith (1976) fanden dagegen keine Verbesserungen. Anschutz et al. (1985) lehrten im Rahmen ihrer Studie älteren Menschen die Methode des Ortes, bzw. die Loci-Methode, um sich eine Einkaufsliste ohne externe Hilfen zu merken. Im Prä- und Posttestvergleich nach vier bzw. acht Wochen wurden die Leistungen mittels einer Aufgabe zur freien Wiedergabe überprüft. Teilnehmer, welche die Lernstrategie, ihren eigenen Vorstellungen anpaßten, erzielten die besten Ergebnisse, auch noch bei der Testung nach acht Wochen. Bei einer nach drei Jahren durchgeführten Follow-up-Studie (1987) gaben die Teilnehmer an, die im Training gelernte Methode des Ortes nicht mehr anzuwenden.

Viele Trainingsprogramme können zwar kurzfristige Erfolge nachweisen, die Aufrechterhaltung eines Trainingseffekts über längere Zeit gelingt jedoch meist nicht (Anschutz et al., 1985; Stigsdotter & Bäckman, 1989). Diese mangelnde Aufrechterhaltung erzielter Trainingserfolge wird damit erklärt, daß häufig nur isolierte Gedächtnisprozesse trainiert werden, die nicht in das alltägliche Verhaltensrepertoire integriert werden (Knopf, 1993).

Es zeigte sich, daß Mnemotechniken, wie z.b. die Methode des Ortes, bei komplexerem Lernmaterial nicht mehr anwendbar waren. Selbst bei einfachen Aufgaben, wie z.b. beim Lernen einer Einkaufsliste, wird die Methode außerhalb des Trainings nicht mehr verwendet. Sie wird wegen der Umständlichkeit nicht in den Alltag transferiert.

Herrmann & Searleman (1990, 1992) beklagen den entmutigenden Transfer, wenn Versuchspersonen nur in einer bestimmten Mnemotechnik trainiert wurden. McEvoy (1992) geht ebenfalls von einer geringen Generalisierbarkeit der Gedächtnisverbesserung von der Trainingssituation auf andere Situationen aus. Eine besonders hohe Effektivität aufgabenspezifischer Trainingskonzeptionen kontrastiert in der Regel mit der geringen Generalisierbarkeit und Nutzbarkeit der erworbenen Kompetenzen im Alltag (Weinert & Knopf, 1990). Selbst Gedächtnistrainer, welche die klassischen Mnemotechniken vermitteln, wenden sie selbst kaum an (Park, Smith & Cavanaugh, 1990). Weshalb sollten Ältere diese dann anwenden? Selbst wenn die Wirkungsweise einer Methode nachgewiesen ist, heißt dies noch nicht, daß sie angewendet wird. Es handelt sich bei den Mnemotechniken häufig um sophistizierte Techniken, die neu erworben oder in unüblicher Weise verwendet werden müssen, um lern- und gedächtnisfördernd zu wirken.

In weiteren Studien (Yesavage, 1989) wurden individuelle Unterschiede der Trainingsteilnehmer berücksichtigt. Es wurde in den Studien versucht, Persönlichkeitsfaktoren als Mediatorvariablen zu berücksichtigen (vgl. Gratzinger et al., 1990). So zeigten sich z.B. beim Lernen von Mnemotechniken größere Trainingseffekte, wenn ältere Menschen auf der Persönlichkeitsskala „Aufgeschlossenheit" günstigere Werte erhielten.

Klare Ergebnisse in Hinsicht auf individuelle Differenzen liegen in bezug auf die Mnemotechniken für hochbegabte Schüler und Studenten vor. Bei schneller Vorgabe von Wörtern lernen sie besser als Normalbegabte. Scruggs und Mastropieri (1984) erklären diesen Vorteil durch bessere und aktivere Informationsverarbeitung.

Poon et al., (1980) fordern eine stärkere Berücksichtigung metakognitiver Strategien im Hinblick auf die Aufrechterhaltung und Generalisierung von Trainingserfolgen. Für die geringe zeitliche Stabilisierung von Trainingserfolgen werden auch

4.2. ANSÄTZE ZUM GEDÄCHTNISTRAINING

individuelle Personenmerkmale als Ursache in Betracht gezogen (Stigsdotter & Bäckman, 1989).

Der Impuls für neue Ansätze resultierte von den klassischen Methoden der Gedächtnisverbesserung, die zwar effektive Gedächtnisstrategien wirksam vermitteln konnten, aber die im Training gewonnen Kompetenzen ließen sich zu wenig im Alltag erfolgreich nutzen. Anschutz et al., (1987) gehen davon aus, daß kreative und effektive kognitive Trainingsmethoden entwickelt werden sollten, die auch über das Training hinaus angewandt werden. Kritisiert wird, daß die Gedächtnisforschung seit Ebbinghaus wenig um Anwendung bemüht ist. Ergebnisse und Probleme der klinischen Anwendung werden kaum berücksichtigt (Herrmann & Searleman,1992).

Eine Möglichkeit der Gedächtnisverbesserung besteht auch im selbstgesteuerten Lernen im Vergleich zu angeleitetem Training. So wurden systematisch die Effekte von angeleitetem Training und freien Übungsmöglichkeiten untersucht. Beide Gruppen zeigten dieselben Leistungssteigerungen (Baltes, Sowarka & Kliegl, 1989). Labouvie-Vief und Gonda (1976) konnten ebenfalls nachweisen, daß die Probanden selbst Lernstrategien entwickeln und daß diese selbst erzeugten Strategien einen größeren Langzeiteffekt besitzen.

4.2.2 SIMA-Studie

Hochsignifikante Trainingseffekte sowie auch Langzeiteffekte hinsichtlich verschiedener Gedächtnisfunktionen fanden sich beim SIMA-Gedächtnistraining (Oswald et al., 1994). 1991 beteiligten sich 375 selbständige, im eigenen Haushalt lebende Personen im Alter zwischen 75 und 93 Jahren an der SIMA-Studie. 1996 nahmen noch 299 Personen an den Untersuchungen teil. Vor Beginn des Trainings wurde mit den Teilnehmern/Innen eine umfassende medizinische und psychologische Untersuchung durchgeführt. Die im Rahmen des Projektes entwickelten Trainingsprogramme sind theoretisch begründet und bestanden aus einem Kompetenz-, einem Gedächtnis- und aus einem Psychomotorik-Trainingsprogramm. Zielsetzung war die Überprüfung kurzfristiger und langfristiger Effekte der einzelnen Trainingsprogramme sowie deren Kombination aus Kompetenz- und Psychomotoriktraining bzw. Gedächtnis- und Psychomotoriktraining hinsichtlich der trainierten Funktionsbereiche sowie auch die Erhaltung der Selbständigkeit und Vermeidung von Pflegebedürftigkeit.

Die Verbesserung der Gedächtnisleistung im SIMA Gedächtnistraining setzte auf verschiedenen sich ergänzenden Ebenen an: Einerseits in der Übung von Grundfunktionen der Informationsverarbeitung, anderseits wurden Gedächtnisstrategien vermittelt. Wahrnehmungsübungen, Aktivierung aller Sinneskanäle, Vermittlung von Lern- und Gedächtnisstrategien, Nutzung äußerer Gedächtnishilfen und Informationsvermittlung waren Inhalte des Trainingsansatzes.

Unmittelbar nach Abschluß der Maßnahmen wurde die Eingangsuntersuchung an den verbleibenden 309 Probanden wiederholt. Es zeigten sich spezifische Trainingseffekte für jede der durchgeführten Trainingsmaßnahmen. Hochsignifikante Trainingseffekte ließen sich in der Gruppe mit Gedächtnistraining in allen Gedächtnisfunktionen theoriekonform nachweisen. Die Trainingsteilnehmer profitierten hinsichtlich der Konzentration und Aufmerksamkeit, der Informationsverarbeitungsgeschwindigkeit sowie auch bei Sekundärgedächtnisprozessen (aktive Informationsverarbeitung). Dabei zeigten sich auch Transfereffekte für das logische Denkvermögen. Die Kombination des Gedächtnistrainings mit psychomotorischen Übungen (welche allein keine Veränderungen im Gedächtnisbereich aufweisen konnten) führte zu einer positiven Stimulation normalerweise wenig altersabhängiger Funktionsbereiche, wie z.B. die der kristallinen Intelligenz. Die Trainingswirkungen konnten noch ein Jahr später nach einer trainingsfreien Periode nachgewiesen werden, während bei der Kontrollgruppe eher ein Altersabbau feststellbar war.

Langfristig konnte das Gedächtnistraining allein keine relevanten Effekte auf die kognitive Leistungsfähigkeit aufweisen, jedoch die Kombination von Gedächtnis- und Bewegungstraining. Das oben genannte kombinierte Training führte zu einer hochsignifikanten Verbesserung der kognitiven Leistungen insgesamt, welche in etwas abgeschwächter Form auch noch vier Jahre nach SIMA-Beginn anhielt.

4.2.3 Mehrstufige Trainingsprogramme

Reattributionstraining

Ein Trainingsprogramm, das nicht nur die kognitiven Probleme der älteren Menschen, sondern auch motivationale Probleme berücksichtigt, wurde von Knopf (1990) angewandt. Es sollte die Frage geklärt werden, inwieweit sich die Gedächtnisleistungen der Älteren optimieren lassen, wenn zusätzlich zum kognitiven Training auch ungünstige Attributionsmuster verändert werden. Bei dem zweistufigen Trainingsprogramm handelte es sich bei einer Trainingskomponente um ein Reattributionsprogramm, die zweite Komponente bezog sich auf die Vermittlung und Übung von Lern- und Erinnerungsstrategien. An der Untersuchung nahmen insgesamt 124 Personen im Alter zwischen 50 und 87 Jahren teil. Ähnlich wie bei dieser eigenen Untersuchung handelte es sich dabei um Untersuchungsteilnehmer, die hinsichtlich Bildung und intellektueller Leistungsfähigkeit eher überdurchschnittlich waren. Ziel des Reattributionstrainings war es, eine Veränderung des Attributionsstereotyps „erlernte Hilflosigkeit" für die Erklärung von Mißerfolgen durch andere günstigere Erklärungsmuster zu ersetzen. Außerdem sollte eine realistischere Beurteilung eigener Leistungen und eine bessere Bewertung eigener Gedächtnisleistungen erzielt werden. An diesem Trainingsprogramm nahmen 37 Personen teil und wurde in insgesamt 8-stündiger Sitzung in Einzelversuchen durchgeführt. Als Ergebnis des Reattributionstrainings

4.2. ANSÄTZE ZUM GEDÄCHTNISTRAINING

zeigten sich eine Veränderung des Attributionsstils, weniger pessimistische Erfolgserwartungen und ein günstigeres Selbstkonzept der eigenen Gedächtnisfähigkeiten. Ziel des metakognitiven Strategietrainings war der Aufbau eines umfassenden Wissens über Lernen, Gedächtnis, Erinnern sowie das Training der Nutzung dieses Wissens. Das Training bestand aus zwei Teilen, einerseits wurde das Lernen, anderseits das Erinnern optimiert. Das Strategietraining konnte ebenfalls positive Erfolge aufweisen. In den Lern- und Gedächtnisaufgaben zeigten sich deutliche Leistungsverbesserungen unmittelbar nach dem Training und bei einer follow up Untersuchung. Die älteren Versuchsteilnehmer profitierten von dem Gedächtnisprogramm, das ihr Lernen verbesserte. Bei dem kombinierten Programm von Reattributions- und Strategietraining konnte zwar ein günstigerer Attributionsstil erzielt werden, allerdings waren die durch Strategietraining erreichten Trainingseffekte in dieser Gruppe besonders gering. Daraus wurde gefolgert, daß sich die Attributionsmuster verändern lassen, daß aber Symptome der Hilflosigkeit in Belastungssituationen nicht anhaltend abgebaut werden bzw. daß bei den „Erlernt Hilflosen" die pessimistischen gedächtnisbezogenen Überzeugungen sich nur teilweise änderten.

Multifaktorielles Training

Stigsdotter & Bäckman (1989) verglichen in ihren beiden Studien die Wirksamkeit eines unifaktoriellen Gedächtnistrainings mit multifaktoriellem Training auf die Gedächtnisleistungen. In der ersten Studie wurden 29 Teilnehmer zufällig drei unterschiedlichen Gruppen zugeordnet: Eine Gruppe bestand aus einer Kontrollgruppe ohne Training, eine zweite Gruppe erhielt ein allgemeines kognitives Aktivierungsprogramm (Problemlösetraining, logisches Denken). Die dritte Gruppe erhielt das multifaktorielle Training, das drei Komponenten enthielt: eine Komponente bestand im Training von Enkodierungsprozessen (bildhafte Vorstellungsübungen, Organisation und Methode der Orte) eine weitere Komponente enthielt ein Aufmerksamkeitstraining und die dritte bestand in einem Entspannungstraining. Das Ergebnis belegte die Wirksamkeit des multifaktoriellen Trainings auf die überprüften Gedächtnisleistungen unmittelbar nach dem Training und ein halbes Jahr später. Keine Effekte auf die Gedächtnisaufgaben konnte die Kontrollgruppe aufweisen.

In der zweiten Studie wurde die Wirksamkeit des multifaktoriellen Trainings mit dem unifaktoriellen Training hinsichtlich Langzeiteffekte verglichen. Dabei wurde die multifaktorielle Trainingsgruppe einer unifaktoriellen Gruppe, die nur Aufgaben zu Enkodierungsprozessen enthielt ohne Aufmerksamkeits- und Entspannungstraining, gegenübergestellt. Die Kontrollgruppe war ohne Training. Das Ergebnis zeigte die Überlegenheit der multifaktoriellen Trainingsgruppe. Das unifaktorielle Training brachte Verbesserungen auf die Gedächtnisleistungen, aber in geringerem Umfang wie das multifaktorielle Training. Allerdings zeigte sich eine Aufgabenspezifität des Trainings, da keine Generalisierung auf andere Gedächtnisbereiche stattfand.

4.2.4 Gedächtnisspiele und Gehirnjogging

Das Psychologische Institut der Universität Basel führte zusammen mit den Klubschulen Zürich und Basel und dem Migros Genossenschaftsbund eine Studie zum Gedächtnistraining durch (Bader, 1993). In spielerischer Form, nach der modifizierten Stengel-Methode (Stengel, 1976), wurden Übungen zur Konzentration, Sinneswahrnehmung, Merkfähigkeit und Wortfindung durchgeführt. Die 46 Teilnehmer konnten sich in 9 von 13 Leistungstests verbessern, wobei sich auch die Kontrollprobanden ohne Gedächtnistraining in 7 Tests verbesserten. Bei den subjektiven Einschätzungen der Leistungsverbesserungen gaben Zweidrittel an, Verbesserungen registriert zu haben. Nach Baddeley (1986) ist jedoch die subjektive Einschätzung, daß sich das Gedächtnis verbessert, noch keine adäquate Rechtfertigung für eine Trainingsmaßnahme. In einer dieser vorliegenden Arbeit vorangehenden Studie (Michelfelder, 1994) wurde ein Gedächtnistraining nach der Stengel-Methode als Interventionsprogramm für ältere Menschen hinsichtlich möglicher Effekte auf die kognitive Leistungsfähigkeit sowie der Befindlichkeit untersucht. 29 Teilnehmer/innen nahmen an der Studie teil. In acht von elf Leistungstests verbesserten sich die Teilnehmer/innen. Es zeigte sich auch, daß die Kombination von Kontakt und Leistung bevorzugt wurde und daß am Ende des Trainings das Selbstvertrauen und die Zufriedenheit bessere Werte zeigten.

Gehirn-Jogging (Lehrl & Fischer, 1986) ist als Maßnahme konzipiert, die verschiedene Ebenen der geistigen Leistungsfähigkeit beeinflussen soll. Gehirn-Jogging gilt als Aktivationsoptimierer bei gleichzeitiger geistiger Beanspruchung, als möglichst morgens durchzuführende zehnminütige Übung, die den Hirnstoffwechsel und die zerebrale Durchblutung sowie die geistige Leistungsfähigkeit mobilisiert. Die Studie von Weidenhammer et al.; (1986) erbrachte, daß sich die Mehrheit der Übenden für leistungsfähiger hielt und der Intelligenz- und Gedächtnisquotient nach 14 Tagen Gehirn-Jogging anstieg. Es handelt sich bei dem Training um eine kurzfristige unspezifische allgemeine Aktivierung oder Anhebung des Arousal-Niveaus. Ob der Effekt längere Zeit anhält, ist nicht bekannt.

4.2.5 Testing the limits

Die Entwicklungskapazität für Gedächtnisleistungen wurde mit der Methode des Ortes in zwei Studien mit jüngeren und älteren Menschen überprüft. Die Ergebnisse bestätigen, daß sich selbst Höchstleistungen mit der Methode des Ortes auch mit sehr alten Menschen erzielen lassen, aber es zeigen sich auch die Grenzen dieses Trainingsansatzes (Kliegel et al.; 1989). Die erste Untersuchung bestand aus zwei Experimenten. Im ersten Experiment nahmen 4 Studenten und 20 ältere Menschen teil. Im Prä- und Posttest wurden jeweils zwei Listen mit 40 Wörtern in zwei Präsentationsraten dargeboten. Im Prätest unterschieden sich jüngere und ältere Menschen nicht. Bei beiden Altersgruppen konnten enorme Steigerungen der Gedächtnisleistungen erreicht werden. Die älteren Probanden konnten durchschnittlich 32 Wörter wiedergeben. Die Leistungen der Älteren lagen deutlich über dem Niveau, das untrainierten, jüngeren Erwachsenen möglich ist. Beim Vergleich der Leistungen zwischen jüngeren und älteren Probanden zeigte sich jedoch eine stabile alterskorrelierte Beschränkung. Die jüngeren Probanden konnten einen größeren Leistungszuwachs erreichen. Das zweite Experiment, an dem 18 jüngere Frauen und Männer und 19 ältere Frauen und Männer teilnahmen, enthielt ähnliche Aufgabenstellungen, nämlich das Lernen von Wortlisten, aber es wurden unterschiedliche Repräsentationsraten eingesetzt. Wie beim ersten Experiment wurde durch das Training eine wesentliche Leistungssteigerung bei den älteren und jüngeren Probanden erzielt. Allerdings zeigte sich wieder bei den Studenten ein höherer Zugewinn. In der zweiten Studie sollten die Grenzen der Gedächtnisreserve im Langzeittraining überprüft werden. Es wurden zwölf Einzelfallstudien in drei Experimenten durchgeführt. Im ersten Experiment wurden drei Personen, zwei jüngere und eine ältere Person, aus der vorhergehenden Studie trainiert. Die beiden jüngeren zeigten nach ca. 20 Sitzungen ein Ergebnis, das mit Leistungen von Gedächtniskünstlern vergleichbar war. Trotz eines neunmonatigen Trainings wurde der Altersunterschied nicht aufgehoben. Im zweiten Experiment wurden jüngere Personen ohne Vorerfahrung trainiert, aber auch hier zeigten sich bessere Ergebnisse für die jüngere Altersgruppe. Im dritten Experiment wurden zwei 78-jährige Erwachsene und zwei 12-jährige Kinder im Leistungsniveau verglichen. Auch hier war die Merkfähigkeit der älteren Teilnehmer niedriger als die der jungen Erwachsenen. Die Ergebnisse stützen die Hypothese, daß altersbedingte Grenzen der kognitiven Plastizität auch durch ein Langzeittraining nicht aufgehoben werden können.

4.3 Ansätze zum Intelligenztraining

4.3.1 Training fluider und kristallisierter Intelligenz

Inhaltlich wird Intelligenz als Fähigkeit der Informationsverarbeitung, des logischen Denkens und als Fähigkeit, sich Kulturwissen anzueignen betrachtet (Baltes, 1984). Für die beiden Fähigkeitsbündel, die fluide und kristallisierte Intelligenz werden unterschiedliche Verlaufsformen der Leistungskapazität über die Lebensspanne angenommen (Horn & Catell, 1966). Das Vermitteln bestimmter Regelhaftigkeiten mit dem Ziel ihrer Anwendung, steht im Zentrum des Trainings kristallisierter Leistungen. Fluides Training besteht als induktives Denken im Erkennen von Regelhaftigkeiten (Klauer, 1992).

Die meisten Trainingsansätze richten sich auf Fähigkeiten der fluiden Intelligenz, die als Fundament intellektueller Prozesse verstanden wird. Beim Training der fluiden Intelligenz (z.B. induktives Denken) zeigte sich, daß ältere Menschen ein Leistungsniveau erreichen konnten, das dem junger, untrainierter Erwachsenen entsprach (Baltes, 1984).

Fähigkeitsspezifische Trainingsprogramme stellen z.b. das ADEPT Programm (Penn State Adult Development and Enrichment Projekt) dar, bei dem verschiedene Programme angewendet wurden. Insgesamt haben 109 Personen im Altersbereich zwischen 60 und 89 Jahren an den Studien teilgenommen. Auch in dieser Studie stellen die Versuchspersonen eine positive Auswahl hinsichtlich der Gesundheit und Bildung dar. In einem Experiment wurde die Rolle von Testwiederholung an sich als Trainingsmaßnahme untersucht. Hofland, Willis & Baltes (1981) berichten über kontinuierliche Leistungssteigerungen (Retest als Trainingsbedingung). Beim induktiven Denken und Erkennen figuraler Beziehungen (Blieszner,Willis &Baltes, 1981) zeigten sich signifikante Leistungsverbesserungen ebenso beim Aufmerksamkeits- und Gedächtnistraining (Willis et. al., 1983), wobei beim letzteren, Trainingseffekte noch nach sechs Monaten nachweisbar waren, allerdings zeigten sich keine Transfereffekete. Auch in der PRO-ALT Studie, die von Baltes und Mitarbeiter (1986) durchgeführt wurde, zeigten sich signifikante Leistungsverbesserungen, die sich nur auf die trainierten Fähigkeiten beziehen.

Mit Probanden aus dem ADEPT Programm haben Willis & Nesselroade (1990) langzeitliche Trainingseffekte der fluiden Fähigkeiten untersucht. Sie kamen zu dem Ergebnis, daß die Trainingsgruppen ihr Leistungsniveau halten bzw. sogar noch steigern konnten. Die Autoren gehen davon aus, daß wiederholte Trainingsphasen sich besonders günstig zur Erhaltung des kognitiven Niveaus im Alter auswirken. In der Seattle Longitudinal Study fanden Schaie und Willis (1986) durch ein entsprechendes Training in fluiden Leistungsbereichen ebenfalls Verbesserungen. Hasselhorn et al., (1995) fanden in einem mit Senioren durchgeführten Denktraining mit Übungen zum induktiven Denken positive Ergebnisse im Vergleich zur Kontrollgruppe. Allerdings waren die erzielten Effektgrößen relativ klein. Das Training mit den Senioren war weniger effektiv wie mit jungen Menschen, außerdem zeigten sich keine Langzeiteffekte. Bei der Effektivitätsprüfung nach 11 Monaten war von den ursprünglichen Trainingseffekten nichts mehr zu merken.

Weniger Untersuchungen liegen für die kristallisierte Intelligenz vor, da die Konzeption der kristallisierten Intelligenz die Trainierbarkeit dieser Leistungskomponente auszuschließen scheint (Klauer, 1992). Ein Training fluider und kristallisierter Intelligenzleistungen wandte Klauer (1992) in seiner Studie mit 30 60-jährigen Frauen an. Beide Trainingsarten erwiesen sich als effektiv, wobei das Training fluider Intelligenz relativ geringe Effektstärken im Vergleich zum kristallisierten Training aufwies. Dieses Ergebnis wird damit erklärt, daß im fluiden Bereich nur mäßige bis mittlere Effekte erzielt werden. Klauer (1992) geht auch davon aus, daß kristallisierte Intelligenz besser trainierbar sein könnte und damit mehr Entwicklungsreserven beinhaltet. Sollten weitere Studien die schwächere Trainierbarkeit der fluiden Intelligenz zeigen, wäre damit die differentielle Entwicklungstheorie von Catell und Horn bestätigt.

Außerdem führt Klauer an, daß das Training, das kristallisierte Intelligenzleistungen fördern sollte, mehr Nähe zwischen Trainingsinhalt und abhängiger Variable aufwies und das sinnvollere Training der kristallisierten Fähigkeiten den Teilnehmern vielleicht mehr zusagte. In der Literatur wird der Grad der Vertrautheit mit dem Lernmaterial als wichtige Einflußvariable auf die Lernleistung hervorgehoben (Kruse & Lehr, 1990; Lehr, 1972; Olechowski, 1969). Die Aufgaben zum Training kristallisierter Fähigkeiten könnten einen höheren Vertrautheitsgrad mit der Lerngeschichte und Lebenssituation aufweisen und damit eine motivationale Variable darstellen, die die besseren Ergebnisse bei den kristallisierten Aufgaben erklärt. Lernmaterial, das wenig Sinn erkennen läßt, wird weniger intensiv bearbeitet.

4.4 Zusammenfassung

Zusammenfassend zeigt sich, daß meisten Studien zum Gedächtnis- und Intelligenztraining einen positiven Trainingseffekt aufweisen, wobei die Bandbreite der gefundenen Trainingseffekte relativ klein ist, die gefundenen Effekte sich nur auf die trainierte Fähigkeit beziehen (Willis & Schaie, 1986, Hasselhorn, 1995). So wird häufig von einer Verbesserung des „Gedächtnisses" gesprochen, obwohl nur spezifische Phänomene unter sehr spezifischen Bedingungen und Restriktionen untersucht wurden (Weinert & Schneider, 1996). Bei den Trainingsprogrammen zur Förderung der Gedächtnis- und Intelligenzleistungen werden mangelnde Transfereffekte und die Aufrechterhaltung der Trainingserfolge über längere Zeit beklagt. Insgesamt zeigen diese Studien, daß ein Altersabbau in spezifischen Leistungsbereichen für ältere Menschen durch Übung und Training z.T. reversibel ist, wobei auch Grenzen der Plastizität festgestellt wurden. Plastizität bezieht sich auf die intraindividuelle Variabilität und bezeichnet das Potential, das Individuen zu verschiedenen Verhaltensformen und Entwicklungsverläufen befähigt (Lerner, 1984).

In bezug auf das Gedächtnis ist das Interesse der meisten Trainingsansätze auf Veränderung von Prozessen, Mechanismen und Leistungen des Gedächtnisses gerichtet und weniger auf die Beschreibung und Analyse von stabilen oder variablen intra- und interindividuellen Differenzen der Gedächtnisfunktionen gerichtet. Intellektuelle Leistungen und damit auch das Gedächtnis werden jedoch in ein differenziertes Bedingungsgefüge eingebunden betrachtet (vgl. Übersicht Kruse & Lehr, 1990; Kausler, 1991; Lehr, 1991; Weinert & Schneider, 1996). So stehen Gedächtnisleistungen im Zusammenhang mit der Schulbildung. An der Duke-Längsschnittstudie zeigte sich z.B., daß eine bedeutende Größe für die Höhe der Leistungen in den Gedächtnisskalen und deren Aufrechterhaltung die Dauer des Schulbesuchs darstellte (Mc

Carthy et al., 1982). Längsschnittlich wurde der Einfluß der Bildungsstufe in der Duke Studie (Palmore, 1970) und in der Bonner Gerontologischen Längsschnittstudie (s. Rudinger & Lantermann, 1980) nachgewiesen. Lernaktivitäten, persönliche Bildungsinteressen und berufliche Spezialisierungen stellen Einflußfaktoren dar, die zu großen individuellen Unterschieden in den Gedächtnisleistungen führen können. Der Gesundheitszustand stellt eine wichtige Einflußvariable dar. Milligan et al. (1984) fanden, daß Lernleistungen besser durch den subjektiven Gesundheitszustand und Reaktionszeiten besser durch den objektiven Gesundheitszustand vorhersehbar sind. Einflüsse motivationaler, affektiver und sozialer Bedingungen in ihrem Zusammenwirken auf die Gedächtnisleistungen werden häufig vernachlässigt. So zeigte sich z.B., daß auch das Lernmaterial selbst in den Studien eine untergeordnete Rolle spielte. Wenn jedoch das Lernmaterial den Älteren weniger zusagt, führt dies zu schlechteren Lernleistungen (vgl. Kruse & Lehr, 1990). Auch die Interaktion zwischen Persönlichkeitseigenschaften und Gedächtnis- bzw. Lernleistung wird kaum berücksichtigt.

Nach Weinert (1983) können die Aufrechterhaltung und Förderung der Lern- und Gedächtnisleistung im Alter nicht das Ergebnis eines schmalen Trainingsprogramms sein, sondern sie stellen eine langfristige, permanente Entwicklungsaufgabe dar. Lernen wird als lebenslange Aufgabe betrachtet. Danach ist es wenig sinnvoll, ein Gedächtniskünstler zu werden, ohne zu wissen, wozu man das erworbene Wissen nutzen will und wenn man nicht zugleich die Bereicherung erfährt, die mit dem Lernen verbunden ist. Neues zu erfahren, Wissen zu vertiefen und das eigene Weltbild zu erweitern, sind die eigentlichen Beweggründe, das Gedächtnis zu trainieren.

Fleischmann (1993) stellt folgende Mängel in bezug auf Programme zum Gedächtnistraining fest:

1. fehlende Formulierung von Trainingszielen

2. mangelnde Zuordnung zu gedächtnispsychologischen Modellen

3. knappe Beschreibung der einzelnen Trainingsmethoden und ihrer praktischen Realisation

4. lückenhafte Kennzeichnung der untersuchten Probanden

5. Erfolgsmaße bleiben auf einfache gedächtnispsychologische Untersuchungsparadigmen beschränkt, deren Gültigkeit für alltägliche Behaltenssituationen unbekannt oder fraglich ist

6. fehlende Angaben zum Verlauf der Trainingsgewinne und ihrer Beziehung zu den Ausgangsleistungen

7. weitgehende Vernachlässigung differentieller Effekte

4.4. ZUSAMMENFASSUNG

8. keine Aussagen zu längerfristigen Trainingseffekten

9. keine Überprüfung von Transfereffekten

In der vorliegenden Arbeit wurde versucht, beim durchgeführten Interventionsprogramm die Kritikpunkte aufzugreifen, um in der Untersuchung möglichst viele der oben genannten Mängel zu vermeiden. Allerdings können auch aus dieser Untersuchung keine Aussagen zu längerfristigen Trainingseffekten abgeleitet werden.

Im anschließenden Kapitel folgt eine Beschreibung nicht-kognitiver Einflußfaktoren auf die Gedächtnisleistungen.

Kapitel 5

Psychologische Faktoren im Zusammenhang mit Gedächtnisleistungen

5.1 Allgemeines zu nichtkognitiven Variablen

Wie bereits in früheren Abschnitten im Zusammenhang mit der intellektuellen Entwicklung darauf hingewiesen wurde, stellen Lernaktivitäten, die Dauer der Bildung und persönliche Bildungsinteressen, berufliche Spezialisierungen, der Gesundheitszustand und biographische Momente und biographisch verankerte Interessen wichtige Einflußfaktoren dar, die zu großen individuellen Unterschieden in den Gedächtnisleistungen führen können (Weinert & Schneider, 1996). In diesem Abschnitt werden vor allem die Einflüsse psychischer Phänomene und sozialer Bedingungen in ihrem Zusammenwirken auf die Gedächtnisleistungen dargestellt.

Hultsch & Dixon, (1990) betonen:

> It has become increasingly clear that cognitive processes do not operate in isolation from personality and social processes.

Bereits frühere Forschungsarbeiten zum kognitiven Training fordern die Berücksichtigung nicht kognitiver Faktoren (Zigler & Butterfield, 1968; Zigler et al., 1973, Baltes & Labouvie, 1973; Labouvie-Vief, 1976). Zigler et al. fordern, daß die interventionsorientierte Forschung nicht nur bemüht sein sollte, kognitive Defizite zu verbessern, sondern auch den „competence-performance gap" schließen müsse, indem nicht kognitive Variablen, wie z.B. das Selbstvertrauen, sich als kompetent zu erleben, die Selbsteffizienz und das Kontrollerleben positiv beeinflußt werden.

Von einem komplexen Zusammenspiel kognitiver und motivationaler Prozesse bei Gedächtnisleistungen, z.B. von den Beurteilungen der eigenen Leistungsfähigkeit, geht Knopf (1987) aus. Es werden drei wichtige Determinanten als Performanzvariablen angeführt (Salomon & Globerson,1987):

1. metakognitive Faktoren, wie das Wissen über die Aufgabenanforderungen und vorhandene Strategien

2. motivationale Faktoren, wie Erwartungen, Selbsteffizienz und Attributionsstile

3. Persönlichkeitsvariablen wie Persönlichkeitseigenschaften, Einstellungen und kognitive Stile.

Ein niedriges Selbstwertgefühl, Angst und Besorgnis werden bei Labouvie-Vief, (1976) sowie Hoyer et al., (1973) als nichtkognitive Variablen angeführt, die die kognitiven Leistungen schmälern können. Dabei wird angenommen, daß ein niedriges Selbstwertgefühl zu weniger Anstrengung bei Leistungsaufgaben und damit zu einem schlechteren Ergebnis in Leistungssituationen (s. auch Lachmann et al., 1987) führt. Wahrgenommene Gedächtniseinschränkungen können zu einem verminderten Selbstvertrauen führen, zu Angst und Selbstzweifel, welche wiederum zu sozialem Rückzug führen und damit das Gedächtnisproblem aufrechterhalten bzw. noch verschlimmern (Johnston, 1989).

Zarit, Gallagher und Kramer (1981) konnten nachweisen, daß einerseits ein Gedächtnistraining und anderseits auch nur ein nichtkognitives Persönlichkeitstraining ähnliche Ergebnisse auf die Gedächtnisleistung bewirkte. Spielberger et al. (1979) zeigte, daß Angstabbau einen günstigeren Einfluß auf Prüfungssituationen hatte als ein Training in spezifischen Fähigkeiten. Ein Training zum Abbau negativer Stereotypien bezüglich der Gedächtnisalterung wurde in der Studie von Hamlett et al. (1985) durchgeführt. Dieses Training verbesserte die Gedächtnisleistungen genauso wie ein Training in Gedächtnistechniken, allerdings war die Einstellungsmodifikation nicht dauerhaft.

Nichtleistungspsychologische Aspekte erhalten eine zunehmende Bedeutung (Fleischmann, 1982). Er fordert im Zusammenhang mit Interventionsprogrammen zur Gedächtnisverbesserung Untersuchungen, inwieweit Einstellungen und Persönlichkeitsmerkmale einen Einfluß auf Trainingseffekte nehmen.

Die experimentelle gerontopsychologische Gedächtnisforschung sollte in stärkerem Maße Erlebnisvariablen, die sich auf das Verhältnis von Situation und Lebensraum beziehen, kontrollieren. Bei der Auswahl der Prüfmaterialien ist abzuschätzen, welche Rolle diese in den jeweiligen Bezugssystemen der untersuchten Altersgruppen spielen. Durch die Kontrolle derartiger Vorhaben in experimentellen Untersuchungen

5.1. ALLGEMEINES ZU NICHTKOGNITIVEN VARIABLEN

läßt sich sicherer abschätzen, ob beobachtete Leistungsdifferenzen als Fähigkeitsdefizite zu interpretieren sind oder als unzureichende Inanspruchnahme eigentlich vorhandener Kompetenzen verstanden werden müssen.

Nichtkognitive Faktoren, wie Erwartungen über Gedächtnisleistungen und Altersstereotypien bezüglich eines geistigen Abbaus mit zunehmenden Alter spielen nach Best (1992) eine wesentliche Rolle bei Trainingsprogrammen zur Gedächtnisverbesserung und deren Fortführung und Generalisierung im Alltag.

Herrmann & Searleman (1990, 1992) fordern, Gedächtnisfunktionen im Zusammenhang mit einer Vielzahl kognitiver und nichtkognitiver Faktoren zu sehen und die Einbindung des Gedächtnisses in ein umfassendes kognitives System mit Bezug zum persönlichen, sozialen und emotionalen Kontext. Die Autoren gehen davon aus, daß das menschliche Gedächtnis direkt oder indirekt von folgenden Faktoren beeinflußt wird: von der Persönlichkeit und Einstellungen einer Person, vom Gesundheitszustand, von der Befindlichkeit sowie auch von sozialen Faktoren. Ihr multimodaler Ansatz zur Gedächtnisverbesserung beinhaltet eine kombinierte Vermittlung unterschiedlicher Trainingsinhalte. Nach Knopf (1993) ist die Evaluation dieser additiven Konzeption eines Gedächtnistraining schwierig, da der Einfluß der unterschiedlichen Faktoren z.B. folgende Fragen aufwirft:

1. Welche Rolle spielen die unterschiedlichen Faktoren für die Bewältigung spezifischer Lern- und Gedächtnisaufgaben ?

2. Welche Beziehung weisen sie untereinander auf ?

3. In welcher Weise beeinflussen die unterschiedlichen Faktoren die Lern- und Gedächtnisleistungen ?

Einerseits können sich herkömmliche Trainingsprogramme auf psychische Faktoren auswirken, wie z.B. die später aufgeführte Studie von Dittmann-Kohli aufzeigt. Hierbei verändern sich die Selbstkonzepte durch das kognitive Training. Anderseits können auch die psychischen Variablen oder deren Veränderung einen Einfluß auf die Gedächtnisleistungen haben.

Im folgenden werden nichtkognitive Einflußfaktoren und Befunde dazu dargestellt, wobei die Beschreibungen dieser psychologischen Variablen sich überlappen. Mit der Berücksichtigung nicht kognitiver Einflußfaktoren auf die Gedächtnisleistung, besteht die Möglichkeit einer ganzheitlichen Betrachtung des Gedächtnisses: Kognition und Emotion als sich gegenseitig beeinflussende Prozesse.

5.2 Persönlichkeitsfaktoren

Auf einen Zusammenhang intellektueller Leistungen mit Persönlichkeitsfaktoren wiesen bereits frühere Arbeiten von Lachmann, Baltes et al. (1982), sowie Lachmann, (1983) hin. Almeroth (1983) weist auf Interdependenzen zwischen kognitiv-intellektuellen und personal-motivationalen Faktoren hin, die bei der Analyse von Lernleistungen berücksichtigt werden sollten.

Yesavage et. al. (1989) suchten nach differentiellen Prädiktoren für Gedächtnisverbesserungen und stellten fest, daß Persönlichkeitsfaktoren sowie auch kognitive Stile der Probanden in Untersuchungen wenig Berücksichtigung fanden. Die Autoren überprüften, inwieweit Persönlichkeitsmerkmale beim kognitiven Training der Älteren eine Rolle spielen. Ältere Probanden wurden in einem Training zum „Namen merken" drei verschiedenen Trainingsmethoden zugeordnet und fanden signifikante Interaktionen zwischen dem Persönlichkeitskonstrukt „Empathic/Outgoing" und den Trainingsbedingungen. Nachdem Training wurden die Probanden in „Profitierer" und „Verlierer" eingeteilt, wobei sich für die Probanden, die wenig von dem Training profitieren, ein signifikanter Haupteffekt mit Neurotizismus zeigte, keinen signifikanten Trend wiesen die Gewinner auf.

Gratzinger & Yesavage (1990) berücksichtigten weiterhin Persönlichkeitsfaktoren im Zusammenhang mit Gedächtnistraining und stellten in einem Training zum „Gesichter erkennen" ebenfalls Trainingsgewinne fest, wobei diejenigen Probanden die besten Ergebnisse erzielten, die bei dem Persönlichkeitsfaktor „Aufgeschlossenheit" und dem Subfaktor „Fantasie" höhere Werte erreicht hatten. Da keiner der anderen Faktoren, weder Neurotizismus noch Extraversion, im Zusammenhang mit dem Training stand und es keine signifikanten Interaktionen zwischen den Hauptfaktoren und dem Training gab, sollten die differentiellen Unterschiede aufgrund von Persönlichkeitsfaktoren vorsichtig interpretiert werden. Nach Aussagen der Autoren verringert die Variabilität der gefundenen Anfangsleistungen bei den Probanden die Wahrscheinlichkeit, Persönlichkeitsfaktoren als Mediatorvariablen zu finden.

In der Untersuchung von Almeroth (1983) hinsichtlich des Einflusses der Unsicherheitstoleranz auf den Einprägungs- und Behaltenseffekt zeigte sich nur ein Trend, daß sich mit nachlassender Unsicherheitstoleranz der Einprägungs- und Behaltenseffekt verringert und bestätigt damit Ergebnisse aus anderen lernpsychologischen Untersuchungen. Personen mit hoher Unsicherheitstoleranz in bezug auf Informationsverarbeitung, Kognitionsstrategie und Zeitbedarf sind gegenüber Personen mit geringer Unsicherheitstoleranz im Vorteil (Clauss, 1979).

5.3 Selbstkonzept

Die Konstruktion des Selbstbildes ist eine kulturelle Leistung des Menschen, die in der Auseinandersetzung mit der sozialen Umwelt und mit Hilfe der Sprache erbracht wird. Auch unabhängig vom Urteil anderer Menschen bildet das Individuum eine Meinung von sich selbst, z.B. in Leistungssituationen. Meinungen, Werthaltungen und Überzeugungen, die in der Gesellschaft als „richtig" gelten und davon abweichende Selbsterfahrungen des alternden Menschen können unvereinbar sein, was zu Konfliktpunkten im Alternsprozeß führen kann.

Die Selbstkonzeptforschung basiert auf einem Subjektmodell und der Annahme einer kognitiven Repräsentation der eigenen Person. Die Selbststruktur umfaßt alle in der Sozialisation erworbenen selbstbezogenen Kognitionen und Einstellungen zur eigenen Person, d.h. die Selbstkonzepte eines Individuums werden als zur Persönlichkeit gehörend und diese konstituierend verstanden. Selbstkonzepte nehmen auch in der Selbst-Struktur älterer Menschen eine zentrale Position ein (Deusinger, 1986). Die Stellungnahmen zu sich selbst gehören zu den handlungsvorbereitenden und handlungskonstituierenden Sinngehalten. Diese handlungsleitenden Stellungnahmen zu sich selbst werden bei Oswald und Fleischmann (1986) als Selbstbild behandelt. Nach Deusinger (1996) wird heute das Selbstbild weniger ganzheitlich betrachtet, sondern man geht von „Selbstkonzepten" bzw. „Selbstbildern" aus. Sie bezeichnen die individuellen Auffassungen der Person über alle relevanten Merkmale der eigenen Person, wie sie in Selbstattributionen zu Fähigkeiten, Wünschen, Stimmungen und Wertschätzungen der eigenen Person hervortreten. Selbstkonzepte werden als Aspekte dessen verstanden, was der Begriff der Identität ausdrückt. Es besteht die Annahme, daß es verschiedene zu unterscheidende Selbstkonzepte der Person gibt.

Inhaltlich werden das Körperselbst, das soziale Selbst und das Leistungsselbstbild unterschieden. In Bezug auf Leistungskonzepte stellte Deusinger (1986) fest, daß ältere Personen nicht weniger günstige d.h. mit sozial erwünschten Merkmalen gekennzeichnete Leistungskonzepte im Vergleich zu jüngeren Menschen zeigen. Außerdem zeigte sich: Je besser die objektiv bestimmten psychischen kognitiven Leistungen der älteren Personen sind, umso günstiger sind die subjektiven Leistungskonzepte. Korrelationen zwischen der Selbsteinschätzung des Gedächtnisses und der gezeigten Testleistung fanden Gilewski und Zelinski (1986). Entwicklungspsychologische Untersuchungen zeigten, daß Selbsteinschätzungen des Gedächtnisses im Zusammenhang mit der erbrachten Leistung stehen (Cavanaugh & Murphy, 1986; Scogin, Storandt, & Lott, 1985).

Dittmann-Kohli (1986) untersuchte, welche Wirkungen die Teilnahme an Test- und Trainingssitzungen auf die Selbstwahrnehmung und das Leistungsselbstbild der älteren Probanden hat. Die Ergebnisse der Untersuchung wiesen nach, daß es bei älteren Leuten nicht nur direkte kognitive Effekte der Teilnahme an einem Test-

und Trainingsprogramm intellektueller Fähigkeiten gibt, sondern daß die Erfahrungen mit dem Training, der Testsituation oder den eigenen Leistungen auch in die Selbstwahrnehmung und Selbstbeurteilung Eingang finden. In Übereinstimmung mit der Realität, d.h. mit dem tatsächlich erzielten höheren Leistungsniveau, war die Einschätzung ihrer gegenwärtigen Fähigkeiten (Selbstwirksamkeit) signifikant höher und genauer als die der Retestgruppe. Das Training wirkte sich im Sinne einer Steigerung von Kompetenzüberzeugung aus. Allerdings zeigten die Ergebnisse über Alltagskompetenz eine Aufgabenspezifität der Selbstbildveränderungen, d.h. eine Beschränkung auf Leistungen, in denen tatsächlich neue Erfahrungen gemacht wurden. Wahrnehmungen der Selbstwirksamkeit bei Anforderungen, deren Bewältigung nicht unmittelbar mit der Bewältigung von Testaufgaben in Zusammenhang gebracht werden konnten, wurden durch die Teilnahme am kognitiven Trainingsprogramm nicht verändert. Eine negative Veränderung des Selbstkonzepts bzw. des Erlebens subjektiver Alterung wurde in der Studie von Hasselhorn et al., (1995) festgestellt. Dieser Effekt wird damit erklärt, daß die intensive Beschäftigung mit anspruchsvollen Denkinhalten objektiv zu einer Leistungssteigerung führte, subjektiv den Teilnehmern jedoch bewußt wurde, was sie alles nicht können. Als Konsequenz könnte eine Verschlechterung des subjektiven Altersbildes eingetreten sein, die wiederum als potentielle Ursache für das Ausbleiben längerfristiger Leistungsverbesserungen bzw. von Kompetenzsteigerungen gesehen wird.

Cornelius & Caspi (1986) stellten fest, daß ältere Menschen hinsichtlich kognitiver Aufgaben sich weniger selbstwirksam einschätzten im Vergleich zu jüngeren Menschen und im Vergleich zu ihren eigenen früheren Einschätzungen. Ältere Menschen geben vielfach pessimistische Leistungsprognosen ab (Knopf, 1987). Ziel der Studie von Knopf (1987) war mittels eines Reattributionstrainings zu einer realistischeren Einschätzung der eigenen Leistungsfähigkeit zu kommen, sowie stereotype Erklärungsmuster der erlernten Hilflosigkeit durch ein Attributionsschema zu ersetzen, das viele mögliche Ursachen von Erfolg und Mißerfolg berücksichtigt. Es zeigten sich positive Ergebnisse hinsichtlich der Veränderung des Attributionsstereotyps „erlernte Hilflosigkeit". Allerdings zeigte sich, daß ein Training zur Korrektur negativer Stereotypien kurzfristige Erfolge zeigte, aber nicht überdauernd war (Hamlett, et al., 1985, Knopf, 1987). Günstig wirkte sich das Training auch auf das Selbstkonzept der eigenen Gedächtnisfähigkeiten aus.

Personen mit Gedächtnisproblemen und einem niedrigen Selbsteffizienzgefühl, aber wenig ängstlich, nahmen zwar an Gedächtniskursen teil, brachen diese aber eher ab. Im Gegensatz dazu, zeigten Personen mit einem höheren Selbsteffizienz-Gefühl, jedoch mit der Sorge und Erwartung an einen geistigen Abbau im Alter, in den Kursen am meisten Durchhaltevermögen (Schleser et al., 1986-87). Die Erwartung einer Selbsteffizienz (self efficacy beliefs) kann die kognitive Leistungsfähigkeit in mehrerer Hinsicht beeinflussen (Bandura, 1986), z.B. hinsichtlich der Erreichung eines bestimmten Zieles. Ein besseres Selbsteffizienzgefühl führt zu stärkeren Bemühungen und Durchhaltevermögen und schützt vor negativen Gefühlen wie Depression und

Ängsten. Untersuchungsergebnisse zeigen, daß Personen, die glauben ein schlechtes Gedächtnis im Vergleich zu ihrer Altersgruppe bzw. bei bestimmten Aufgaben zu haben, sich weniger anstrengen, um dies zu beheben (s. Zacks und Hasher, 1992). Die Selbsteffizienz über Gedächtnisleistungen stellt eine Komponente des multidimensionalen Selbstkonzepts dar.

Ein niedriges Selbstwertgefühl und negative Selbstkonzepte können mit dazu beitragen, daß ältere Menschen sich aufgeben (Frey, Gaska & Möhle, 1990). Ein hohes Maß an Selbstwert führt zu einer guten Anpassung an das Alter (Zung, 1967). Eng im Zusammenhang mit den Selbstkonzept stehen die subjektiven Annahmen über die eigene Gesundheit.

5.4 Subjektiver Gesundheitszustand

Die genannten Inhaltsbereiche des allgemeinen Selbstkonzepts werden bei Bengel & Belz-Merk (1996) um ein Gesundheitskonzept erweitert, wobei davon ausgegangen wird, daß sich dieses mit anderen inhaltlichen Bereichen, vor allem dem Körperselbst, überschneidet.

Annahmen über die eigene Gesundheit, also das subjektive Erleben vom eigenen Gesundheitszustand, gelten als wichtiger Baustein einer umfassenden Theorie des Gesundheitsverhaltens, welche in der Präventionsforschung vorherrschende Einseitigkeit einer krankheitsorientierten Betrachtung vermeidet. Der objektive Gesundheitszustand resultiert auf der Basis einer medizinisch-klinischen Abklärung. Auffällig ist die Diskrepanz zwischen subjektiver und objektiver Gesundheitseinschätzung, die auf unterschiedliche Kriterien hinweisen, die für die Gesundheitsbeurteilung verwendet werden. In den Alltagskonzepten finden sich mehrere subjektive Gesundheitskonzepte, die eine Repräsentation des Sozialen darstellen und aus denen sich gesundheitsbezogene Einstellungen und Lebensweisen ableiten lassen (Bengel & Belz-Merk, 1990).

Die empirisch gefundenen Dimensionen des „gesundheitsschützenden Verhaltens" sind weitgehend unabhängig vom objektiven Gesundheitszustand einer Person und umfassen individuelle Gewohnheiten, Sicherheitsvorkehrungen, Vorsorge, Vermeiden von Umweltbelastungen und die Aufrechterhaltung sozialer Kontakte (Harris & Guten 1979). Studien belegen, daß der subjektiv wahrgenommene Gesundheitszustand im Gegensatz zum objektiven Gesundheitszustand eine wichtige Komponente des Gesundheitsverhaltens darstellt. Bei einem subjektiv guten Gesundheitszustand wurde ein positiveres Selbstbild, ein positiver Zukunftsbezug, stärkere Aktivität und ein größeres Ausmaß an Sozialkontakten festgestellt (Lehr & Thomae, 1987).

Nach Bengel und Belz-Merk (1990) nehmen die gesundheitsbezogenen Selbstschemata Einfluß auf gesundheitsbezogene Emotionen, Motivationen und Handlungen. Gesundheitsbezogene Kognitionen, wie z.b. die Bewertung der Bewältigungsmöglichkeiten, die Einschätzung der Effektivität einer präventiven Maßnahme (response efficacy) und der eigenen Kompetenz (self efficacy) stellen entscheidende Bedingungen für das Vorsorgeverhalten dar (Rogers, 1983).

5.5 Kontrollüberzeugungen

Von den bei Rotter (1954,1982) in bezug auf eigenes Handeln aufgelisteten Erwartungshaltungen hat das Persönlichkeitskonstrukt der Kontrollüberzeugungen die größte Verbreitung gefunden. Kontrollüberzeugungen wurden im Zusammenhang mit gesundheitsbezogenen Verhalten berücksichtigt. Unterschieden wird zwischen internalen Kontrollüberzeugungen, die generalisierte Erwartung, daß Ereignisse im Leben die Folge eigenen Verhaltens oder eigener Persönlichkeitsmerkmale sind. Externale Kontrollüberzeugungen liegen vor, wenn eine Person, Ereignisse nicht als abhängig von eigenem Handeln, sondern als Ergebnis von Glück, Pech, Zufall, Schicksal, von anderen Personen abhängig und unvorhersehbar wahrnimmt.

Rotter (1966) geht davon aus, daß sich Individuen in der Ausprägung ihrer Kontrollüberzeugung unterscheiden. Kontrollerwartungen werden als relativ situationsabhängige Variablen zur Erklärung und Vorhersage von individuellen Verhalten eingeordnet und werden als Aspekt der Attribuierungsforschung bestimmt.

Kontrollerwartungen können sich auf einen ausgewählten Lebensbereich, z.B. den Bereich der Gesundheit oder auf die Gedächtnisleistung beziehen. Der Befund, daß die Kontrollierbarkeit der Lebensumstände allgemein und der Gesundheit speziell auf psychische und physische Gesundheit einen Einfluß hat, kann als gesichert gelten (Grewe & Krampen, 1991), sowie auch die Vermutung, daß internale Kontrollorientierungen die Vorhersage präventiver gesundheitsbezogenen bzw. gesundheitsverbessernden Verhaltens erlauben.

Lachmann (1986), konnte zeigen, daß sich Kontrollerwartungen, generell erfaßt, mit dem Alter wenig ändern. Mißt man Kontrollerwartungen jedoch bereichsspezifisch, dann zeigt sich, daß alte Menschen glauben, weniger Kontrolle über die Bereiche Gesundheit und kognitive Leistung zu besitzen als jüngere Altersgruppen. Im Zusammenhang mit einem niedrigen Gefühl der Selbsteffizienz geht auch die Erwartung des Kontrollverlusts einher (Hultsch et al., 1988). Diese Erwartung geringerer Kontrollierbarkeit der Gesundheit und kognitiver Leistung hat sowohl Rückwirkungen auf die Gesundheit als auch Auswirkungen auf die Bewältigung von Problemen. Lachmann und Jelalian (1984) zeigten, daß ältere Menschen Gedächtnisprobleme eher auf stabile, internale Faktoren zurückführten und sie glauben eher an einen altersbedingten Gedächtnisabbau (Dixon & Hultsch, 1983). Schleser et al., (1986-87) fanden, daß Personen mit internaler Kontrolle gekoppelt mit der Sorge vor einem Altersabbau, eher einen Gedächtniskurs besuchten, um den genannten Problemen entgegenzuwirken.

Deusinger (1996) ermittelte über Korrelationsstudien, daß das psychologische Konstrukt der Kontrollüberzeugungen, als Einstellung zur eigenen Person, d.h. als Selbstkonzept verstanden werden kann.

5.6 Soziale Faktoren

Die Bedeutung der sozialen Aktivität auf die kognitive Leistungsfähigkeit wird von Steuer & Jarvik (1981) und von Schaie (1984) hervorgehoben. Sie weisen darauf hin, daß Einschränkungen in der sozialen und kognitiven Aktivität mit Krankheitsanfälligkeit einhergehen sowie mit deutlichen intellektuellen Einbußen im Alter. Im Gegensatz dazu ist ein hohes Maß an sozialer und geistiger Aktivität ein relativ konstantes Korrelat der Erhaltung von kognitiver Kompetenz bis in das 9. Lebensjahrzehnt hinein (Thomae, 1985). Sozialer Rückzug und geringe soziale Stimulation tragen eher zu einem Abbau der kognitiven Leistungsfähigkeit bei (Rudinger & Lantermann, 1980). Johnston & Gueldner (1989) fanden bei einer Gruppe älterer Menschen, daß ein Training in Gedächtnistechniken, gekoppelt mit Gruppenerfahrungen und sozialem Austausch, sich positiv hinsichtlich der Gedächtnisleistung und des Selbstwertes auswirkten.

Zussman (1966) formulierte das Modell des „social breakdown" das die Interaktion der sozialen Umwelt mit dem Selbstkonzept beschreibt und in eine negative Spirale mit niedrigem Kompetenzgefühl führen kann. Rückmeldungen über die eigene Leistungsfähigkeit stellen eine wichtige Quelle für Veränderungen in der Selbsteffizienz dar (Lachmann, 1983). Settin (1982) fand, daß selbst bei einer Gruppe von kognitiv abgebauten älteren Menschen allein ein Gruppentraining positive Effekte auf das Gedächtnis hatte.

Die soziale Vergleichstheorie (Festinger, 1954) hat eine bedeutsame Implikation für die Kleingruppenforschung, vor allem für die Theorie der Bezugsgruppen (Kelley, 1952). Die Grundannahme besteht darin, daß Individuen das Bedürfnis haben, die Korrektheit ihrer Meinung sowie ihre Fähigkeiten zu bewerten, und daß sie diese Bewertung in Abwesenheit von objektiven Kriterien nur durch den sozialen Vergleich mit anderen durchführen können. Die Beobachtung ihrer Nachbarn in den Trainingssitzungen erlaubt eine grobe Einschätzung der eigenen Leistungsfähigkeit. Im Vergleich mit den anderen Gruppenteilnehmern besteht die Möglichkeit, die eigenen „Gedächtnisprobleme" zu relativieren und korrigieren.

Die Bedeutung des sozialen Netzwerkes für die subjektive Gesundheitsbeurteilung und das allgemeine Wohlbefinden ist wiederholt gezeigt worden (Schwarzer &

Leppin, 1990). Soziale Unterstützung ist vor allem dann positiv, wenn das Kontrollbewußtsein bzw. die Selbsteffizienz der Rezipienten erhöht wird und sie dadurch ermutigt werden, gesundheitsförderliche Verhaltensweisen zu zeigen (Antonucci und Jackson,1987).

In Untersuchungen im Zusammenhang mit altersbedingten Leistungsunterschieden den Einfluß von individuellen Fähigkeitsunterschieden und von sozialen Prozessen zu berücksichtigen schlagen Hultsch & Dixon (1990) sowie Hermann & Searleman (1992) vor.

5.7 Befindlichkeit, Bewertung und Verarbeitung des Älterwerdens

Auf eine höhere Korrelation zwischen Leistungs- und Befindlichkeitsmaßen weisen Studien des Leipziger Arbeitskreises hin (Löwe, 1983). Es zeigten sich dabei eine enge Wechselwirkung von emotionaler Befindlichkeit und Leistungsfähigkeit also von kognitiven und emotional- motivationalen Komponenten.

Streßtheorien gehen davon aus, daß die Reaktion auf einen Streßor (auch das Älterwerden kann dazugezählt werden) davon abhängig ist, wie dieser eingeschätzt wird (Lazarus, 1966). Wird das Älterwerden als bedrohliche Lebensphase erlebt, ergeben sich daraus stärkere Adaptationsprobleme als wenn Älterwerden als positiver Prozeß betrachtet wird. Entscheidend ist die persönliche Wahrnehmung dieser Situation. Eine wichtige Copingstrategie stellt die selektive Aufmerksamkeit gegenüber den positiven Aspekten des Alterns dar, so daß die Möglichkeit zu positiven Vergleichen gelingt. Das eigene Gedächtnis wird im Gruppenvergleich positiv empfunden, so daß ein Gefühl der relativen Gratifikation entsteht (Frey, 1978).

Popkin et al., (1982) fanden, daß depressive ältere Menschen mehr über Gedächtnisprobleme klagen als nicht depressive, obwohl die Gedächtnisleistungen sich nicht unterschieden. Yesavage (1988) fand, daß bei 40 älteren Probanden die Leistungen in einem Sprachtest mit dem Training in Mnemotechniken und sprachliche Elaborationstechniken korrelierten. Anderseits korrelierten Werte auf einem Angstfragebogen mit einem Training, das mit Entspannungstechniken kombiniert war. Keine Auswirkungen auf die Befindlichkeit fanden sich beim SIMA-Gedächtnistraining (Oswald et al., 1995).

Die Aktivitätstheorie (Tartler, 1961) besagt, daß der Prozeß des Älterwerdens leichter verläuft, wenn es der Person gelingt, die traditionellen Aktivitäten aufrechtzuerhalten. Die Aktivitätstheorie schließt physische, intellektuelle und soziale Aktivitäten ein. Alle drei haben positive Auswirkungen auf die Persönlichkeit, Lebenszufriedenheit und auf den Selbstwert.

5.7. SUBJEKTIVES ALTERSERLEBEN

Das Kapitel zusammenfassend kann festgestellt werden, daß es ein Zusammenwirken zwischen psychologischen Faktoren und der Gesundheit gibt. Persönlichkeitsmerkmale, die Einstellungen zu sich selbst, Attributionsstile, soziale Faktoren und Gedächtnisleistungen scheinen sich gegenseitig zu bedingen. Danach leisten diese psychologischen Phänomene einen entscheidenden Beitrag bei der Einschätzung und Bewertung eines Gedächtnisproblems, bestimmen das Präventivverhalten und die Bemühung, das Problem zu beseitigen. Sie können einen entscheidenden Einfluß auf die Kompetenz, Lebenszufriedenheit und Gesundheit haben. Es besteht die Annahme, daß Gedanken, Gefühle und Verhalten interaktiv sind und sich gegenseitig bedingen.

Die Untersuchung der Zusammenhänge psychologischer Faktoren mit Gedächtnisleistungen kann einen Beitrag zur Verbesserung von Gedächtnistrainingsmethoden leisten und damit auch zur Optimierung, Prävention oder Rehabilitation von Gedächtnisleistungen bei den Teilnehmern führen. Dabei geht es nicht nur um eine Verbesserung in spezifischen Gedächtnisaufgaben, sondern um den Zusammenhang psychologischer Variablen auf die Gedächtnisleistung. Wenn nachgewiesen werden kann, daß sich durch einen multimodalen Interventionsansatz auf der Basis eines Gedächtnistrainings auch psychische Phänomene verbessern, könnte daraus ein positiver Effekt auf einer großen Bandbreite liegen. Neben einer Verbesserung der Gedächtnisleistung könnte der multimodale Trainingsansatz Einfluß haben auf das Selbstbild, auf die Wahrnehmung der Selbsteffizienz, auf das Kontrollerleben, auf die Befindlichkeit und auf das subjektive Gesundheitserleben.

In der vorliegenden Arbeit wird versucht, nach dem multimodalen Ansatz, nichtkognitive Faktoren und deren Einfluß auf die Gedächtnisleistungen zu untersuchen, um ursächliche Zusammenhänge und differentielle Fragestellungen zu klären. Differentielle Aspekte bei der Durchführung von Interventionsprogrammen fanden nach Fleischmann (1982, 1993) unzureichende Berücksichtigung. Trainingsmaßnahmen sollten auch unter Berücksichtigung experimenteller Ergebnisse zum alternden Gedächtnis erstellt werden, um die Interpretation zu erleichtern und eine systematische Entwicklung von Trainingsstrategien zu entwickeln. Kognitive Intervention an empirisch gesicherten Erkenntnissen zu knüpfen, die Aufschluß geben, unter welchen Bedingungen Abbauprozesse stattfinden bzw. reversibel sind, fordern Baltes & Sowarka, (1993).

Im folgenden Kapitel wird ein multimodales Interventionsprogramm vorgestellt, das mehrere Trainings-Bausteine enthält. Ziel dabei ist, mit dem Training die Gedächtnisleistungen und oben genannte psychologische Faktoren zu beeinflussen. Wenn mit einem multimodalen Interventionsprogramm neben der Gedächtnisverbesserung auch eine positive Beeinflussung psychischer Komponenten erzielt werden kann, wäre damit ein Ansatz mit einer großen Interventionsbandbreite vorhanden, das sich insgesamt positiv auf den Alterungsprozeß auswirken kann.

Kapitel 6

Beschreibung der multimodalen Intervention auf der Basis eines Gedächtnistrainings

6.1 Allgemeine Überlegungen

Der gegenwärtige Stand der Forschung gestattet es nicht, auf der Basis fundierter Theorien und empirischer Befunde gültige Richtlinien für Planung von „Interventionspaketen" bereitzustellen (Baltes & Sowarka, 1993). Geuß (1991) fordert interessante Programme, die einen Aufforderungscharakter in der Situation und einen Anregungscharakter für eigenständiges Handeln beinhalten und Gruppenarbeit ohne Konkurrenzdruck gewährleisten. Oswald & Gunzelmann (1991) fordern wiederum von Programmen zur Verbesserung der kognitiven Leistungsfähigkeit, ein Training zur schnellen Informationsverarbeitung, Übungen, Informationen bewußt ins Gedächtnis aufzunehmen sowie ein alltagsbezogenes Kompetenztraining. Interventionsmaßnahmen sollen dabei die Förderung sozialer Kompetenz beinhalten. Wichtig ist, Ansätze zur Gedächtnisverbesserung in einen theoretischen Gesamtrahmen einzubetten, wobei es weniger wesentlich ist, welche Gedächtnistheorie zur Gedächtnisverbesserung herangezogen wird (Gruneberg, 1992).

Der in dieser Arbeit verwendete theoretische Gesamtrahmen bezieht sich auf den multimodalen Ansatz von Herrmann & Searleman (1990, 1992), wonach Gedächtnisleistungen von psychologischen Modalitäten beeinflußt werden. In der vorliegenden Studie wurde ein multimodales Interventionsprogramm angewendet, das eine Verbesserung der Gedächtnisleistung mit Hilfe eines Gedächtnistrainingsprogramms und durch die Optimierung psychischer Variablen zum Ziel hat. Eine wesentliche Ergänzung zu den bisher genannten kognitiven Komponenten bilden emotionale

Zustände des Individuums, die durch ein Training der Selbsteffizienz oder ganz allgemein durch ein verbessertes Selbstwertgefühl gefördert werden sollen. Kognitive Prozeßmodelle werden herangezogen (Abb. 6.1):

- um den Erwerb bzw. die Veränderung kognitiver Muster (z.B. Erwartung einer Selbsteffizienz, Verbesserung des Selbstbildes und Selbstwertgefühls) zu erreichen.

- um die Gedächtnisleistungen durch ein kognitives Trainingsprogramm zu verbessern.

6.2 Selbsteffizienz (Self-efficacy)

Psychologische Behandlungen basieren auf lerntheoretischen Annahmen. Ein zentraler Faktor für die Veränderung eines Problems stellt nach Bandura (1977) die „self-efficacy" dar. Nach dieser Theorie der Selbsteffizienz bilden Personen Erwartungen darüber, ob und wie sie in der Lage sein werden, mit einem Problem umzugehen bzw. dieses zu verändern. Die Verbesserung der Erwartungshaltung bezüglich der Selbsteffizienz stellt eine wichtige kognitive und motivationale Mediatorvariable dar, die einen entscheidenden Einfluß darauf hat, wie sehr sich jemand anstrengt, ein Problem zu bewältigen, aber auch bezüglich der Aufrechterhaltung eines Trainingserfolges. Die Erwartung einer Selbsteffizienz wird in mehreren Schritten mittels verhaltenstherapeutischen Konzepten aufgebaut und basiert auf vier Informationsquellen:

6.2.1 Information über die Problembewältigung

Ein wichtiger Schritt zur Abhilfe eines Problems, hier des Gedächtnisproblems, stellt die Problemanalyse dar. Dabei wird mittels Selbstbeobachtung versucht, sich über das eigene Gedächtnisproblem Klarheit zu verschaffen. Mit Hilfe des Protokollierens der eigenen Vergeßlichkeit wird deutlich, wann und in welchen Situationen Dinge vergessen werden. Ziel der Problemanalyse ist, das persönliche Gedächtnisproblem quantitativ und qualitativ zu bestimmen. Anhand eines Protokollbogens wird im Detail aufgeschrieben, was und wann etwas vergessen wurde. Auch die mit der Vergeßlichkeit einhergehenden Gedanken werden vermerkt. Die Kursteilnehmer/innen fragen sich auch nach den vorausgehenden und nachfolgenden Bedingungen, die mit der Situation des Vergessens verbunden waren. Die Selbstbeobachtung beim Auftreten eines Problems und die Analyse seiner Bedingungen können einen ersten Schritt zur Problembewältigung darstellen. Ist das Gedächtnisproblem systematisch erfaßt

6.2. SELBSTEFFIZIENZ (SELF-EFFICACY)

und beschrieben, können daraus Problemlösestrategien entwickelt werden. Es kann sich dabei auch herausstellen, daß weniger das Gedächtnisproblem im Vordergrund steht, sondern eher ein vermindertes Selbstwertgefühl.

In der Regel suchen Personen Ursachen für ein Problem, in diesem Fall für ihr Gedächtnisproblem, mit Hilfe von „Wie es nur möglich war, daß"-Erklärungen. Wie eine Person wichtige Gegebenheiten verarbeitet, wird also durch gleichzeitig auftretende Gedanken beeinflußt. Diese automatisch ablaufenden Gedanken beinhalten Erklärungen, Bewertungen, Erwartungen (beliefs), subjektive Kontrollüberzeugungen und die subjektive Einstellung zu sich selbst (s. auch Kap. 5). Diese automatisch ablaufenden Gedanken repräsentieren eine Art „inneren Kritiker" der ein jeweiliges Problem, oft als „Versagen" interpretiert.

Mittels eines Gedächtnisprotokollbogens ist es möglich, solche Gedanken zu erfassen und anschließend unabhängig von der Problemsituation neutraler und objektiver zu betrachten sowie auf ihre tatsächliche Gültigkeit hin zu untersuchen. So wird eine realistischere Beurteilung der eigenen Leistungen möglich. Unterstützt wird dieser Problemlöseprozeß durch Informationsvermittlung. Durch die Vermittlung spezifischer Kenntnisse und durch die Analyse des „eigenen Kritikers" kann eine Modifikation von bestimmten Denkmustern gefördert werden. Traut sich die Person nichts mehr zu, weil sie denkt, alt und abgebaut zu sein und ein schlechtes Bild von sich hat?

6.2.2 Erfolgserlebnisse bei der Problembewältigung, positive Verstärkung

Information allein ist jedoch zu wenig, es müssen Erfolgserlebnisse hinzukommen, um die Erwartung einer Selbsteffizienz aufzubauen. Die Erfolgserlebnisse basieren auf

- selbstgemachten positiven Erfahrungen mit der Problembewältigung, die im Sinne einer positiven Verstärkung wirken.

- dem sozialen Vergleich:
  - im Vergleich zu anderen, besteht die Möglichkeit, sich selbst besser einzuschätzen.
  - positive Rückmeldungen von anderen erhalten.
  - Lernen durch Beobachtung, wie andere das Problem meistern, läßt erwarten, daß man es selbst auch schafft.

6.2.3 Verbale Überzeugungsstrategien, Selbstverbalisation

Eine negative Stimme im Menschen selbst, schafft es häufig, das eigene Selbstvertrauen und Selbstwertgefühl zu zerstören und ein Gefühl der Minderwertigkeit und Unzulänglichkeit zurückzulassen. Die Kursteilnehmer lernen innere Monologe zu überprüfen. Was sagen sie zu sich selbst bei der Bewältigung von schwierigen Aufgaben. Negative Gedanken können die Lern- und Gedächtnisleistungen beeinflussen und im Sinne einer sich selbst erfüllenden Prophezeiung wirken. Die Erwartung einer Selbsteffizienz hängt eng damit zusammen, ob Erfolge internen stabilen Fähigkeiten oder dem Zufall zugeschrieben werden. Eine Leistungsbeurteilung, die negative Erklärungsmuster, z.b. mangelnde Begabung und negative Kontrollüberzeugungen beinhaltet, führen zu einem negativen Selbstbild und einem gering ausgeprägten Selbsteffizienzgefühl. Die Entwicklung einer Erwartung über die Selbstwirksamkeit wird von der kognitiven Beurteilung beeinflußt. In diese Beurteilungen fließen wiederum kontextuelle Faktoren einschließlich sozialer, situationaler und temporärer Natur. Deshalb führen Erfolgserlebnisse nicht zwangsläufig zu einer starken persönlichen Erwartung einer Selbsteffizienz. Wenn Erwartungen über die Selbstwirksamkeit lange Zeit einen funktionalen Charakter hatten, werden sie auch nicht durch einzelne Erfolgserlebnisse verändert, sondern es bedarf einer längeren therapeutischen Intervention in Form von Einzeltherapie. Aber auch bei einer kurzen Intervention besteht die Möglichkeit, die Selbstverbalisation zu üben, um ein Gefühl für die Beeinflußbarkeit und Kontrollierbarkeit der Gedächtnisleistung zu fördern und damit die Erwartung der Selbsteffizienz zu entwickeln.

6.2.4 Positive Gefühlsreaktion

Nach White (1959) hat der Mensch das Bedürfnis, sich selbst als wirksam in der Auseinandersetzung mit den Anforderungen der Umwelt zu erleben. Gelingt ihm dies, so steht dieses Erleben mit angenehmen Gefühlen in Verbindung. Diese positiven emotionalen Reaktionen können durch die konkrete Erfahrung, daß ein Problem bewältigbar ist, ausgelöst werden. Günstig wirkt sich dabei das eigene positive Bild aus, indem vorhandene Stärken und Schwächen angenommen werden und indem Kursteilnehmer die wiederholte Erfahrung eines Erfolges machen. Die Verbesserung der Selbsteffizienz gilt als eine der besten Prädiktoren für eine tatsächliche Problemveränderung.

6.3 Gedächtnisspiele nach Stengel

6.3.1 Konzentration, Wortfindung, Merkfähigkeit, Reproduktion, Formulieren

Als ein Baustein zur Gedächtnisverbesserung wurde das Gedächtnistraining nach Stengel (1976) herangezogen. Die Klagen der älteren Menschen über Gedächtnisprobleme veranlaßten die Wiener Ärztin, Franziska Stengel, bereits Ende der 40er Jahre, ein Trainingsprogramm zur Verbesserung der Gedächtnisleistung zu entwickeln. Das Trainingsprogramm in Form von Gedächtnisspielen setzt an fünf Hirnleistungen an: Konzentration, Wortfindung, Merkfähigkeit, Reproduktion, Formulieren.

Im Verlauf des Trainings konnte Stengel neben einer Verbesserung der Gedächtnisleistung durch die kognitive und soziale Stimulation auch eine Reaktivierung der übrigen körperlichen und seelischen Funktionen feststellen. Sie bezeichnete ihr Training als ganzheitliches Training, bei dem der enge Zusammenhang zwischen körperlichen und geistig-seelischen Funktionen genutzt wird. Außerdem betonte sie bei ihrer Methode den Aspekt der Sprache. Beim Reden, Definieren, Formulieren geht es um eine logische Ordnung im Gehirn, welche die Bahnung, die Assoziationen und Wiederholungen sowie auch die zwischenmenschliche Interaktion ermöglicht.

6.3.2 Theoretische Einbettung

Nach neueren wissenschaftlichen Erkenntnissen beinhalten oben genannte theoretische Aspekte der Stengel Methode: Die Rolle der verbalen Fähigkeiten (vgl. 3.4.2), die soziale Vergleichstheorie (Kap. 5.6) und die Bedeutung der sozialen Aktivität (Kap. 5.6). Die Inhalte der Übungen liegen meist in den Wissensbereichen der Älteren (vgl. Kapitel 3.4.2 die Rolle des Wissens).

Mit den Gedächtnisspielen nach Stengel läßt sich ein Training so zusammenstellen, daß dieses auf die beschriebenen Problembereiche (En- und Dekodierung) des alternden Gedächtnisses unter Berücksichtigung experimenteller Ergebnisse eingeht (s. Kap. 3).

Im folgenden wird eine Anzahl von Gedächtnisspielen vorgestellt, die als Abrufhilfen und damit speziell dem Abrufdefizit bzw. Dekodierungsproblemen entgegenwirken können (vgl. Kapitel 3.4.2).

- Combis (Wissensfragen, deren Antworten alle mit dem gleichen Buchstaben beginnen)

- Summenrätsel, (z.B. berühmte Menschen, deren Namen mit S beginnen)

- Anagramm, Katagramm (Wortbilder entflechten und aufbauen)
- Homophtong (Wortgerüste, wie z.B. mit Hilfe zweier vorgegebener Konsonanten und unter Verwendung aller möglichen Vokale werden neue Wörter gebildet)
- Wortpaare (Gedankenverbindungen)
- Multiple choice Fragen

Durch Übungen zur „Tiefe" der Informationsverarbeitung kann einem Verarbeitungsdefizit zum Einspeichern (Enkodieren) von Merkinhalten entgegengewirkt werden, z.B. mit folgenden Übungen, die dem Verarbeitungsebenenansatz zugeordnet werden können (s. Kap. 2.5.2 und Kap. 3.4.2).

- Dreieckspiel, d.h. drei Begriffe werden zu einem sinnvollen Satz zusammengefaßt.
- Wortakrobatik (ein Wortfindungsspiel, bei dem zu einer Reihe von Begriffen z.B. ein assoziativ passendes Verb, Bestimmungswort usw. gesucht wird).
- Die sieben kriminalistischen W-Fragen, d.h. bestimmte Hinweise geben eine eindeutige Antwort.
- Assoziationen bilden, wie z.B. Personen zu bestimmten Stichwörtern suchen, diese Personen müssen mit dem Stichwort assoziativ verknüpft sein.
- Rätsellösen.
- Such- und Steckbriefe, Umschreibungen zur „Spurensuche".
- Homonyme (ein Wort für mehrere Begriffe).

6.4 Mnemotechniken

6.4.1 Visualisierungsstrategien

Gedächtnistechniken haben ihren Ursprung in der griechischen Antike (vgl. Kap 2.1) und sind gegenwärtig häufig noch die Grundlage in Gedächtnisprogrammen, um die Plastizität und Modifizierbarkeit des alternden Gedächtnisses nachzuweisen. Gedächtnistechniken werden dabei meist zur Optimierung der Gedächtnisleistung eingesetzt. Deren Effizienz ist nachgewiesen, sie beruhen meist auf Visualisierungsstrategien (vgl. Kap. 4.2.1). Bei den Visualisierungsstrategien besteht die Annahme,

6.4. MNEMOTECHNIKEN

daß das Gehirn die Fähigkeit besitzt, bildhafte Vorstellungen aus sich heraus entstehen zu lassen. Diese Vorstellungsübungen sind eine wichtige Hilfe für ein Gedächtnistraining. Abstrakte Gedankengänge finden immer wieder Unterstützung in der bildhaften Vorstellung. Konkretes bildhaftes Vorstellungsvermögen ist für die Erhöhung der Gedächtnisleistung und Konzentration von Bedeutung Kap. 3.4.2 (Paivio, 1971). Wesentlich bei den Gedächtnistechniken ist, die zu lernenden Elemente zu verbinden.

Geübt wurde nach der Vorstellungsmethode und nach der Assoziationstechnik. Die Lerntechnik besteht darin, einfache Assoziationen zwischen Elementen herzustellen, die z.b. in Form einer visuell vorgestellten Geschichte verbunden werden. Wesentlich ist die sich zu merkenden Elemente assoziativ zu verknüpfen.

So konnten die Untersuchungsteilnehmer lernen, sich eine Einkaufsliste ohne Zettel zu merken, indem die zu merkenden Elemente bildhaft in einer Geschichte abgespeichert wurden. Anstelle der Zahlen von 1–20 merkten sich die Teilnehmer Symbolbilder. So war z.B. die Eins eine Kerze, die Zwei ein Schwan, die Drei ein Dreizack usw. Durch die Verknüpfung der Zahlensymbolbilder mit Wörtern, Ereignissen, Nachrichten konnten manche Kursteilnehmer sechzehn Nachrichteneinheiten der Reihenfolge nach abrufen. Einkauflisten, schriftliche und verbale Nachrichten sowie Vorträge können mit Hilfe dieser Techniken verschlüsselt werden. Wesentlich dabei ist, daß die Kursteilnehmer ihre eigenen Bilder und Geschichten entwickeln, damit die Methode in das Verhaltensrepertoire aufgenommen und angewandt wird (vgl. Kap. 4.2.1).

6.4.2 Externe Speicher

Auch der Einsatz externer Speicher und physikalischer Stimuli, wie z.B. der Knoten im Taschentuch, Memoblocks, Hinweisschilder und der Einsatz farblicher Markierungspunkte, abgestimmt auf die Wichtigkeit des zu merkenden Gedächtnisinhalts, können eine sinnvolle Ergänzung zu den Mnemotechniken darstellen (Hermann & Searleman, 1990).

Mit Hilfe einer größeren Memotafel kann eine sinnvolle Strukturierung des Tagesablaufes erzielt werden. Dinge, die unbedingt erledigt werden müssen, werden auf die Tafel notiert und mit einer entsprechenden Farbe markiert. Durch eine sinnvolle Planung können unnötige Wege und Versagensgefühle erspart bleiben.

Mit Aufgaben zur Anwendung der Mnemotechniken und mit der Nutzung der externen Speicher besteht die Möglichkeit einer unmittelbar erlebten Gedächtnisverbesserung. Nach Yesavage (1985) lassen sich mit geeigneten Gedächtnistechniken Defizite bei bestimmten Aufgabenstellungen meist beheben und damit der Erfolg einer Methode nachweisen. Dieser unmittelbare Erfolg kann zu positiven Gefühlsreaktionen beitragen und damit im Sinne einer positiven Verstärkung motivationsfördernd wirken, was wiederum die Erwartung der Selbsteffizienz fördert.

6.5 Alltagsbezogene Aufgaben

6.5.1 Aktive Verarbeitung

Ein wichtiger Baustein des Trainingsansatzes waren Übungen von alltagsbezogenen und für die Lebensbewältigung relevante kognitive Aktivitäten. Auf die Wichtigkeit der Erinnerung von Alltagsaufgaben wird im Kapitel 3.4.2 hingewiesen.

In den Protokollblättern wurden die Gedächtnisprobleme erfaßt. Im Kurs suchte sich jede Person ein bis zwei der am häufigsten notierten Gedächtnisprobleme, um systematisch dem Problem entgegenzuwirken. Am häufigsten wurden genannt: Verlegen der Scheckkarte, der Schlüssel, Brille, Börse, Schmuck, der vor Verlassen des Hauses versteckt wurde, später jedoch der Versteck nicht mehr präsent war, Kontrolle, ob alle elektrischen Geräte ausgeschaltet waren, Haustüren und Fenster geschlossen.

Ein erster Schritt zur Problemlösung war die systematische Erfassung des Problems und damit die Bewußtmachung. Nach der Ist-Soll-Analyse wird das Zielverhalten festgelegt, z.B. Definition eines bestimmten Aufbewahrungsplatzes, einmalige Kontrolle der elektrischen Geräte, Türen und Fenster. Die Problemlösung bestand durch Aufmerksamkeitshinwendung während der gesamten Kursdauer auf das Zielverhalten. Beispiel: Brille, Schlüssel, Buch oder Zeitung werden unter Aufmerksamkeitshinwendung konsequent an eine bestimmte Stelle gelegt. Die Kontrolle der elektrischen Geräte oder das Schließen der Türen und Fenster wird unter bewußter Aufmerksamkeitshinwendung einmal überprüft. Zur Unterstützung werden anfangs Protokollblätter geführt. Es erfolgt damit eine aktive bewußte Hinführung zum jeweiligen Gedächtnisproblem und zu der definierten Lösung. Ziel der Übung ist das Zielverhalten zu einem automatischen Prozeß werden zu lassen.

6.5.2 Passive Verarbeitung

Wurde die Handlung, die ein Gedächtnisproblem beseitigen soll, gut geübt, erfolgt ein Automatisieren der Handlung, die nur noch wenig kognitive Anstrengung erfordert.

Oben angeführte Übungen zur Gedächtnisverbesserung alltagsbezogener Aufgaben können theoretisch dem Ansatz „kognitive Anstrengung" (vgl. Kap. 3.4.2) zugeordnet werden. Da bei dem aktiven Verarbeitungsprozeß durch eine verminderte Kapazität des Arbeitsgedächtnisses altersbedingte Defizite erwartet werden, kann durch Übung von alltagsbezogenen Aufgaben eine automatische Verarbeitung angestrebt werden. Automatische Prozesse wiederum benötigen weniger Ressourcen (vgl. Kap. 3.4.2).

6.6 Mentales Training

Das mentale Training kann einerseits eine sinnvolle Unterstützung zur Gedächtniskonsolidierung durch das mentale Zurückverfolgen sowie auch die Vorplanung künftiger Ereignisse sein. Anderseits trägt das mentale Training zur Entspannung und zum Streßabbau bei.

6.6.1 Rückschau

Als internale Strategie zur Gedächtnisverbesserung kann das mental retracing (West, 1989), das gedankliche Zurückverfolgen der Abläufe als bekannt effiziente Strategie eingesetzt werden. Eine nachträgliche Bearbeitung des Tagesgeschehens kann zur Verbesserung des Gedächtnisses beitragen. Bildlich wird der Tagesablauf vom letzten Ereignis an „Schritt für Schritt" zurück verfolgt, was einerseits zur verbesserten Konsolidierung des zu speichernden Materials beitragen kann. Anderseits werden damit auch Gefühlszustände aktiviert, die mit dem Erleben einhergingen. Erfolgserlebnisse können als positive Verstärkung wiederholt erlebt werden. Stoßen die Kursteilnehmer/innen dabei auf Schwierigkeiten, werden Möglichkeiten zur Überwindung gesucht, so kann z.B. ein erlebter Mißerfolg externen Faktoren, wie unklare Aufgabenstellung zugeschrieben werden.

6.6.2 Vorschau

Obwohl Studien zur Erinnerung künftiger Ereignisse relativ altersstabile Ergebnisse zeigten (vgl. Kapitel 3.4.2, prospect memory), kann eine erfolgreiche Umsetzung eines Planes durch genaue Vorplanung und mentales Training günstig beeinflußt werden. Dieses mentale Training durch bildhafte Vorstellungen (vgl. Kap. 3.4.2), meist von Künstlern, Sportlern und Managern praktiziert, kann auch auf Alltagstätigkeiten angewendet werden. So lassen sich auch alltägliche Aufgaben und Tätigkeiten bereits im Vorfeld gedanklich vollziehen. Der Tagesablauf, Erledigungen, Begegnungen, Telefonate, Erinnerung an wichtige Termine können vorher in bildhaften Vorstellungen durchgespielt werden, um sich in der Situation besser zu erinnern und schneller reagieren zu können. Mit Hilfe des mentalen Trainings kann auch den gefürchteten Denkblockaden entgegengewirkt werden.

6.6.3 Entspannung

Ein vermindertes Selbstwertgefühl kann Angst vor Versagen auslösen und diese löst wiederum die gefürchteten Denkblockaden aus.

Angst ist einerseits eine natürliche Reaktion zum Schutz des Menschen, anderseits blockiert unpassende Angst viele Menschen in der Entfaltung ihrer Persönlichkeit und behindert den Informationsabruf. Streßreize lösen über den Sympathikusnerv eine Stimulation der Nebenniere aus. In Bruchteilen von Sekunden werden die Streßhormone Adrenalin und Noradrenalin ausgeschüttet, die den Körper schlagartig auf Höchstleistungen vorbereiten sollen. Diese Streßhormone beeinflussen die synaptische Übertragung in den Nervenfasern im Gehirn, Impulse werden nicht weitergeleitet. Dieser Streßmechanismus kann zu den natürlichen Denkblockaden führen, die den Organismus ohne langes Nachdenken auf schnelle Reaktionen vorbereitet. Ältere Menschen können sich durch Erwartung eines geistigen Abbaus oder einer vorzeitigen Alterung in Streßsituationen bringen, die kontraproduktiv wirkende Denkblockaden auslösen. Diese Versagenserlebnisse wirken motivationshemmend und haben negative Auswirkungen auf das Selbstbild. Mit dem Streßmodell wird die Entstehung der Denkblockaden plausibel erklärt und Strategien zum Streßabbau vermittelt und damit kann wiederum die Erwartung der Selbsteffizienz gefördert werden.

Das mentale Training wird erst in der Gruppe mit dem Ziel der späteren Selbststeuerung geübt, d.h. daß die Kursteilnehmer eigenverantwortlich die Übungen durchführen können. Dazu nimmt sich die Person ca. 10 Minuten Zeit, um sich entspannt hinzusetzen. Jeder sucht sich seinen Ort der Ruhe und Kraft, also in der Vorstellung ein Ruhebild. Die Augen werden geschlossen und der Tagesablauf in kleinen Schritten vorausgeplant. Es besteht die Möglichkeit der Konfrontation mit Problemsituationen und deren Bewältigung. Wichtig ist dabei zukunftsorientiert, lösungsorientiert und positiv zu denken

Theoretisch kann das mentale Training mit den Verhaltenstheorien und der Wirkungsweise der Hypnose erklärt werden (Christmann, 1994).

6.7 Hausaufgaben

6.7.1 Selbstgesteuertes Lernen

Wesentliches Kennzeichen eines effektiven Lern- und Gedächtnistrainings ist ein aktives Lernverhalten. Die Fähigkeit, Lern- und Gedächtnisprobleme über die Kursdauer hinaus eigenverantwortlich zu bearbeiten, hängt von der Einübung einer selbständigen, mitbestimmenden Teilnehmerrolle ab. Die Effektivität selbstgesteuerten Lernens bei älteren Menschen wurde nachgewiesen (vgl. Kap. 4.2.1). Die Kursteilnehmer/innen waren sehr interessiert, Gedächtnisaufgaben selbständig zu bearbeiten sowie auch alltagsbezogene Aufgaben die Woche über besonders zu üben, um diese zu automatischen Prozessen werden zu lassen. Als Hausaufgaben wurden alle Komponenten des Trainings geübt. Am Ende der Trainingsstunde wurden die Schwerpunkte festgelegt.

6.7.2 Transfer

Hausaufgaben im verhaltenstherapeutischen Setting werden mit dem Ziel des Transfers eingesetzt, um das im Training gelernte Verhalten in Alltagssituationen zu üben. Nützlich sind dafür die in der Problemanalyse festgelegten Problembewältigungsschritte, um den Transfer zu ermöglichen. Die Untersuchungsteilnehmer wurden aufgefordert, für sich geeignete Transfermöglichkeiten zu suchen. Die Aufrechterhaltung von Trainingserfolgen hängt auch davon ab, ob die geübten Lernstrategien den eigenen Vorstellungen angepaßt werden können (vgl. Kap. 4.2.1). Am Anfang einer Trainingsstunde wurden die Transfermöglichkeiten ausgetauscht und die Lösungen zu den gestellten Übungen besprochen.

6.8 Gruppendynamische Prozesse

6.8.1 Sozialer Vergleich

Bei der Durchführung der Kurse war wichtig, gruppendynamische Prozesse zu berücksichtigen. Eine Form des kommunizierenden Lernens und Arbeitens stellt die Kleingruppe dar. Diese Kleingruppenarbeit ist für Ältere besonders geeignet, weil sie den sozial-emotionalen Bedürfnissen gerecht wird. Dafür wurden die Teilnehmer angeregt, Dreiergruppen zu bilden, um gemeinsam Aufgaben zu bearbeiten und damit die soziale Dimension zu fördern. Nach der sozialen Vergleichstheorie (siehe Kap. 5.6) kann die Gruppe selbst bereits einen korrektiven Einfluß auf die Gedächtnisleistung und auf die Selbsteffizienz haben.

6.8.2 Feedback

Es besteht damit die Möglichkeit, sich gegenseitig Rückmeldungen zu geben. Rückmeldung liefert Informationen über die Resultate, sie kann positive Verstärkung bieten, wenn die Rückmeldungen positiv ausfallen und sie kann zur Motivationssteigerung beitragen. Motivationssteigernd wird die Rückmeldung dann erlebt, wenn das Kontrollbewußtsein bzw. die Selbsteffizienz der Teilnehmer erhöht werden und sie dadurch ermutigt werden, aktiv an der Problemlösung zu arbeiten. Leistungsfeedback zählt zu den wichtigen Einflußfaktoren auf die Selbstwahrnehmung (siehe Kap. 5).

6.8.3 Gruppenprozeß

Damit alle Gruppenmitglieder angesprochen und unterschiedliche Niveaus geglättet werden konnten, wurde die Schwierigkeit der Aufgaben variiert. Da auf die Dominanz einzelner Teilnehmer in den Gruppen empfindlich reagiert wird, sollten vereinbarte Spielregeln verhindern, daß sich einzelne schnelle Löser in den Vordergrund stellten. Eine dieser Regeln lautete, daß die Person, die die Lösung hat, sie zurückhält, damit alle Teilnehmer Zeit haben zum Überlegen und auf die Lösung selbst zu kommen. Denn ältere Teilnehmer fühlen sich leicht angestrengt und überfordert, wenn die Übungen dem persönlichen Leistungstempo nicht angemessen sind. Für besonders schnell arbeitende Teilnehmer/innen wurden kleine Zusatzaufgaben bereitgehalten. Diese innere Differenzierung der Lerngruppe vermeidet bei einigen Teilnehmern/innen den Leerlauf und setzt langsamer arbeitende nicht unter Druck. Leistungsdruck wiederum soll vermieden werden, da er für ältere Menschen hinderlich ist und ein Verzagen an den eigenen Fähigkeiten zur Folge haben kann. Sämtliche Übungen, besonders die Probleme zur Lösung, wurden anschließend in der Großgruppe besprochen.

Im Anschluß an eine Übung lautete die Frage an die Teilnehmer: „Versuchen Sie sich bitte zu erinnern, was war der Trainingsinhalt und welches waren die Lösungen?". Jede Person sollte erst für sich das Wesentliche innerlich wiederholen und gegebenenfalls notieren. Die Bedeutung des inneren Rezitierens für das Behalten wurde in Kapitel 2.5.2 herausgestellt. Die schriftliche Notierung prägt Gehörtes und Gedachtes besser ein als bloß Gesprochenes. Das Auge, die Muskelkoordination beim Schreiben und das Gehör arbeiten parallel, was die Engrammbildung vertieft. Außerdem hatte jeder einzelne nur für sich eine Kontrolle seiner Merk- bzw. Lernfähigkeit, ohne Leistungs- bzw. Konkurrenzdruck (vgl. Kapitel 3.4.2).

Die Formulierung der Aufgabenstellung bewirkt wiederum, daß die formulierenden Teilnehmer sich schriftlich oder mündlich mitteilen, bzw., daß die Formulierenden sich selbst klar werden und „Trittbrettfahren" bzw. eine passive Konsumhaltung vermieden werden. Ein Lern- und Gedächtnistraining mit dem Anspruch, die individuelle Leistungsfähigkeit zu steigern, erfordert immer wieder Einzelarbeit, die Eigenaktivität soll angeregt und kreatives Verhalten gefördert werden. Mit dieser Rückkoppelungsschleife wird ein zielgerichtetes, planvolles und systematisches Lernen und die davon abhängige Qualität der Erinnerungsleistung geübt. Die Betonung liegt hier wieder auf Individualität. Jede(r) Teilnehmer/in für sich sollte diese systematische Lernanstrengung durchführen.

Zusammenfassend wird zur Beschreibung des multimodalen Interventionsansatzes festgehalten, daß bei der Auswahl der Bausteine das Bestreben vorlag, ein theoriegeleitetes Programm für ältere Menschen mit normalen Gedächtnisproblemen anzubieten. Der multimodale Interventionsansatz beinhaltet verschiedene Trainingskomponenten: Als erster Baustein wird die Optimierung der Selbsteffizienz angestrebt. Die spielerische Komponente der Gedächtnisverbesserung wird mit den

6.8. GRUPPENDYNAMISCHE PROZESSE

Gedächtnisspielen nach Stengel gefördert, das unmittelbare Erleben der Gedächtnisverbesserung kann besonders mittels den Mnemotechniken erreicht werden. Der Bezug zum Alltag wurde mit den spezifischen alltagsbezogenen Aufgaben hergestellt. Das mentale Training stellt einen Trainingsbaustein dar, der einerseits zur Gedächtniskonsolidierung beitragen kann, aber auch die Entspannung und Problembewältigung positiv beeinflußt. Einen wichtigen Baustein stellen die Hausaufgaben dar, um einen Transfer in den Alltag zu ermöglichen. Die Bedeutung der sozialen Komponente kommt durch die Betonung der gruppendynamischer Prozesse zum Tragen.

Ziele der multimodalen Intervention sind:

- Verbesserung der Selbsteffizienz und der Selbstkonzepte
- Verbesserung der Befindlichkeit
- Vermittlung von Lern- und Gedächtnisstrategien
- Verbesserung der En- und Dekodierung und der Merkfähigkeit
- Arbeit mit sinnvollem, bedeutungshaltigen Gedächtnismaterial
- Transfer
- selbstgesteuertes Lernen
- Förderung verbaler Fähigkeiten
- Förderung der sozialen Aktivität

Im nachfolgenden Kapitel werden die aus dieser Arbeit abgeleiteten Untersuchungsziele und Fragestellungen formuliert.

Selbsteffizienz (Self-efficacy) • Information über Problembewältigung • Erfolgserlebnisse, positive Verstärkung • Verbale Überzeugungsstrategien, Selbstverbalisation • positive Gefühlsreaktion
Gedächnisspiele nach Stengel • Konzentration • Wortfindung • Merkfähigkeit • Formulierung
Mnemotechniken • Visualisierungsstrategien • Externe Speicher
Alltagsbezogene Aufgaben • aktive Verarbeitung • passive Verarbeitung
Mentales Training • Rückschau • Vorschau • Entspannung
Hausaufgaben • selbstgesteuertes Lernen • Transfer
Gruppendynamische Prozesse • Sozialer Vergleich • Feedback

Abbildung 6.1: Bausteine des multimodalen Interventionsansatzes, der auf der Basis eines Gedächtnistrainings durchgeführt wurde

Kapitel 7

Untersuchungsziele - Fragestellungen

Die Auswertung der Literatur zeigte die Vielfalt und Breite der wissenschaftlichen Untersuchungen zu dem Thema Gedächtnis. Das Zustandekommen von Lern- und Gedächtnisleistungen wird mittels einer Vielfalt von strukturellen und operativen Merkmalen des kognitiven Systems erklärt. Die Forschungsbemühungen zur Gedächtnisverbesserung bezogen sich meist auf ein Training der Kontrollprozesse, der Enkodierung, der Organisation, dem Üben sowie dem Abrufen der Information. Ein Großteil der Untersuchungen bezieht sich auf die Frage nach Altersveränderungen. Häufig wird vom Gedächtnis als Gesamtes gesprochen, obwohl nur ganz spezifische Phänomene unter ganz spezifischen Bedingungen untersucht wurden. Sowohl bei den altersstabilen wie altersinstabilen Gedächtnisleistungen zeigen sich große individuelle Unterschiede und starke motivationale Einflüsse. Vernachlässigt werden Untersuchungen über die Zusammenhänge der Gedächtnisleistungen mit motivationalen und affektiven Faktoren, mit Personenmerkmalen, mit der emotionalen Befindlichkeit und mit sozialen und situativen Bedingungen.

Der in dieser Arbeit untersuchte multimodale Interventionsansatz geht davon aus, daß psychologische Phänomene und Gedächtnisleistungen sich wechselseitig beeinflussen. Einerseits können Persönlichkeitsmerkmale, Selbstkonzepte, der emotionale und der körperliche Zustand sowie soziale Bedingungen entscheidend dazu beitragen, ob ein Gedächtnistraining wirksam ist. Anderseits kann eine kombinierte Vermittlung unterschiedlicher Trainingsinhalte, d.h. durch Vermittlung von Techniken zur Optimierung oben genannter psychischer Merkmale und durch die Verbesserung von informationsverarbeitenden Prozessen sowohl die Gedächtnisleistung als auch die psychische Verfassung verbessert werden.

In dieser Arbeit wird untersucht, ob sich die kombinierte Vermittlung unterschiedlicher Trainingsinhalte auf der Basis eines Gedächtnistrainings positiv auf die

94 KAPITEL 7. UNTERSUCHUNGSZIELE - FRAGESTELLUNGEN

Gedächtnisleistungen und auf psychische Faktoren auswirkt und deren Interdependenzen werden überprüft.

Wenn nachgewiesen werden kann, daß mit dem Leistungszuwachs in den Gedächtnismaßen eine Verbesserung hinsichtlich der psychischen Verfassung eintritt, kann eine multimodale Intervention nicht nur die Gedächtnisleistungen positiv beeinflussen, sondern gleichzeitig ein „Personal Effectiveness Training" darstellen. In der vorliegenden Arbeit werden also Gedächtnisleistungen und psychische Phänomene vor und nach der multimodalen Intervention bei älteren Menschen untersucht. Es besteht die Annahme, daß das Gedächtnis als das Resultat verschiedener kognitiver Teilleistungen beschrieben werden kann. Gedächtnis kann damit durch eine Anzahl isolierbarer Teilleistungen beschrieben werden, die intra- und interindividuelle Variablität aufweisen. Konzepte aus der Allgemeinen Psychologie zur Auswahl einzelner Gedächtnisparameter werden genutzt, um inter- und intraindividuelle Unterschiede zu erfassen. Zusätzlich werden die Teilleistungen noch zusammengefaßt und als ein einheitliches Gedächtnismaß in die Untersuchung aufgenommen.

Ziel ist, die an psychometrischen Standards ausgerichtete Erfassung einzelner Behaltensleistungen sowie eines Gesamtleistungsmaßes vor und nach dem Training sowie deren Korrelation mit Persönlichkeitsvariablen und subjektiven Annahmen.

Neben inter- und intraindividuellen Vergleichen werden Zusammenhangsanalysen einzelner intraindividueller Behaltensleistungen mit Persönlichkeitsmerkmalen, Selbstkonzepten und subjektiven Befindlichkeitsmaßen vorgenommen. Die Abbildung 7.1 auf der nächsten Seite verdeutlicht den Zusammenhang.

Folgende Hypothesen werden formuliert:

Hypothese 1: Die multimodale Intervention wirkt sich positiv auf die Gedächtnisleistung aus, dies zeigt sich darin, daß die Leistungsparameter vor und nach dem Training eine signifikante Verbesserung aufweisen.

Hypothese 2: Es gibt Unterschiede in der Wirksamkeit durch die Variation einer Trainingskomponente. Diese zeigen sich in bedeutsam verschiedenen Veränderungen in den Leistungsparametern zwischen Erst- und Zweitmessung.

Hypothese 3: Die positiven Veränderungen in den Leistungsparametern gehen einher mit positiven Veränderungen in den Parametern des Selbstkonzepts, der Befindlichkeit und der Kontrollüberzeugung.

Hypothese 4: Im Hinblick auf den Gesamtleistungszuwachs (über alle Parameter) gibt es deutlich mehr Untersuchungsteilnehmer, die vom Training profitieren (Gewinner), als daß sie nur einen geringen Trainingsgewinn erzielen können (Verlierer).

Hypothese 5: Persönlichkeitsmerkmale beeinflussen die Effektivität der multimodalen Intervention.

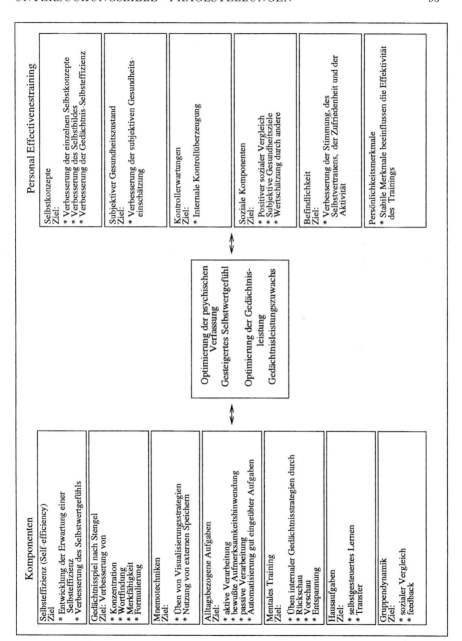

Abbildung 7.1: Multimodale Interventionen auf der Basis eines Gedächtnistrainings

Kapitel 8

Datenerhebung

8.1 Allgemeines

Im folgenden Kapitel werden die Meßverfahren und Skalen, die bei der Testung zur Anwendung kamen, vorgestellt. Bei der Überprüfung der Effektivität des multimodalen Interventionsansatzes auf der Basis eines Gedächtnistrainings kann mit dem üblichen Verfahren einer statistisch empirischen Forschung nur ein minimaler Ausschnitt der möglichen kognitiven und psychischen Veränderungen dargestellt werden. Die üblichen statistisch-empirischen Meßverfahren unterliegen meist einer stark nomothetischen Ausrichtung. Durch die standardisierten Testverfahren tritt der Subjektcharakter bei einer Person in den Hintergrund.

8.2 Meßverfahren: Tests zur kognitiven Leistung

Zur Erfassung der kognitiven Leistungen wurden folgende Leistungstests, entnommen aus dem Nürnberger- Alters- Inventar (NAI) von Oswald und Fleischmann (1986), sowie der Mehrfachwahl-Wortschatztest (MWT-B) eingesetzt:

Aufgabenstellungen zur Erfassung von Ausgangsleistung und Leistungsveränderungen sind, z.B. die freie Reproduktion bzw. das Wiedererkennen von Wortlisten sowie auch Aufgaben zum Paar-Assoziationslernen. Das Ziel dieser Arbeit bestand darin, eine möglichst umfassende Gedächtnisprüfung zu gewährleisten mit Berücksichtigung fluider Komponenten. Folgende Tests wurden ausgewählt: Wortliste, Zahlenverbindungstest, Zahlennachsprechen, Farbworttest, Bildertest, Figurentest, Wortpaare und Latentes Lernen. Das Nürnberger Alters-Inventar, das speziell für ältere Menschen normiert wurde, schien für diese Aufgabe am geeignetesten. Im folgenden sollen die Tests beschrieben werden. Auf die genaue Beschreibung psychometrischer Merkmale dieser Tests wurde verzichtet (NAI-Kurzmanual, Oswald & Fleischmann, 1986).

Fleischmann (1982) betont, daß Untersuchungen zur intellektuellen Leistungsfähigkeit im höheren Lebensalter auf eine Beschreibung von psychologischen Alternsveränderungen bzw. -differenzen abzielen. Dabei wird angenommen, daß ein psychometrischer Test in allen Altersstufen den gleichen Merkmalsbereich abbildet. Der Autor weist darauf hin, daß trotz Anpassung der verwendeten Testmaterialien an die besonderen Gegebenheiten der untersuchten Altersstufe und trotz Einübung aller Verfahren nicht leistungspsychologische Aspekte eine zunehmende Bedeutung haben.

8.2.1 Wortliste (WL)

Die freie Reproduktion und das Wiedererkennen zählt zu Methoden, mit deren Hilfe Erinnerungsleistungen geprüft werden. Bei der freien Reproduktion werden Merkinhalte ohne Hilfestellung wiedergegeben.

Der Subtest Wortliste (WL) besteht aus zwei Testbogen, auf denen eine Liste mit acht standardisierten (nach Bedeutungshaltigkeit, Bildhaftigkeit, Konkretheit und sprachstatistischer Auftretenshäufigkeit) zweisilbigen Wörtern vorgegeben ist. Diese acht Wörter werden in einer freien Reproduktionsprüfung und in einer Wiedererkennungsprüfung je zweimal, unmittelbar nach der mündlichen Vorgabe sowie nach etwa 20 Minuten, abgefragt. In den zwei Wiedererkennungstests werden die ursprünglich acht Wörter zusammen mit acht normierten Distraktoren vorgegeben. Es muß nun entschieden werden, welche Information bekannt und welche neu ist. Wiedererkennungsleistungen sind den freien Reproduktionsleistungen meist überlegen. Beide Maße werden zur psychometrischen Erfassung von Gedächtnisleistungen eingesetzt und sie basieren auf unterschiedlichen theoretischen Annahmen (vgl. Kapitel 3).

8.2.2 Zahlenverbindungstest (ZVT)

Nach Oswald (1981) eignen sich zur Messung therapeutisch induzierter Veränderungen vor allem solche Testverfahren, bei denen im Sinne Cattells flüssiger Intelligenz, die Leistungsgeschwindigkeit bei relativ leichten Aufgaben im Vordergrund steht. Testverfahren dieser Art sind stärker altersabhängig und weniger von psychosozialen Umwelteinflüssen abhängig, als Testverfahren die hauptsächlich Wissen und die Höhe der kognitiven Leistungsfähigkeit prüfen.

Der Zahlenverbindungstest (ZVT) wurde von Oswald & Roth (1978) in einer für 7 bis 60jährige Probanden genormten Fassung publiziert. Der Test umfaßt 4

8.2. TESTS ZUR KOGNITIVEN LEISTUNG

Zahlenmatrizen, in welchen die Zahlen 1 bis 90 so schnell wie möglich miteinander verbunden werden sollten, damit wird die Tempokomponente repräsentiert. Für die älteren Personen wurden die Testvorlagen vergrößert und auf zwei Matrizen mit je 30 Zahlen beschränkt. Der Bearbeitung gehen drei Übungsmatrizen voran. Als Testskore wird die mittlere Bearbeitungszeit aus den zwei Testmatrizen berechnet.

Validierungsstudien wiesen nach, daß dieser Test als Maß für kognitive Leistungsgeschwindigkeit angesehen werden kann. Von einer Batterie an Testverfahren erwies sich der ZVT als derjenige, der global die höchsten Zusammenhänge zu allen anderen Meßbereichen des Nürnberger- Alters-Inventars aufzeigte und am wenigsten von Persönlichkeitsvariablen, wie Motivation und Stimmung abhängig war (Oswald, 1986).

8.2.3 Zahlennachsprechen (ZNS)

Zu einem psychometrischen Verfahren zur Erfassung von Gedächtnisleistungen im höheren Lebensalter zählt das Zahlennachsprechen (ZNS) nach Wechsler (1944). Es handelt sich dabei um eine serielle Lernaufgabe, bei welcher nicht nur das vorgegebene Lernmaterial sondern auch die Reihenfolge einzuprägen ist.

Beim Zahlennachsprechen in der klassischen Form werden Zahlenreihen mit ansteigender Ziffernzahl vorgegeben, mit der Aufgabe, diese Reihen vorwärts oder rückwärts nachzusprechen. Beim Zahlennachsprechen wird ein Testskore bestimmt, bei dem eine 100 Prozent korrekte Reproduktion erfolgt. Positionsabhängige unterschiedliche assoziative Stärken für einzelne Items können beim Zahlennachsprechen nicht abgeleitet werden. Allerdings wird angenommen, daß es sie gibt. Altersdifferenzen zeigen sich besonders beim ZN rückwärts, der Gedächtnisprozesse erfaßt, welche einer höheren Veränderungsrate im Alter unterliegen (Fleischmann, 1982).

8.2.4 Der Farbworttest (FW)

Beim Farbworttest (FW) handelt sich um ein altersfaires Prüfverfahren zur Erfassung der gerichteten Aufmerksamkeit bzw. der Interferenzneigung im Bereich optisch-verbaler Informationsverarbeitung. Außerdem lassen sich das Lese- und Farbbennungstempo als Hinweise auf das allgemeine Leistungstempo ermitteln.

Der Test besteht aus Testtafeln und enthält schwarz auf weiß gedruckte Farbwörter, Tafel II gibt diese Farben als rechteckige Farbfelder wieder, Tafel III beinhaltet Farbwörter, die mit ihren Druckfarben nicht übereinstimmen. Beim Farbworttest handelt es sich um ein Stroop-Phänomen, wobei die Analyse der sensorischen Information zu einem Konflikt führt.

Die Auswertung des Farbworttests beschränkt sich auf die Berechnung des Interferenzwertes durch Subtraktion der Testzeiten von Tafel III und Tafel II und einer anschließenden Zuordnung altersgemäßer Normwerte.

Für den Interferenzwert läßt sich zusammenfassend feststellen, daß er mit komplexen Aufgaben zum raschen Auffassen und Kombinieren korreliert, und auch mit kurz- und längerfristigen Merkleistungen in Beziehung steht.

8.2.5 Bildertest (BT)

Der Bildertest (BT) zielt auf eine Erfassung visueller Merkleistungen ab. Insbesondere werden Aufnahme, Enkodierung und Abruf visueller Informationen geprüft und über die kurzfristige visuelle Merkspanne hinausgehende Leistungen gefordert. Der Testperson werden sieben standardisierte, schwarz auf weiß gedruckte Strichzeichnungen von einfachen alltäglichen Gegenständen nacheinander im 3 Sekundentakt vorgegeben, wobei die Testperson die einzelnen Bilder benennen soll.

Als Testwert dient die Anzahl korrekt genannter Bilder. Der Protokollbogen des Bildertests sieht eine zweite Wiedergabeprüfung vor, die allerdings nur eine Differenzierung im Bereich relativ guter Leistungen gestattet.

8.2.6 Latentes Lernen (LL)

Mit dem Subtest Latentes Lernen (LL) wird ein breites Spektrum intellektueller Leistungskomponenten erfaßt, vor allem Aufmerksamkeitsumfang, Enkodierungs- und Abrufleistungen bezüglich verbaler, visueller und motorischer Stimuli, die während der Testsitzung vorgegeben wurden. Das Testmaterial besteht aus einem Testbogen, mit dessen Hilfe die Bezeichnungen vorher bearbeiteter Aufgaben erfragt wird.

8.2.7 Wortpaare (WP)

Mit dem Subtest Wortpaare (WP) wird die Fähigkeit geprüft, neue Assoziationen zu bilden und aus dem Gedächtnis wiederzugeben. Dieser Subtest zählt zu den schwierigen Aufgaben des NAI. Der Testleiter liest in festgelegtem Tempo vier einsilbige Substantive vor. In den darauffolgenden vier Prüfdurchgängen werden stets die ersten Paarlinge vorgegeben. Die Testperson soll die zugehörigen zweiten Paarlinge wiedergeben. Die Summe korrekter Assoziationen bildet den Testwert.

8.2. TESTS ZUR KOGNITIVEN LEISTUNG

8.2.8 Figurentest (FIG)

Der Figurentest zielt auf eine Erfassung der visuellen Merkfähigkeit unter weitgehendem Ausschluß semantischer Enkodierungen ab. Es wird davon ausgegangen, daß die visuelle Aufnahmekapazität und die Fähigkeit zur Enkodierung und Unterscheidung visueller Muster wesentlich für gute Leistungen im Figurentest sind. Es handelt sich um einen aus zwölf Einzelprüfungen bestehenden Wiedererkennungstest. Die Figuren sind dabei in aufsteigender Schwierigkeit angeordnet. Nach Vorlage einer Figur soll die Testperson diese aus vier ähnlichen, unmittelbar anschließenden Figuren wiedererkennen.

8.2.9 Maß der Gesamtleistung

Ein wesentliches Ziel dieser Arbeit war die Untersuchung von differentiellen Effekten auf unterschiedliche Leistungsparameter. Es besteht die Annahme, daß das Gedächtnis durch eine Anzahl isolierbarer Teilleistungen beschrieben werden kann, die intra- und interindividuelle Variablität aufweisen. Als Variablen der Leistungsfähigkeit wurden hierbei Skalen des Nürnberger Altersinventars (NAI) verwendet (s.o.). Es wurde hierbei nicht erwartet, daß sich das Training auf die verschiedenen Parameter der Leistung gleich auswirken würde.

Ergänzend zu der Annahme, daß das Gedächtnis als das Resultat verschiedener Teilleistungen abgebildet werden kann, wird trotz der Unterscheidbarkeit der Gedächtnisleistungen noch eine einheitliche Leistungsdimension erfaßt. Ähnlich wie bei der Intelligenzdiagnostik, wo in modernen Verfahren (z.B. Intelligenz-Struktur-Test, IST-70, Amthauer 1970) neben den einzelnen Intelligenzdimensionen auch die Gesamtintelligenz im Sinne eines Gesamt-Intelligenzquotienten interessiert, stellte sich auch bei dieser Arbeit die Frage, ob und wie sich das multimodale Training auch auf die Gedächtnisleistung „im Gesamten" auswirkt. Aus diesem Grund wurde ein Gesamtleistungswert aus den einzelnen Skalen des NAI, als ein Maß der Gesamtleistung berechnet, das nachfolgend mit GL abgekürzt wiedergegeben werden soll. Die Problematik, das Gedächtnis auch als eine einfache Leistungsdimension abzubilden, war bewußt. In dem Gesamtmaß GL werden die unterschiedlichen Gedächtnisdimensionen nicht berücksichtigt. In dem Gesamtmaß GL wurde nicht nach Primärgedächtnisleistungen, also nach kurzfristigen Behaltensaufgaben, oder Sekundärgedächtnisleistungen, die sich zum Beispiel durch das Latente Lernen, durch den Bildertest und verzögertes Wiedererkennen der Wortliste, abbilden lassen, unterschieden. In dem Gesamtmaß ist auch die Tempokomponente des Gedächtnisses durch den Zahlenverbindungstest und durch den Farbworttest beinhaltet.

Es wird dabei angenommen, daß mit den einzelnen Skalen des NAI wesentliche Dimensionen der Gedächtnisfunktion erfaßt werden. Aus ökonomischen Gründen wurde GL als ungewichteter Mittelwert der 11 Subskalen des NAI, Wortlisten (WL1,

WL 2, WL 3, WL 4), Zahlenverbindungstest (ZVT), Zahlennachsprechen (ZNS), Farbworttest (FW), Bildertest (BT), Wortpaare (WP), Latentes Lernen (LL) und Figurentest (FIG) berechnet. Durch die fehlende Gewichtung sind Verfälschungen des Gesamtleistungsmaßes denkbar. Auf weitere Standardisierungen bzw. Transformationen des Maßes GL wurde verzichtet, da es sich den hierin eingehenden Werten bereits um standardisierte Centil-Werte handelte.

GL wurde lediglich für Untersuchungspersonen berechnet, bei denen sämtliche elf Einzelleistungsmaße vorlagen, ansonsten wurde GL als Missing Value kodiert. Hierdurch ergab sich eine Reduzierung der Stichprobengröße für diese Variable von 82 auf 67 (erster Meßzeitpunkt) bzw. 68 (zweiter Meßzeitpunkt), die größtenteils zu Lasten von Gruppe 1 (13 bzw. 12 Missing Values) ging. Eine nähere Analyse hierzu ergab, daß es sich um unsystematische Datenverluste handelte.

8.2.10 Mehrfachwahl-Wortschatztest (MWT-B)

Im Mehrfachwahl-Wortschatztest (MWT-B) mit einem Verfahren zur Erfassung verbaler Fähigkeiten, welches eine Einschätzung des allgemeinen kristallisierten Intelligenzniveaus ermöglicht (Lehrl, 1977). Dieser Test wurde nach einem einfachen Schema konstruiert: ein umgangs-bildungs- oder wissenschaftssprachliches bekanntes Wort wird unter vier sinnlosen Wörtern gesucht. Damit werden zwei psychische Funktionen gefordert: Bekanntes wiederzuerkennen und Bekanntes von Unbekannten zu unterscheiden. Die Anforderungen an die flüssige Intelligenz gelten als gering. In der Normentabelle werden den 38 verschiedenen Gesamtpunkten IQ Punkte zugeordnet.

8.3 Meßverfahren: Fragebögen zur Erfassung psychologischer Variablen

8.3.1 Fragebogen zur Erfassung der Persönlichkeitsmerkmale (FPI-R) Fahrenberg, Selg, Hampel, (1989)

Längsschnittuntersuchungen von Costa & Mc Crae (1983) sowie auch die Bonner Gerontologische Längsschnittuntersuchung (s. Lehr & Thomae, 1987) zeigen ein hohes Maß an intraindividueller Konstanz in den Persönlichkeitsmaßen. Das Freiburger Persönlichkeits-Inventar FPI-R (Fahrenberg, Selg, Hampel, 1989) versucht, ein differenziertes Persönlichkeitsbild zu erfassen. Als Vorzüge dieses Testverfahrens nennen die Autoren: Mehrdimensionale Erfassung von relativ überdauernden Persönlichkeitsmerkmalen. Mit den FPI-R Skalen werden relativ breite Konstrukte erfaßt. Ein hoher Skalenwert auf dem Konstrukt Lebenszufriedenheit (F01) betont allgemeine

8.3. FRAGEBOGEN ZUR PERSÖNLICHKEIT

Lebenszufriedenheit, soziale Verantwortung und Hilfsbereitschaft drückt ein hoher Wert auf der Skala „Soziale Orientierung" (F02), hohe Werte hinsichtlich Leistungsorientierung (F03) weisen auf Tatmenschen hin, hohe Werte hinsichtlich Gehemmtheit (F04) weisen auf Hemmungen im sozialen Umgang, leicht erregbar und reizbar zeigen sich Probanden mit hohen Werten hinsichtlich der Skala Erregbarkeit (F05), Bereitschaft zu aggressiver Durchsetzung wird mit der Skala „Aggressivität" (F06), eine starke Beanspruchung, Streß drückt sich auf der Skala „Beanspruchung" (F07) aus, körperliche Beschwerden (F08), Gesundheitssorgen (F09) zeigen sich auf den beiden Skalen, bei der Skala Offenheit (F10) werden drei Facetten betont: die Bereitschaft, kleine Fehler und Alltagsschwächen offen einzuräumen und sich unkonventionell zu äußern; eine allgemeine Antworttendenz in Richtung sozialer Erwünschtheit; eine Tendenz zur Selbstidealisierung. Höhere Werte hinsichtlich dem Persönlichkeitsmerkmal Extraversion (F11) haben gesellige und impulsive Menschen, ein hoher Skalenwert hinsichtlich Emotionalität (F12) weist auf innere Konflikte und ängstlich getönte Stimmung hin.

8.3.2 Fragebogen zur Erfassung der Selbstkonzepte (FSKN) Deusinger (1986)

Nach Deusinger (1986) wird das Bild, das das Individuum in einzelnen Bereichen des Selbst von der eigenen Person hegt, als Selbstkonzept bezeichnet. In den einzelnen zu differenzierenden Bereichen des Selbst nimmt das Individuum verschiedene Selbstbilder, d.h. unterschiedliche Selbstkonzepte an. Selbstkonzepte werden als Einstellungen des Individuums bezeichnet, die wiederum als die Persönlichkeit konstituierende Merkmale angesehen werden (Guilford, 1959).

Die Frankfurter Selbstkonzeptskalen (Deusinger, 1986) sind ein Instrument, das differenzierte Selbstkonzepte, d.h. Einstellungen, die das Individuum im Laufe der individuellen Sozialisation gegenüber sich selbst entwickelt hat, erfaßt. Die FSKN unterscheiden 10 Selbstkonzepte aus vier Bereichen des Selbst: dem Leistungsbereich, dem Bereich der allgemeinen Selbstwertschätzung, dem Bereich der Stimmung und Sensibilität und dem psychosozialen Bereich. Aus der Messung des Selbstkonzepts bzw. aus der Bestimmung der Veränderungen des Selbstkonzeptes kann auf eine Veränderung der psychischen Befindlichkeit geschlossen werden.

Drei Selbstkonzepte beziehen sich auf den Leistungsbereich:

Allgemeine Leistungsfähigkeit (FSAL): unter diesem Selbstkonzept wird die allgemeine Leistungsfähigkeit der eigenen Person verstanden.

Allgemeine Problembewältigung (FSAP): umschreibt Einstellungen des Individuums zur eigenen Fähigkeit, Probleme oder Schwierigkeiten des Alltags selbständig zu regeln. Es wird die Bewertung des eigenen Durchhaltens in erschwerten Situationen gekennzeichnet. Es fließen auch Erwartungen gegenüber der Zukunft ein, ob die Person auch glaubt, ihre Probleme in Zukunft zu meistern.

Allgemeine Verhaltens- und Entscheidungssicherheit (FSVE): Einstellungen der eigenen Person, die sich auf die Gefühle der persönlichen Sicherheit bei der Bewertung des eigenen Verhaltens beziehen.

Ein Selbstkonzept bezieht sich auf den Bereich der allgemeinen Selbstwertschätzung: *Allgemeiner Selbstwert (Skala FSSW)*. Damit kommen Einstellungen zur eigenen Person, die sich auf Selbstachtung, Gefühle der Zufriedenheit bzw. Unzufriedenheit mit der eigenen Person zum Ausdruck.

Mit dem Selbstkonzept zur *Empfindlichkeit und Gestimmtheit (FSEG)* werden die Kognitionen und Emotionen des Individuums bezeichnet, die den Grad der Sensibilität, Empfindlichkeit und Gestimmtheit des Individuums erfassen.

Fünf Selbstkonzepte beziehen sich auf den psychosozialen Bereich:

Mit dem Selbstbild in Bezug auf die eigene *Standfestigkeit (FSST)* wird auf eine geringe Sicherheit, Ängstlichkeit und Irritierbarkeit der Person im sozialen Kontakt mit gewichtigen anderen Personen gedeutet.

Ein positives Selbstkonzept zur *Kontakt- und Umgangsfähigkeit (FSKU)* bedeutet, daß sich die Person geschickt, sicher und ungezwungen im Kontakt mit anderen erlebt.

Wertschätzung durch andere (Skala FSWA). Bei der Skala der Wertschätzung durch andere geht es um das Ansehen, das die Person bei der eigenen Familie zu haben glaubt, ob sie sich geliebt fühlt.

Mit dem Selbstkonzept *Irritierbarkeit durch andere (Skala FSIA)* werden Einstellungen beschrieben, die sich auf den vom Individuum wahrgenommenen Einfluß anderer auf die eigene Person beziehen. Beschrieben werden hiermit Auffassungen darüber, für wie ernst andere seine Meinung nehmen, wie wichtig es dem Individuum ist, bei anderen einen guten Eindruck zu hinterlassen, wie weit sich die Person durch andere, die geistig überlegen sind, gestört fühlt oder diesen aus dem Weg geht.

Mit dem Selbstkonzept *Gefühle und Beziehungen zu anderen (Skala FSGA)* werden die Einstellungen des Individuums zu sich selbst bezeichnet, die seine Kognitionen und Emotionen gegenüber Personen seiner Umwelt betreffen.

Höhere Werte in den Skalen gehen mit positiveren Selbstkonzepten einher.

Obwohl in der Selbstkonzeptforschung im Zusammenhang mit Gedächtnisleistungen in der Regel nur Leistungskonzepte und deren Veränderung untersucht wurden, lag in dieser Arbeit keine Einschränkung auf bestimmte Selbstkonzepte vor, sondern es wurde die gesamte Batterie an Selbstkonzepten vorgegeben. Begründet wird

8.3. FRAGEBOGEN ZUR PERSÖNLICHKEIT

dieses Vorgehen damit, daß in der vorangehenden Studie (Michelfelder, 1994) das Gedächtnistraining positive Effekte aufweisen konnte hinsichtlich des Selbstvertrauens, der Zufriedenheit und auch der Stimmung. Außerdem soll die Interdependenz der Selbstkonzepte aus dem psychosozialen Bereich mit den Gedächtnisleistungen überprüft werden. Damit wird der Einfluß der unterschiedlichen Selbstkonzepte auf die Lern- und Gedächtnisleistung sowie auch mögliche Veränderungen bzw. Stabilisierung deutlich. Die Erhaltung bzw. Förderung des Selbstbildes stellt eine fundamentale Grundlage einer Intervention dar.

8.3.3 Fragebogen zur Erfassung des Alterserlebens (NAI) Oswald und Fleischmann (1986)

Nürnberger-Alterns-Fragebogen (NAF)

Beim Nürnberger-Alterns-Fragebogen (NAF) handelt es sich um einen gerontopsychologischen Einstellungs-Fragebogen zum Altern. Er hat die subjektive Einschätzung von somatischen, psychologischen und intellektuellen Bereichen zum Inhalt. Der Fragebogen setzt sich aus 32 Items zusammen. Die Ergebnisse können faktorenanalytisch durch Aktivität, somatischer Bereich und Stimmung beschrieben werden.

Die Nürnberger-Alters-Selbstbeurteilungs-Skala (NAS)

Oben genannte Skala (NAS) ist ein Selbstrating mit 12 Subskalen bezüglich Stimmung, Aktivität und somatischer Merkmale. In dieser Skala wird nicht die absolute Ausprägung des einzelnen Merkmals, sondern dessen Veränderung gegenüber dem vergangenen Jahr skaliert.

Hohe Testwerte im NAS repräsentieren eine hohe Ausprägung selbstbeurteilter Alterung. Die NAS zeigt einen Zusammenhang zum ZVT. Hohe Bearbeitungszeiten im ZVT weisen auf einen höheren Abbaugrad hin. Günstige Leistungen im ZVT korrespondieren mit subjektiv erlebter stärkerer Aktiviertheit im Alltag, geringe Leistungen im ZVT werden zusammen erlebt mit einem Nachlassen der allgemeinen Aktivität.

8.3.4 Fragebogen zur Erfassung der Kontrollüberzeugungen (KLC) Mrazek (1989)

Zur Erfassung körperspezifischer Kontrollüberzeugungen wurde ein Fragebogen entwickelt (KLC Körperbezogener Locus of Control), der die Teilbereiche Gesundheit, Aussehen und körperliche Leistungsfähigkeit abdeckt. „Kontrollüberzeugungen" wurden dabei im Sinne Rotters (1966) definiert. Die KLC-Skala erlaubt eine globale wie auch eine bereichsspezifische differenzierte Erfassung externaler und internaler körperbezogener Kontrollüberzeugungen. Die Skala zur Erfassung der Kontrollüberzeugungen enthält 18 Items zu den Bereichen Gesundheit, Aussehen und körperliche Leistungsfähigkeit. In eigener Regie ergänzt wurde der Fragebogen mit weiteren 6 Items in bezug auf die Kontrollierbarkeit „kognitiver Leistungsfähigkeit" (KLKI; KLKE, KLGI, KLGE). Der Fragebogen hat zum Ziel, die individuellen Attributionsmuster und Erwartungen in bezug auf die physische und psychische Gesundheit zu erfragen. Zur Beantwortung der als unpersönliche Aussagen formulierten Items wurde eine fünfstufige Skala mit den Polen „nicht zutreffend" bis „stark zutreffend" vorgegeben.

8.3.5 Fragebogen zur Erfassung der subjektiven Einschätzung einer Reihe von psychischen und physischen Variablen

Dieser Fragebogen, von der Autorin selbst ausgearbeitet, wurde vor und nach dem Training ausgefüllt. Dieser Fragebogen bezog sich auf unterschiedliche Einschätzungen hinsichtlich der folgenden Variablen: der Gesundheit (BKG), des Gedächtnisses (BLF). Wahrnehmungen über die eigenen Gedächtnisfähigkeiten werden als ein Teil des gesamten Selbstkonzepts verstanden, im Sinne von Banduras Selbsteffizienz (self efficacy). Der Fragebogen enthält desweiteren subjektive Einschätzungen hinsichtlich der Lebenszufriedenheit (BLZ), Aktivität (BAK), Stimmung (BST), des Selbstvertrauens (BSV) und des Selbstbildes (BSB). Die Einschätzung des Selbstbildes überschneidet sich mit einem Selbstkonzept aus den Selbstkonzeptskalen (FSSW), allgemeine Selbstwertschätzung, die erst zu einem späteren Zeitpunkt eingesetzt wurden (s.u.). Mit (BVA) soll eine Einschätzung der allgemeinen körperlichen und geistigen Verfassung im Vergleich mit anderen vorgenommen werden. Es handelt sich dabei um eine (Prä- und Post-Skala von 1–5). Positive Einschätzungen drücken sich in einem niedrigeren Skalenwert aus.

8.3.6 Meßzeitpunkte Differenzwerte

Die für jede Skala durch die beiden Meßzeitpunkte sich ergebenden zwei Meßvariablen wurden durch Anhänge des Buchstaben A (erster Meßzeitpunkt) oder B (zweiter Meßzeitpunkt) an den entsprechenden Variablennamen gekennzeichnet (z.B. WL1A, WL2A, GLA, FSALA, BKGA, etc.).

Die für die Prüfung einiger Hypothesen benötigten Differenzwerte wurden durch Subtraktion (Wert der zweiten Messung - Wert der ersten Messung; vgl. hierzu Kapitel 9.2.4 und 9.2.5) berechnet und als Variablen durch ein vorangestelltes D gekennzeichnet (z.B. DWL1, DWL2, DGL, DFSAL, DBKG, etc.).

8.3.7 Fragebogen zur Erfassung soziodemographischer Daten und Erfahrungserlebnisse

Ein weiterer Fragebogen wurde am Ende eines Kurses von den Teilnehmern ausgefüllt. Er enthält:

- Soziodemographische Angaben
- Gründe für die Anmeldung zum Kurs
- Nennung von drei Erfahrungen, die den Teilnehmern/innen im Kurs wichtig waren.
- Subjektive Einschätzung der Wirksamkeit des Trainings.
- Betonung entweder des geselligen oder leistungsbezogenen Aspektes bzw. einer Kombination von beiden.

8.3.8 Zusätzliche Erklärungen

Angemerkt werden muß, daß die Erhebung der oben genannten Daten erst im Laufe der ersten Studie (Diplomarbeit Michelfelder, 1994) auf diesen Datensatz erweitert wurde. Erst wurden die Daten um oben genannte Selbsteinschätzungen erweitert. Darin enthalten war eine Frage nach der Einschätzung des „Selbstbildes". In der weiteren Fortsetzung der Arbeit wurde deutlich, daß der Begriff „Selbstbild" in der Literatur weniger ganzheitlich gesehen wird, sondern eher im Plural verwendet wird als „Selbstbilder" oder Selbstkonzepte. Aus diesem Grund wurden die Selbstkonzeptskalen hinzugefügt, um die Erfahrungen und Bewertungen zu eigenen Fähigkeiten in verschiedenen Bereichen oder zu eigenen Emotionen gegenüber unterschiedlichen Aspekten zu erfassen. Durch die spätere Ergänzung der kompletten Selbstkonzeptskalen (FSKN) kam es, daß es z.t. Überschneidungen gibt mit dem allgemein erfaßten Selbstbild (BSB) und den differenzierteren Skalen zu den Selbstkonzepten, z.B. der allgemeinen Selbstwertschätzung. Ähnlich verhält sich der Zusammenhang mit dem Leistungskonzepten der FSKN und den allgemein einzuschätzenden self-efficacy Wert im Fragebogen (BLF), wobei nach der subjektiven Einschätzung der Gedächtnisleistung gefragt wird.

Eine exakte inhaltliche Abgrenzung der Skalen ist auch durch die Überlappungen der Definitionen der psychischen Variablen schwierig. Wie aus dem Theorieteil hervorgeht, werden die psychischen Komponenten häufig unter dem allumfassenden Begriff „Metagedächtnis" zusammengefaßt.

Bei den verschiedenen Analysen ergibt sich z.T. eine große Bandbreite hinsichtlich der Versuchspersonenzahl. Dies liegt zum einen daran, daß die Untersuchungsteilnehmer diverse Fragen bei den Fragebögen nicht ankreuzten und dadurch der Test nicht mehr auswertbar war. Zum anderen haben auch nicht alle Untersuchungsteilnehmer durch die Aufstockung den gesamten Datensatz erhalten, dadurch erklären sich die unterschiedlichen Versuchspersonenzahlen (N) in den jeweiligen Stichproben.

8.4 Beschreibung der Stichprobe

Ältere Menschen, die an einem Trainingsprogramm zur Verbesserung der Gedächtnisleistung teilnahmen, wurden vor und nach dem Trainingsprogramm untersucht.

Im Rahmen eines Gesundheitsprogrammes boten die Techniker Kasse Stuttgart und die AOK Stuttgart und Aalen Gedächtniskurse an. Ziel dieser Gesundheitsprogramme ist die Erhaltung der Gesundheit - denn: Gesundheit bedeutet mehr Lebensfreude und mehr Lebensqualität für den einzelnen. Von den Krankenkassen wurden Präventionskurse hinsichtlich unterschiedlicher Bereiche vor allem aber in bezug auf Ernährung und Bewegung in einem eigenen Programmheft angeboten. Die Kurse waren meist kostenlos, allerdings nur bei regelmäßiger Teilnahme. Von den Kassen vorgegebene Anwesenheitslisten trugen zu dieser Kontrolle bei. Die Interessenten meldeten sich aufgrund des Programmangebotes direkt bei den jeweiligen Krankenkassen an und diese wurden in der Reihenfolge der Anmeldung in die Gruppen aufgenommen, pro Gruppe wurden ca. 10 - 15 Teilnehmer/innen aufgenommen. Zwei bis drei Kurse liefen parallel in einer Woche. Es handelte sich bei den Teilnehmer/innen um ältere Personen, die selbständig im Privathaushalt lebten. Ein Problem für eine Effektivitätsprüfung ist, daß sich zu einem solchen Trainingsprogramm in der Regel nur die älteren Menschen als Teilnehmer melden, deren Aktivität relativ hoch ist, es handelt sich vermutlich um eine selektive Stichprobe.

8.4.1 Altersverteilung und Geschlecht

In der vorliegenden Studie wurden 82 Personen untersucht. Das Durchschnittsalter betrug 63 Jahre. Die älteste Person war 84 Jahre, die jüngste 52 Jahre. Das Alter der Untersuchungsteilnehmer/innen zeigte somit eine relativ hohe Streuung. Die Verteilung der Frauen und Männer betrug 59 zu 23. Der relativ hohe Anteil (28 %) Männer lag vermutlich daran, daß ein Großteil der Teilnehmer über die Techniker Kasse an den Kursen teilnahmen.

8.4.2 Familienstand

Die Mehrzahl der Untersuchungsteilnehmer/innen ist verheiratet (52,4 %), zum Teil meldeten sich beide Ehepartner gemeinsam zum Training an. Fast ein Drittel der Untersuchungsteilnehmer/innen ist verwitwet. Alle Teilnehmer/innen lebten im eigenen Haushalt; keine Person lebte im Heim. Abb 8.1 veranschaulicht den Familienstand der Kursteilnehmer/innen.

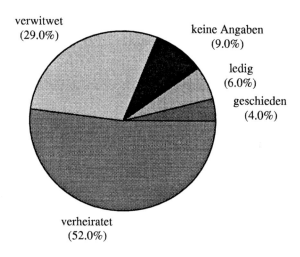

Abbildung 8.1: Familienstand der Kursteilnehmer/innen

8.4.3 Formaler Bildungsstand

Der Bildungsstand zeigt eine relativ breite Streuung. Aus untenstehender Tabelle ist ersichtlich, daß etwa ein Drittel der Untersuchungsteilnehmer/innen den Hauptschulabschluß angaben, ein Drittel eine mittlere Bildungsstufe erreichten (Realschule) und wiederum ein Drittel eine höhere Bildung vorweisen konnten (Gymnasium und Studium). Abb. 8.2 veranschaulicht den Bildungsabschluß der Teilnehmer/innen.

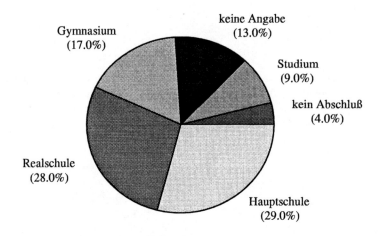

Abbildung 8.2: Bildungsstand der Kursteilnehmer/innen

8.4.4 Berufstätigkeit

Die Dauer bzw. die Art der Berufstätigkeit konnte nicht detailliert erfaßt werden, da die Angaben meist auf die Kategorie „Rentner" oder „Hausfrau" beschränkt blieb.

8.4.5 Gesundheit

Die Mehrheit der Untersuchungsteilnehmer gaben an, gesund zu sein. Bei zwei Personen war eine schwere Depression diagnostiziert, nach ICD 10: F 32.2 schwere depressive Episode ohne psychotischen Symptome. Eine Person gab Alkoholprobleme an. Bei einem älteren Mann lag nach der ersten Testung der Verdacht auf einen degenerativen Prozeß (Alzheimersche Erkrankung) vor. Eine weitere psychiatrische Diagnose war bei einer Versuchsperson vorhanden, ICD 10: F 22.0 Wahnhafte Störung (Paranoide Psychose) Residualer Typus. Zwei Personen litten an einer Trauerreaktion ICD 10: F 43.28. Zwei Personen gaben Angina pectoris Probleme an. Da die betroffenen Personen an dem Training und an der Testung interessiert waren, wurden sie in die Studie mit aufgenommen.

8.4.6 Intellektuelle Leistungsfähigkeit

Ausgangspunkt bei der Bestimmung der intellektuellen Leistungsfähigkeit der Untersuchungsteilnehmer/innen war die Zweifaktorentheorie der Intelligenz (Horn & Catell, 1966), wonach sich im Alter die beiden Fähigkeitsbereiche der flüssigen und kristallinen Intelligenz unterschiedlich entwickeln. Relativ altersstabil gelten die wissensbezogenen Fähigkeiten der kristallinen Intelligenz, die mittels dem Mehrfachwahl-Wortschatztest gemessen werden. Die Gruppe erreichte einen Mittelwert von 30 Punkten. Bei den flüssigen Intelligenzkomponenten, die vor und nach dem Training erhoben wurden, zeigten sich folgende Mittelwerte.

Farbworttest   Zum Meßzeitpkt A 6.160;   zum Meßzeitpkt B 6.519
Zahlenverbindungstest Zum Meßzeitpkt A 6.049;   zum Meßzeitpkt B 6.333

Das durchschnittliche Ausgangsniveau lag bereits vor Beginn des Trainings etwas über dem Durchschnitt.

8.5 Bildung von zwei Teilstichproben

Die Gruppen wurden in zwei unterschiedliche Trainingsbedingungen unterteilt. Allerdings unterschieden sich die beiden Trainingsbedingungen nur in einer Trainingskomponente. Wie bereits beschrieben, beinhaltet der multimodale Interventionsansatz auf der Basis eines Gedächtnistrainings mehrere Bausteine. So bestand ein Baustein aus Gedächtnisspielen, ein anderer Baustein beinhaltet die Vermittlung spezifischer Mnemotechniken unter Einbezug physikalischer Gedächtnishilfen und externer Speicher (s. Abb. 2). Beide Komponenten nahmen etwa den gleichen Zeitanteil in Anspruch. Die Variation der Trainingsbedingungen lag nur hinsichtlich der zeitlichen Aufwendung für Gedächtnisspiele oder für Mnemotechniken. In einer Gruppe wurde mehr „gespielt" in der anderen lag der Schwerpunkt mehr bei der Vermittlung der Gedächtnistechniken. Alle anderen Bausteine erfuhren in den Gruppen keine Variation.

Die Durchführung der Trainingsinhalte erfolgte nicht unter standardisierten Bedingungen, es wurde allerdings ein Schema des inhaltlichen und zeitlichen Ablaufs eingehalten, um alle sechs Komponenten gleichwertig zu berücksichtigen.

Auf eine Kontrollgruppe wurde verzichtet. Es geht in dieser Arbeit weniger darum nachzuweisen, daß das multimodale Training eine Verbesserung der Gedächtnisleistungen bewirkt, sondern es geht vor allem um die Zusammenhänge und Interdependenzen der Gedächtnisleistungen mit psychischen Variablen. Es werden neben interindividuellen Gruppenvergleichen, Zusammenhangsanalysen einzelner intraindividueller Behaltensleistungen mit Persönlichkeitsmerkmalen, Selbstkonzepten und subjektiven Befindlichkeitsmaßen untersucht.

8.5.1 Durchführung der Untersuchung

Die Kurse wurden in den Räumen des Therapiezentrums der Gerhard-Alber-Stiftung durchgeführt. Sie fanden im Zeitraum von April 1992 bis Oktober 1994 statt. Die Dauer der Kurse betrug 8 Wochen à 1,5 Stunden. In der ersten Stunde wurden die Teilnehmer gefragt, ob sie an einer Effektivitätsprüfung der Kurse interessiert wären. Mit den freiwilligen Teilnehmern wurde im Anschluß an die erste Sitzung ein einzelner Untersuchungstermin vereinbart. Die Dauer der Untersuchung betrug pro Person 1 Stunde. Die Teilnehmer/innen versahen die Testbögen mit einem Codewort, das der Untersuchungsleiterin nicht bekannt war. 90 Personen nahmen an der Untersuchung teil. Die Nachuntersuchung fand in der darauffolgenden Woche nach Kursende statt. 8 Personen waren drop outs und konnten an der Nachuntersuchung nicht teilnehmen. Die Gründe dafür waren bedingt durch Krankheit, Krankenhausaufenthalt, ungeplante Abreise in den Urlaub, kurzfristige Genehmigung eines Kuraufenthalts, so daß diese Untersuchungsteilnehmer/innen zum zweiten Meßzeitpunkt verhindert waren. Nicht mehr in die Nachuntersuchung wurden Untersuchungsteilnehmer/innen aufgenommen, wenn sie den Kurs durch oben genannte Gründe nicht regelmäßig besuchen konnten.

Bei ca. 90 Prozent der untersuchten Personen waren Kursleiterin und Untersuchungsleiterin (Autorin) identisch. 17 Personen nahmen an einem Gedächtnistrainingskurs, veranstaltet von der AOK Aalen im Gesundheitszentrum, teil. Dieser Kurs war von Dauer und Durchführung und Teilnehmerstruktur vergleichbar mit den in Stuttgart durchgeführten Kursen. Er wurde von einer anderen Kursleiterin durchgeführt. Die freiwilligen Teilnehmerinnen wurden im Gesundheitszentrum der AOK Aalen von der Autorin bzw. wegen einer zeitlichen Überlappung wurden einige Teilnehmer/innen von der dortigen Kursleiterin getestet und in die Stichprobe mit aufgenommen. Nach Abschluß des Trainings wurde die Untersuchung mit Paralleltests wiederholt. Die Durchführung der Testverfahren richtete sich im wesentlichen an die Instruktionen der Testmanuale.

Kapitel 9

Datenanalyse

9.1 Vorgehensweise auf methodischer Ebene

Bei Verwendung inferenzstatistischer Methoden zur Prüfung von Hypothesen oder Annahmen wird in der sozialwissenschaftlichen Empirie eine Vorgehensweise nahegelegt, die sich eng an die Vorschläge von Lienert (1973, S 97ff.) anlehnt, der die folgenden sukzessiven Schritte empfohlen hat:

a) Problemstellung

b) Untersuchungsmethode

c) Formulieren der Ausgangshypothesen

d) Festlegen des Signifikanzniveaus

e) Wahl der statistischen Tests

f) Anwendung der statistischen Tests

g) Ermittlung der Freiheitsgrade

h) Statitische Entscheidung

i) Ergebnisinterpretation.

Selbst bei Beschränkung auf wenige Untersuchungsaspekte ergibt sich eine Vielzahl potentieller Hypothesen. Da ein endloses Aneinanderreihen von Alternativhypothesen (H_1) und Nullhypothesen (H_0) in stilistischer Hinsicht wenig sinnvoll ist, liegt die Konzentration in dieser Arbeit auf bedeutsamen Fragestellungen und es werden die strengen Formulierungen von Alternativ- und Nullhypothesen durch weniger streng formulierte Hypothesen im Sinne von Annahmen und Erwartungen aufgelockert. Damit soll allerdings kein Abweichen von der prinzipiellen methodischen Vorgehensweise verbunden sein.

Die strenge Anwendung des von Lienert geforderten Signifikanzniveaus in der Phase der statistischen Entscheidung führt zu aussagender Art

> Das Resultat x ist unter dem festgelegten Signifikanzniveau als bedeutsam zu erachten und die Nullhypothese ist zurückzuweisen

und somit teils fälschlicherweise zu deterministischen Interpretationen (Glaser, 1978, S 135ff.). Signifikanztests erlauben lediglich die Prüfung von Wahrscheinlichkeiten bestimmter Ereignisse unter der Annahme bestimmter Hypothesen. Um den Wahrscheinlichkeitscharakter des inferenzstatistischen Testens deutlich zu machen, wird die Entscheidung für die Beibehaltung oder Zurückweisung einer Hypothese bzw. Erwartung aufgrund festgelegter Grenzen hinaus im Bereich für $\alpha \geq .001$ auch jeweils die konkreten Irrtumswahrscheinlichkeiten angegeben werden. Liegen die Werte unter .001, bringen genaue Angaben keinen wesentlichen Informationsgewinn mehr, so daß die Bezeichnung $< .001$ genügt.

Das Festlegen eines zu interpretierenden Signifikanzniveaus sollte nicht nur einem Abwägen zwischen einem α- und einem β-Fehler entspringen, also einem Kompromiß zwischen einem fälschlichen Zurückweisen oder Beibehalten der Nullhypothese. Es sollte auch beachtet werden, inwieweit testspezifische Voraussetzungen durch die vorliegenden Daten erfüllt sind, um etwaige Verletzungen durch strengere Signifikanzniveaus auszugleichen. So ist der konservative F–Test von Geisser & Greenhouse (1958) de facto nichts anderes als ein solches, strengeres Testen, das auch dadurch erreicht werden kann, wenn beispielsweise statt auf einem geplanten Signifikanzniveaus von 5% auf dem 1% Niveau getestet wird.

Generell soll ein Effekt bei einer Irrtumswahrscheinlichkeit von $\alpha \leq 5\%$ als statistisch bedeutsam interpretiert werden. Bei Verletzung bestimmter, noch näher festzulegender Testvoraussetzungen wird dagegen erst eine Irrtumswahrscheinlichkeit von $\alpha \leq 1\%$ als statistisch bedeutsam erachtet.

Darüber hinaus wurde z.B. für varianzanalytische Verfahren vorgeschlagen, die Testvoraussetzungen in Abhängigkeit von der Signifikanz erst nach den statistischen Tests zu prüfen (Bortz, 1989).

Dies gilt in gleicher Weise für die von Lienert erwähnten Freiheitsgrade.

9.2 Veränderungsmessung

Das in dieser Arbeit verwendete Prä-post-Design berührt meß- und testtheoretisch die Thematik bzw. Problematik der Veränderungsmessung. Ausgangspunkt der heutigen Veränderungsmessung war die ausführliche Zusammenstellung von Harris (1963), in der unter anderem auch die verschiedenen Probleme moderner Veränderungsmessung kritisch dargelegt wurden. Obwohl seitdem viele Veröffentlichungen zur Veränderungsmessung erschienen sind, haben die wesentlichen Probleme bislang keine hinreichende Erklärung gefunden, so daß sich für den Anwender kaum Konsequenzen ableiten lassen. Aus diesem Grund sollen in dieser Arbeit die wesentlichen Probleme lediglich kurz angesprochen werden, zur ausführlicheren Erörterung der Problematik sei auf Bereiter (1963), Pawlik (1976), Petermann (1978) oder Stieglitz (1986) verwiesen. Bedeutsame Probleme der Veränderungsmessung ergaben sich aus der Tatsache, daß die Forschungstradition ursprünglich durch Eigenschaftskonzepte geprägt war, die wenig Veränderung implizierten, und daß die mit diesen Eigenschaftskonzepten verbundene klassische Testtheorie (Lord & Novick, 1968), nach der die überwiegende Mehrzahl der heute verwendeten Testverfahren konstruiert sind, nicht für eine Veränderungsmessung konzipiert worden sind.

9.2.1 Meßbedeutungsproblem

Dieses auch als Physikalismus-Subjektivismus-Dilemma umschriebene Problem (Bereiter, 1963) markiert die Schwierigkeit, meß- bzw. testtheoretisch exakt quantifizierbare und zugleich psychologisch sinnvoll interpretierbare Merkmalsbereiche zu gewinnen. Veränderungsprozesse lassen sich häufig relativ exakt quanitifizieren (z.B. Zeitangaben, Gewichtsangaben). Allerdings sind objektive gleiche Veränderungen nicht notwendigerweise auch psychologisch äquivalent, da sie auf unterschiedliche Einflußvariablen für eine Bewertung oder Prognose von großer Bedeutung, ohne daß dies im objektiven Maß eine Abbildung findet.

9.2.2 Regressionseffekt

Beobachtet man hohe und niedrige Meßwerte einer Erstmessung bei einer Meßwiederholung, so zeigt sich, daß diese extremen Werte zum Mittelwert der Verteilung verändert haben. Diese Tendenz zur Mitte kann nun auf eine wahre Veränderung (natürliche Regression) zurückgehen oder aber auf einen Meßfehler (statistische Regression). Da alle Messungen meßfehlerbelastet sind, ist allein aufgrund der statistischen Regression mit einer Zufallsänderung im Extrembereich der Meßskala zu rechnen: hohe Werte in der Erstmessung werden niedriger in der Folgemessung und niedrigere Werte in der Erstmessung werden höher in der nachfolgenden Messung.

Der Regressionseffekt wirkt sich besonders nachteilig aus, wenn neben den beiden Meßzeitpunkten Drittvariablen ins Spiel kommen, die mit der Veränderung korrelieren. Darüber hinaus sind die Folgen von Regressionseffekten besonders schwer zu kontrollieren, wenn diese Effekte mit anderen, in dieselbe Richtung tendierenden Effekten konfundiert sind. Ein solcher Effekt ist etwa der Ceiling Effekt (Decken-Effekt). Ein Regressionseffekt tritt kaum auf, wenn Erst- und Zweitmessung hoch korrelieren, was in der Regel kaum zu erreichen ist. Eine gewisse Kontrolle des Effektes ist jedoch durch die Verwendung eines Kontrollgruppen-Designs mit vergleichbaren Mittelwerten und Streuungen der Experimental- und Kontrollgruppe in der Erstmessung möglich.

9.2.3 Reliabilitäts-Validitäts-Dilemma

Untersuchungen von Veränderungen erfordern auch eine Auseinandersetzung mit der Frage nach der Reliabilität der verwendeten Tests und der Reliabilität der Veränderungs- bzw. Differenz-Scores. Aus den Axiomen der klassischen Testtheorie, welche die Beziehung zwischen gemessenen Größen, wahren Größen und einem damit verbundenen Meßfehler beschreiben, (vgl. Lord & Novick, 1968) läßt sich hierzu relativ einfach und eindeutig eine entsprechende Formel ableiten. Aus dieser Formel ergibt sich jedoch das Dilemma, daß die Differenzwert-Reliabilität hoch ist, wenn beide Messungen gering miteinander korrelieren (Retest-Reliabilität) — womit keine Aussage darüber möglich ist, was der Test mißt (geringe Validität) und daß die Differenzwert-Reliabilität gering ist bei mittlerer bis hoher Korrelation beider Messungen (mittlere bis hohe Validität). Danach läßt sich eine Veränderung entweder sehr genau erfassen (Reliabilität), man weiß jedoch nicht, was diese widerspiegelt (Validität), oder aber man stellt eine hohe Validität der Veränderungsmessung sicher (was wird gemessen?) für den Preis einer geringen Differenzwert-Reliabilität (Genauigkeit der Messung). Daraus läßt sich folgern, daß in Untersuchungen, in denen Veränderungen im Sinne von Variabilität erwartet werden, über die Retest--Reliabilität keine adäquaten Aussagen über die Qualität von Tests gemacht werden können. Als Lösung wurde deshalb die Verwendung der Paralleltest-Reliabilität vorgeschlagen (Helmreich, 1977).

9.2.4 Reliabilität von Veränderungsmaßen

In der Veränderungsmessung üblich ist die Verwendung von (einfachen) Differenz-, Korrelations-, Regresssions- und Residualmaßen (Petermann, 1978). Die Benutzung von Differenzmaßen (z.B. d = Wert der ersten Messung – Wert der zweiten Messung) ist ökonomisch und unabhängig von der Population, sie setzt allerdings mindestens Intervallskalenniveau voraus. Vor allem wegen der Fehlerhaftigkeit der Einzelmessungen und möglicher Regressionseffekte wird die Verwendung solcher Maße

9.2. VERÄNDERUNGSMESSUNG

als problematisch betrachtet. Eine mögliche Verbesserung stellt die Verwendung von standardisierten Differenzmaßen dar. Ein einfaches Maß ist die Korrelation zwischen Ausgangsmessung und dem Differenzwert beider Messungen, allerdings werden hierbei weder die Meßfehler der Einzelmessungen noch die Abhängigkeit der Messungen untereinander korrigiert.

Die Fehlerhaftigkeit der Einzelmessungen kann über Regressionsschätzungen korrigiert werden. Eine solche Korrektur ermöglicht z.b. die Kovarianzanalyse, die den allgemeinen Trend aus den Veränderungswerten beseitigt und somit auch Regressionseffekte verhindert. Voraussetzung für die Verwendung solcher Verfahren sind vergleichbare Ausgangsmittelwerte der einzelnen Gruppen. Bei Verwendung von Residualmaßen wird der Wert der ersten Messung aus dem Wert der zweiten Messung auspartialisiert und als Veränderungsmaß wird das verbleibende Residuum benutzt. Hierbei können allerdings Verzerrungen der Korrelation zwischen Veränderungsmaß und relevanten Drittvariablen auftreten.

9.2.5 Vorgehensweise in der vorliegenden Arbeit

Auch wenn die Verwendung von einfachen Differenzmaßen, wie oben bereits angeführt, einige Probleme aufwirft, wurde in der vorliegenden Arbeit aus mehreren Gründen auf solche Maße zurückgegriffen. Solche Gründe waren einmal die ökonomische Verwendbarkeit und die Populationsunabhängigkeit. Ein anderer, bedeutsamer Grund war die Tatsache, daß in dieser Arbeit nicht nur Veränderungen in verschiedenen Gruppen im Sinne von Gruppenvergleichen, sondern daß auch in starkem Maße Änderungen per se, etwa im Sinne einer Frage wie „hat sich überhaupt eine bedeutsame Veränderung ergeben?" untersucht werden sollten.

Die oben aufgeführten Alternativmethoden eignen sich besser zur Untersuchung von Gruppenunterschieden im Hinblick auf Veränderungsprozesse als zur Untersuchung und Darstellung von Veränderungen selbst, wie dies über die Verwendung von Differenzscores etwa mit Hilfe von Varianzanalysen mit Meßwiederholung auf sehr anschauliche und statistisch relativ robuste Weise möglich ist. Da es sich bei den meisten Skalen um Centilwerte handelte, wurde die Voraussetzung des Intervallskalenniveaus als erfüllt betrachtet und auf eine Verwendung von standardisierten Maßen verzichtet. Dem Problem eines möglichen Regressionseffektes wurde dadurch begegnet, daß auf die Vergleichbarkeit von Mittelwerten und Streuungen der beiden verwendeten Gruppen in der Erstmessung geachtet wurde. Wo eine solche nicht vorliegt, ist dies im Ergebnisteil an entsprechender Stelle vermerkt. Die Angabe von einzelnen Mittelwerten und Streuungen erlaubt darüber hinaus dem Leser eine eigene Einschätzung möglicher Regressions- oder Decken-Effekte.

9.3 Statistische Signifikanz und praktische Bedeutsamkeit

Von verschiedener Seite (Bredenkamp, 1972; Cohen, 1977; Cooper, 1981) ist empfohlen worden, in der Forschung zusätzlich zum Signifikanztest Effektgrößen zur Beurteilung von Ergebnissen heranzuziehen. Dies wurde v.a. damit begründet, daß die Irrtumswahrscheinlichkeit beim Signifikanztest von der Stichprobengröße abhängig ist und keine Einschätzung der Stärke eines Effekts erlaubt (Cooper, 1981). Das kann einerseits dazu führen, daß selbst kleinste, praktisch kaum relevante Mittelwertsunterschiede oder Zusammenhänge (Effekte) statistisch signifikant werden, wenn nur die untersuchte Stichprobe groß genug ist. Anderseits werden häufig selbst bei sorgfältigster und repräsentativer Versuchspersonenauswahl praktisch bedeutsame Unterschiede bzw. Zusammenhänge nicht signifikant, wenn die untersuchte Stichprobe zu klein ist.

Inzwischen gibt es eine Vielzahl solcher Effektgrößen (vgl. Wolf & Brandt, 1982), die in aller Regel als Maße, der durch einen Effekt erklärten Stichproben- oder Populationsvarianz im Sinne eines Prozentsatzes der aufgeklärten Varianz (z.B. ω^2) des Determinationskoeffizients (r^2) oder des multiplen Bestimmtheitsmaßes (R^2) eine zusätzliche Einschätzung der erzielten Resultate ermöglichen. Besonders bei eher kleinen oder sehr großen Stichproben erscheint die Verwendung solcher Maße als sinnvoll.

Alle Effektmaße, die den Anteil, der durch einen Effekt erklärten Gesamtvarianz widerspiegeln, liegen in einem Wertebereich von 0.0 bis 1.0, entsprechend 0 bis 100%. Was hierbei als „hoher Effekt" oder als „niedriger Effekt" anzusehen ist, bzw. die Wahl einer Effektgröße, unter der einem Effekt „praktische Bedeutsamkeit" zugesprochen wird, hängt vom speziellen Forschungsgegenstand ab und sollte anhand hierzu vorliegender, repräsentativer Forschungsergebnisse festgelegt werden (Cohen, 1977). Da ein solcher repräsentativer Überblick jedoch selten realisierbar ist, hat Cohen (1977) eine Konvention für die Verhaltenswissenschaften (Behavioral Sciences) vorgeschlagen. Ausgehend von der Feststellung, daß in den Verhaltenswissenschaften Effektgrößen > 0.5 (50%) kaum auftreten, machte er folgenden Bewertungsvorschlag (Tabelle 9.1).

Diese Angaben wollte er jedoch nicht als absolute Bezugskriterien für Signifikanztests innerhalb eines Themengebietes verstanden wissen, sondern lediglich als relative Einschätzungen (Cohen, 1977) Der Autor führte aus, daß in der persönlichkeits-, sozial- und klinisch-psychologischen Forschung aufgrund der wenig validen Maße und der Subtilität der Thematik meist nur geringe Effekte auftreten. Dagegen werden hohe Effekte oft in der Soziologie, Wirtschaftswissenschaft sowie der experimentellen und physiologischen Psychologie angetroffen, in Gebieten, wo potente Variablen bei guter experimenteller Fehlerkontrolle untersucht werden.

9.4. STATISTISCHE VERFAHREN

Effektstärke	t-Test r_{pb^2}	Varianzanalyse ω^2	Korrelation r^2	mult. Regression R^2
gering	0.010 (1%)	0.010 (1%)	0.01 (1%)	0.02 (2%)
mittel	0.059 (5.9%)	0.059 (5.9%)	0.09 (9%)	0.13 (13%)
hoch	0.138 (13.8%)	0.138 (13.8%)	0.25 (25%)	0.26 (26%)

Tabelle 9.1: Effektstärken bei verschiedenen inferenzstatistischen Testverfahren (nach Cohen, 1977)

Da für den in dieser Arbeit behandelten Forschungsgegenstand kaum Angaben über repräsentative Effektstärken zu finden waren, soll bei der Interpretation der Ergebnisse auf den allgemeinen Bewertungsvorschlag von Cohen (1977, vgl. Tab. 9.1) zurückgegriffen werden.

9.4 Statistische Verfahren, Voraussetzungen und Probleme

Die statistischen Analysen wurden auf einem IBM-kompatiblen PC (Intel Pentium Prozessor) unter Verwendung des Statistikprogrammes SPSS-PC, Version 4.0 durchgeführt. Berechnet wurden deskriptive Daten sowie Angaben zu Verteilungen. Zusammenhänge wurden unter Verwendung der Produkt-Moment-Korrelation untersucht. Für die Prüfung der Beziehungen von mehreren (Prädiktor-) Variablen zu einer (Kriteriums-) Variablen wurden multiple lineare Regressionen berechnet. Zum Vergleich von Gruppenunterschieden und Zeiteffekten wurden t-Tests sowie Varianzanalysen mit Meßwiederholungen durchgeführt. Die Varianzanalysen erfolgten nach der klassischen Methode unter Zugrundelegung fester Effekte. Diese erfordert die Vorannahme, daß die untersuchten Ausprägungen keine Zufalsstichprobe aus allen möglichen Ausprägungen sind und zur Konsequenz hat, daß sich die Interpretation und Generalisierung lediglich auf die analysierten Ausprägungen beziehen (vgl. Kirk, 1968).

Nachfolgend soll kurz auf die hier verwendeten statistischen Testverfahren, auf deren Voraussetzungen sowie auf mögliche Probleme eingegangen werden.

Mit Ausnahme von Häufigkeitsanalysen wurde bei den statistischen Auswertungen in dieser Arbeit ausschließlich auf parametrische Verfahren zurückgegriffen.

9.4.1 Korrelation und multiple Regression

Bei diesen Verfahren ist weniger die Berechnung von Korrelationskoeffizienten oder multiplen Regressionen als vielmehr die inferenzstatistische Absicherung von einzelnen und multiplen Korrelationskoeffizienten an bestimmte Voraussetzungen geknüpft. Gefordert wird neben den bereits besprochenen Anforderungen an das Skalenniveau die Normalverteilung. Dies ist bei der Korrelation die bivariate Normalverteilung der untersuchten Merkmale und im Fall der multiplen Regression die multivariate Normalverteilung aller beteiligten Variablen bzw. die Normalverteilung der Residuen.

In der Regel werden diese Voraussetzungen als erfüllt betrachtet, wenn die einzelnen Variablen für sich und im letzteren Fall die Residuen normalverteilt sind (vgl. Bortz, 1989). Deshalb wurde auf die Anwendung spezieller Untersuchungsverfahren verzichtet und lediglich eine „Augenschein-Prüfung" der graphischen Darstellungen vorgenommen. Im Falle gröberer Verletzungen wurde versucht, einen erhöhten β-Fehler durch ein strengeres Signifikanzniveau (z.B. $\alpha < 1\%$ statt generell 5%) auszugleichen.

In den durchgeführten Korrelationsanalysen wurden fehlende Werte (Missing Values) nicht listenweise (Versuchspersonen, von denen nicht alle analysierten Variablen der Liste vorlagen, werden eliminiert) sondern paarweise (Versuchspersonen, von denen einzelne Variablen fehlen, werden nur für die entsprechend sich ergebenden Paarberechnungen eliminiert) ausgeschlossen. Dies hat zur Folge, daß die vorhandenen Daten maximal ausgenutzt werden, jedoch führt dies bei unterschiedlichen Ausfällen zu teilweise stark verschiedenen (Teil-) Stichprobengrößen. Nachteil dieser Vorgehensweise ist, daß bei einer nicht repräsentativ (bzw. nicht zufalls-) ausgewählten Stichprobe und/oder einem unzufälligen Auftreten von Missing Values (z.B. durch systematische Versuchspersonen- bzw. Datenausfälle) in unkontrollierbarer Weise Teilstichproben entstehen können, die nicht mehr repräsentativ für die Gesamtstichprobe sind.

Im Zusammenhang mit der multiplen Regression ist die Problematik der Multikollinearität und R^2 und Überschätzung zu beachten (vgl. Edwards, 1985, Gänsslen & Schubö, 1973). Die Bedeutsamkeit der einzelnen Prädiktoren für die Kriteriumsvorhersage kann im strengen Sinne nur geprüft werden, wenn die Prädiktoren orthogonal (unkorreliert) sind, was in der Realität selten vorkommt. Damit wird, bedingt durch die Multikollinearität der Prädiktoren immer ein Fehler in Kauf genommen, der um so höher ist, je höher die Prädiktoren interkorrelieren. Aus diesem Grund wurde vorgeschlagen, bei Prädiktorinterkorrelation 0.50 auf eine multiple Regression zu verzichten, oder entsprechende Prädiktoren zu eliminieren. Hierbei ist auf Suppressionseffekte zu achten. Suppressorvariablen sind Prädiktoren, die mit dem Kriterium meist nur gering und mit anderen Prädiktoren mittel bis hoch korrelieren. Indem sie jedoch irrelevante Varianz in anderen Prädiktoren unterdrücken, können sie den Vorhersagewert eines oder mehrerer Prädiktoren deutlich erhöhen und somit die multiple Regression verbessern. Suppressorvariablen lassen sich daran erkennen, daß trotz geringer Korrelation mit dem Kriterium durch ihre Hereinnahme der multiple Regressionskoeffizient (signifikant) steigt.

9.4. STATISTISCHE VERFAHREN

Das multiple Bestimmtheitsmaß R^2 ist immer nur ein unter optimalen Bedingungen erreichbarer Maximalwert und stellt deshalb in aller Regel eine Überschätzung dar. Diese wird um so ungenauer, je kleiner das Verhältnis von Stichprobengröße zu Prädiktorenzahl. Aus diesem Grund kommen meist Schrumpfungskorrekturen zur Anwendung, bei denen in Abhängigkeit von Stichprobengröße und Prädiktorenzahl ein entsprechend korrigiertes R^2_{korr} ermittelt wird.

Ein ebenso bedeutsames Problem ist die Prädiktorenauswahl, also die Entscheidung darüber, welche Teilmenge der verwendeten Prädiktoren den Zusammenhang zu einem Kriterium vermittelt. Generell sollte die Zahl der Prädiktoren möglichst gering sein bei möglichst maximaler Varianzaufklärung im Kriterium. Die Prädiktoren sollten mit dem Kriterium möglichst hoch und untereinander möglichst gering korrelieren (Ausnahme Suppressorvariablen, siehe oben).

Alle gängigen Statistikprogramme bieten hierfür sukzessive oder iterative Auswahlverfahren an, bei denen die Prädiktoren nach bestimmten Kriterien (z.B. Bedeutsamkeit des Prädiktors, Signifikanz der Vorhersageverbesserung) ausgewählt werden.

Die Vorgehensweise in dieser Arbeit bestand zunächst in einer Lösung mit niedrigem Eingangskriterium ($p_{IN} = 0,40$) über die Methode „forward" (sukzessive Aufnahme der Prädiktoren; vgl. Rock et al., 1970). Für die sich dabei ergebenden Lösungsschritte wurde anhand der Kriterien Multikollinearität, b-Gewichte, Verlauf von R^2, Signifikanz der R^2-Veränderung und Suppressoreffekt eine Vorauswahl an Prädiktoren getroffen. Mit dieser Vorauswahl wurde dann eine abschließende Berechnung über die Methode „stepwise" (iteratives Aufnehmen und Eliminieren von Prädiktoren) bei strengem Eingangskriterium ($p_{IN} = 0,05$) vorgenommen.

In den Regressionsanalysen wurden fehlende Werte (Missing Values) listenweise ausgeschlossen, d.h. es wurden nur Untersuchungsteilnehmer berücksichtigt, von denen jeweils alle in der jeweiligen Analyse verwendeten Variablen vorlagen. Dies hat z.T. eine erhebliche Reduzierung der Stichprobengröße zur Folge, eine Vergrößerung der Stichprobe durch Mittelung von Missing Values o.ä. wurde nicht vorgenommen.

9.4.2 Varianzanalyse mit Meßwiederholung / Kovarianzanalyse mit Meßwiederholung

Die bei der Varianzanalyse vorgenommene Zerlegung von Varianzen ist an keinerlei Voraussetzungen geknüpft. Werden jedoch die Mittelwertsunterschiede mit dem F-Test auf Signifikanz geprüft, so müssen neben der Skalenniveau-Forderung (s.o.) drei weitere Bedingungen erfüllt sein (vgl. Bortz, 1989):

1. Unabhängigkeit der Fehlerkomponenten

2. Homogenität der treatment-Varianzen

3. Normalverteilung der Fehlerkomponenten.

Punkt 1) läßt sich durch eine Zufallsauswahl und Zufallszuweisung (zu den treatment-Gruppen), oder ansatzweise durch eine Gruppenaufteilung vor der Datendurchsicht erreichen. Hinsichtlich Punkt 2) hat sich gezeigt, daß der F-Test sehr robust gegen eine Verletzung dieser Voraussetzungen ist, wenn die einzelnen treatment-Gruppen annähernd gleich groß sind. Die unter Punkt 3) geforderte Normalverteilung in den einzelnen Gruppen ist meistens weniger kritisch, da nach dem zentralen Grenzwertsatz die Verteilung der Stichprobenmittelwerte auch bei nicht normalverteilten Populationen sich mit zunehmender Stichprobengröße der Normalverteilung nähert. Box (1953) konnte darstellen, daß die Varianzanalyse durch heterogene treatment-Varianzen und/oder Abweichungen von der Normalverteilung kaum beeinflußt wird, wenn die Zahl der Versuchspersonen pro treatment-Gruppe nicht zu klein (Minimum 10–20 Personen) und die Gruppen gleich groß sind. Dies in der vorliegenden Arbeit der Fall.

Im Falle der Varianzanalyse mit Meßwiederholung wird über diese Forderungen hinaus als wesentliche Voraussetzung die Homogenität der Varianz-Kovarianz-Matrizen sowie die Erfüllung der Sphärizitätsannahme (auch als Zirkularität der zusammengefaßten Varianz-Kovarianz-Matrizen bezeichnet) gefordert (vgl. Bortz, 1989; Keselman & Keselman, 1988). In der vorliegenden Arbeit konnte diese Problematik weitgehend unbeachtet bleiben, denn es wurde lediglich ein Meßwiederholungsfaktor mit zwei Ausprägungen verwendet, so daß von vornherein die Wahrscheinlichkeit für eine Verletzung der Zirkularitätsannahme nicht hoch war. Darüber hinaus, und dies ist das gewichtigere Argument, entsprechen die Freiheitsgrade bei einem Meßwiederholungsfaktor mit zwei Ausprägungen denen des konservativen F-Tests.

Für die Kovarianzanalyse wurden hauptsächlich in früheren Veröffentlichungen (neben den Voraussetzungen der Varianzanalyse) als wesentliche Voraussetzungen die Annahme homogener Steigungen der Regressionen innerhalb der Stichproben, die Gleichheit von Zwischen- und Innerhalb-Regression, die Meßfehlerfreiheit der kovariaten Kontrollvariablen und die Zufallszuweisung der Versuchspersonen zu den Treatmentstufen. Alle diese Forderungen sind nach neueren Arbeiten nicht aufrechtzuerhalten (Bortz, 1989). Die Kovarianzanalyse gilt als ein ausgesprochen robustes Verfahren und sollte nach Levy (1980) nur dann nicht angewandt werden, wenn die Innerhalb-Regressionen heterogen, die Stichproben ungleich groß und die Resudien nicht normalverteilt sind. Da in der vorliegenden Arbeit die Stichproben annähernd gleich groß waren, konnte deshalb auf eine Prüfung der beiden anderen Annahmen verzichtet werden.

Zur Durchführung einer Kovarianzanalyse mit Meßwiederholung ist anzuführen, daß das einmalige Erheben einer Kovariaten in einer einfaktoriellen Kovarianzana-

9.4. STATISTISCHE VERFAHREN

lyse mit Meßwiederholung sinnlos ist, da der Meßwiederholungsfaktor durch das Herauspartialisieren der Kovariaten nicht beeinflußt wird. In den in dieser Arbeit ebenfalls verwendeten zweifaktoriellen Kovarianzanalysen mit einem Gruppen- und einem Meßwiederholungsfaktor, wirkt sich eine einmalig erhobene Kovariate lediglich auf den Gruppen-Faktor aus (Bortz, 1989).

9.4.3 t-Test

Zur Durchführung des t-Tests wird die Normalverteilung der zu vergleichenden Gruppen und die Homogenität der Gruppenvarianzen gefordert (Hays, 1973). Es hat sich gezeigt (Sachs, 1978), daß der t-Test bei nicht zu kleinen, in etwa gleich großen Gruppen, relativ robust gegen Verletzungen der Normalverteilung ist, so daß in diesem Fall auf eine Prüfung der Normalverteilung verzichtet werden kann. Beim Vergleich kleinerer oder zahlenmäßig stark unterschiedlicher Gruppen bietet sich eine Sichtanalyse der Häufigkeitsverteilungen an. Die Varianzhomogenität kann mit dem F-Test geprüft werden, um im Falle heterogener Varianzen auf einen entsprechend korrigierten t-Test zurückzugreifen.

Im folgenden Kapitel werden die Ergebnisse der Untersuchung dargestellt und diskutiert.

Kapitel 10

Ergebnisse

10.1 Hypothese 1

Die multimodale Intervention wirkt sich positiv auf die Gedächtnisleistung aus, dies zeigt sich darin, daß die Leistungsparameter vor und nach dem Training eine signifikante Verbesserung aufweisen.

Die Prüfung oben genannter Erwartung erfolgte über eine einfaktorielle Varianzanalyse mit Meßwiederholung auf einem Faktor innerhalb eines Prä-/Post-Designs, entscheidender Faktor war der Meßwiederholungsfaktor (Zeitfaktor).

Zunächst erfolgte eine generelle Prüfung mit Hilfe der Gesamtleistung (GL), errechnet als Mittelwert der verwendeten Leistungsmaße (vgl. Kap. 8.2.9) zu den Meßzeitpunkte A und B. Es ergibt sich eine statistisch hochsignifikante Verbesserung des Gesamt-Leistungsmaßes ($F_{1,65} = 160,44$; $p \leq .001$), die auch praktische Relevanz besitzt ($\omega^2 = .297$, entsprechend 29,7% Varianzaufklärung). Bezogen auf die Veränderung der Gesamtleistung ist damit die Wirksamkeit der multimodalen Internvention und somit die Gültigkeit der Hypothese 1 bestätigt.

In Tab. 10.1 sind hierzu die entsprechenden Mittelwerte und Streuungen aufgelistet.

Meßzeitpunkt		A		B	
Variable	n	m	s	m	s
Gesamtleistung (GL)	67	6,120	0,768	7,246	0,924

Tabelle 10.1: Stichprobengröße (n), Mittelwerte (m) und Streuungen (s) der Gesamtleistung (GL) vor (A) und nach (B) der multimodalen Intervention.

Um zu analysieren, ob die Leistungszunahme durch die multimodale Intervention alle Leistungsparameter gleichermaßen betrifft, bzw. zur Bewertung von differentiellen Effekten, wurden in einem weiteren Schritt die Leistungsmaße im Einzelnen betrachtet. Es wurden hierzu elf einfaktorielle Varianzanalysen mit Meßwiederholung auf einem Faktor und den Leistungsparametern WL1, WL2, WL3, WL4, ZVT, ZNS, FW, BT, WP, LL und FIG als jeweils abhängigen Variablen berechnet. Die Ergebnisse dieser Analysen sowie die korrespondierenden Stichprobengrößen, Mittelwerte und Standardabweichungen sind in den Tabellen 10.2 und 10.3 dargestellt.

Leistungsparameter	F-Wert	Freiheitsgrade	p	ω^2
Wortliste 1 (WL1)	23,39	1,80	<.001	.089
Wortliste 2 (WL2)	37,60	1,80	<.001	.147
Wortliste 3 (WL3)	79,93	1,80	<.001	.212
Wortliste 4 (WL4)	27,09	1,80	<.001	.086
Zahlenverbindungstest (ZVT)	9,83	1,79	.002	.024
Zahlennachsprechen (ZNS)	38,72	1,78	<.001	.047
Farbworttest (FW)	7,08	1,79	.009	.013
Bildertest (BT)	25,20	1,79	<.001	.090
Wortpaare (WP)	55,89	1,78	<.001	.169
Latentes Lernen (LL)	23,06	1,68	<.001	.066
Figurentest (FIG)	10,42	1,78	.002	.047

Tabelle 10.2: Ergebnisse für den Meßwiederholungsfaktor (Zeitfaktor) der Varianzanalysen mit Meßwiederholung, durchgeführt für die einzelnen Leistungsparameter.

Für alle Leistungsparameter ergeben sich durch das kombinierte Training statistisch hochsignifikante Verbesserungen. Die Betrachtung der Effektstärken weist allerdings auf eine deutlich unterschiedliche praktische Relevanz dieser Veränderungen hin. Hohe Effektstärken und damit eine hohe praktische Relevanz weisen die Veränderungen der Maße WL3 (21,2% Varianzaufklärung), WP (16,9%) und WL2 (14,7%) auf. Mittlere Effektstärken und somit eine mittelstarke praktische Relevanz ergeben sich für die Veränderungen der Maße BT (9%), WL1 (8,9%), WL4 (8,6%) und LL (6,6%). Geringe Effektstärken und damit eine geringe praktische Relevanz ergeben sich für die Maße ZNS (4,7%), FIG (4,7%), ZVT (2,4%) und FW (1,3%).

In der Forschungsliteratur ist die Intelligenz als mögliche Kovariante hinsichtlich der Auswirkung von Gedächtnistrainings auf die Hirnleistung diskutiert worden. Intelligenz (hier als kristalline Intelligenz, erfaßt mit Hilfe des MWT) als einmalig erhobene Variable hat in einer einfaktoriellen Kovarianzanalyse mit Meßwiederholung auf den Meßwiederholungsfaktor keinen Einfluß (vgl. Kap. 9.4.2), so daß hier auf dieses Thema nicht weiter einzugehen ist. Bedeutsam wird die Kontrolle möglicher Kovarianzeffekte bei der Untersuchung von Gruppenunterschieden (siehe Hypothese 2, Kap. 10.2). Zu möglichen Einflüssen der Variablen Bildung wird in Kapitel 10.5

10.1. HYPOTHESE 1

Meßzeitpunkt		A		B	
Variable	$n^{1)}$	m	s	m	s
Wortliste 1 (WL1)	82	6,26	1,73	7,35	1,72
Wortliste 2 (WL2)	82	5,88	2,30	7,88	2,48
Wortliste 3 (WL3)	82	6,82	1,44	8,32	1,45
Wortliste 4 (WL4)	82	6,34	1,89	7,52	1,95
Zahlenverbindungstest (ZVT)	81	6,05	0,89	6,33	0,84
Zahlennachsprechen (ZNS)	80	6,10	1,69	6,83	1,54
Farbworttest (FW)	81	6,16	1,40	6,52	1,50
Bildertest (BT)	81	3,93	1,98	5,17	1,91
Wortpaare (WP)	80	5,59	2,22	7,56	2,13
Latentes Lernen (LL)	70	6,54	1,55	7,44	1,59
Figurentest (FIG)	80	7,83	1,33	8,40	1,06

[1] Unterschiedliche Stichprobengrößen n durch Missing Values

Tabelle 10.3: Stichprobengröße (n), Mittelwerte (m) und Streuungen (s) für die einzelnen Leistungsparameter vor (A) und nach (B) der multimodalen Intervention.

Stellung genommen.

10.1.1 Diskussion

Gesamtleistung

In der Literatur werden kognitive Interventionsprogramme bemängelt, die theoretisch nicht ausreichend fundiert sind und deren Wirksamkeit meistens nicht abgesichert ist. Die statistisch hochsignifikante ($F_{1,65} = 160,44; p < .001$) und auch praktische relevante ($\omega^2 = .297$, d.h. 29,7% Varianzaufklärung) Verbesserung des Gesamtleistungsmaßes, das die Leistungen über alle Einzelmaße hinweg widerspiegelt, belegt die Wirksamkeit des in dieser Arbeit verwendeten multimodalen Interventionsansatzes. Damit wird einerseits der Forderung Rechnung getragen, kognitive Interventionsprogramme auf die Wirksamkeit hin zu evaluieren. Andererseits ist damit bewiesen, daß die Untersuchungsteilnehmer von dem Training eindeutig profitierten.

Es fällt auf, daß die sich für den Faktor Zeit ergebende Effektgröße der Gesamtleistung (GL) deutlich höher ausfällt als diejenige der einzelnen Leistungsparameter. Im Hinblick auf eine statistische Erklärung dieses Sachverhalts zeigt ein Blick auf die Mittelwerte und Streuungen, daß der Leistungszuwachs im Gesamtleistungs-Maß zwar ähnlich ausfällt wie in den einzelnen Leistungsmaßen, daß jedoch die Streuung für die Gesamtleistung deutlich geringer ist als für die einzelnen Leistungsmaße.

Inhaltlich läßt sich dies so interpretieren, daß das multimodale Trainingsprogramm zwar in allen Leistungsparametern zu einem Zuwachs an Leistungsfähigkeit führt (erkennbar an den statistischen Signifikanzen), daß dieser Zuwachs allerdings interindividuell wenig stabil ist (im Sinne einer relativ hohen Streuung und recht unterschiedlicher praktischer Relevanz der Einzelvariablen). Zwar führt das Training auch in einzelnen Parametern zu statistisch und praktisch bedeutsamen Verbesserungen, die Gesamtleistung (als Mittel aller Einzel-Leistungsmaße) erweist sich jedoch aufgrund ihrer höheren interindividuellen Stabilität als das statistisch und praktisch bedeutsamere Maß.

Einzelne Leistungsparameter

Die Ergebnisse besagen zunächst, daß das Training im Hinblick auf einen Leistungszuwachs in den einzelnen Maßen zu deutlich differenzierten Effekten geführt hat. Manche Leistungsparameter scheinen vom Training deutlich mehr profitiert zu haben als andere. Besonders verbessert haben sich die Teilnehmer in Tests, in denen auch die im Training geübten Strategien angewendet werden konnten, wie z.b. bei den Wortlisten, Wortpaaren, bei zu merkenden Bildern oder beim latenten Lernen. Verbesserungen zeigten sich auch in tempoorientierten Tests, wie dem Zahlenverbindungstest oder dem Farbworttest, aber nicht in dem Maße, da es sich hier eher um Aufgaben handelte, die eine allgemeine Geschwindigkeitskomponente beinhalten. Der Figurentest zielt wiederum auf eine Erfassung der visuellen Merkfähigkeit ohne semantische Enkodierungen ab, deshalb sind keine so großen Verbesserungen zu erwarten, wie auch beim Zahlennachsprechen, da im Training Zahlen eine untergeordnete Rolle spielten, also trainingsfern waren.

Gedächtnisaufgaben zur freien Wiedergabe sind ein Beispiel für einen von der Wiederholung abhängigen Gedächtnisprozess, der kognitive Anstrengung erfordert und ressourcenabhängig ist. Bei der Wortliste 1 wurde mittels der freien Reproduktion die unmittelbare Behaltensleistung geprüft, bei der Wortliste 3 die freie Reproduktion nach 20 Minuten. In beiden Tests zeigten die Teilnehmer nach dem Training eine verbesserte Leistung bei der Wortliste 3 sogar hohe Effektstärken. Bei den Aufgaben zum Wiedererkennen (Wortliste 2) zeigten sich ebenfalls hohe Effektstärken, während sich für die Wortliste 4 (Wiedererkennen nach 20 Minuten) eine mittlere praktische Relevanz ergab. Dieses Ergebnis kann als besonders positiv betrachtet werden, da die freien Reproduktionsprüfungen eine deutliche Altersabhängigkeit aufweisen und im Vergleich zu Wiedererkennungsleistungen schlechtere Ergebnisse erzielt wurden. Die freie Wiedergabe nach 20 Minuten war dem Wiedererkennen nach 20 Minuten sogar überlegen, obwohl nach der Schwellenhypothese bessere Wiedererkennungsleistungen aufgrund niedrigerer Antwortschwellen angenommen werden. Alterstypisch reduzierten Merkleistungen (Abrufdefizit-Hypothese), die aufgrund beeinträchtigter aktiver Suchprozesse angenommen werden (Fleischmann,

10.1. HYPOTHESE 1

1989), können mit dem Training begegnet werden. Steigerungen der Behaltensleistung beim freien Reproduzieren (jedoch nicht beim Wiedererkennen) sollten nach Fleischmann (1988) zu erwarten sein, wenn bei der Instruktion ausdrücklich auf ein späteres Abprüfen hingewiesen wird. Zwar enthielt die Instruktion keinen derartigen Hinweis, allerdings könnte die Testerinnerung einen ähnlichen Einfluß auf die Behaltensleistung erzeugen. Allerdings zeigten sich auch bei der Wortliste 4 bei der dieser Arbeit vorangehenden Untersuchung (Michelfelder, 1994) hochsignifikante Verbesserungen.

Der Zahlenverbindungstest (ZVT) liefert ein zentrales Maß zur Kennzeichnung des allgemeinen kognitiven Leistungstempos. Flüssige Intelligenzkomponenten repräsentieren die kognitive Leistungsgeschwindigkeit und sie stellen eine wichtige Indikatorfunktion für den intellektuellen Status einer Person und deren praktischen Lebensbewältigung zu. Bei diesem Test ergaben sich relativ geringe Effektstärken und damit nur geringere praktische Relevanz. Ein Deckeneffekt ist unwahrscheinlich, da WL3 zum Zeitpunkt A höher als der ZVT lag und dennoch stark anstieg. Offensichtlich profitierten die Kursteilnehmer/innen weniger hinsichtlich fluider Komponenten. Dies läßt sich durch die kurze Trainingszeit begründen, aber auch daß das Trainingsprogramm eine große Bandbreite an Aufgaben enthielt und dadurch nicht spezifisch eine Verbesserung der Geschwindigkeit der Informationsverarbeitung trainiert wurde.

Ähnlich verhält es sich beim Farbworttest, der fluide Komponenten beinhaltet. Auch bei diesem Test zeigten sich hochsignifikante Verbesserungen mit allerdings geringeren Effektstärken. Verbesserungen speziell in diesem Test könnten auf eine verbesserte Konzentration hinweisen.

Beim Zahlennachsprechen (ZNS) wird die kurzfristige Merkfähigkeit erfaßt. Bei diesem Test erreichten die Teilnehmer im Durchschnitt höhere Werte, allerdings nur geringere Effektstärken. Das Training enthielt kaum Übungen zum Zahlenmerken. Denkbar wäre, daß die Aufforderung, Gedächtnisinhalte innerlich zu wiederholen, auf das Zahlennachsprechen transferiert wurde und dadurch eine Verbesserung eintrat. Eine Steigerung der Leistung bei diesem Test weist ebenfalls auf eine Verbesserung der Konzentration hin und auf die Anwendung gelernter Merkstrategien.

Der Bildertest wies mittlere Effektstärken auf. Hinsichtlich der Wiedererkennung gegenständlicher Bilder zeigten sich widersprüchliche Ergebnisse (Kausler, 1991). Kein Altersunterschied beim Bildertest zeigte sich, z.B. bei Poon & Fozard, (1978).

Bei dem Test Wortpaare (WP) ergaben sich signifikante Verbesserungen mit hohen Effektstärken, obwohl dieser Subtest „Wortpaare" zu den schwierigen Aufgaben des NAI zählt. Die Wortpaare weisen sich durch eine geringe Assoziationsstärke aus. Zahlreiche Studien belegen die These von einem deutlichen Lerndefizit der Älteren bei dieser Art von Aufgaben, also Beziehungen zwischen vorher unverbundenen

Elementen herzustellen. Erklärt wird dieses Phänomen, daß Ältere weniger Mediatoren verwenden. Lehr (1991) betont, daß auch bei sinnfreien Lernleistungen wie dem Paar-Assoziationslernen Defizite in den Leistungen Älterer durch Übermittlung von Lernstrategien ausgeglichen werden können. Die Kursteilnehmer konnten offensichtlich von den Lernstrategien profitieren und diese in den Tests verwenden und damit ihre Leistungen wesentlich verbessern, d.h. alterstypische Erwerbsdefizite beim Paar-Assoziationslernen konnten verringert werden.

Beim Latenten Lernen (LL) stehen Aufmerksamkeitsumfang, Encodierungs- und Abrufleistungen bzgl. verbaler, visueller und motorischer Stimuli im Vordergrund, die während der Testsitzung vorgegeben wurden. Mit diesem Subtest wird ein breites Spektrum intellektueller Leistungskomponenten erfaßt. Es zeigten sich bei diesem Test mittlere Effektstärken. Auch hier zeigt sich, daß die Kursteilnehmer von dem Training profitierten und ihre Leistungen steigern konnten. Ein wichtiges Element bei dem Training war die bewußte Informationsaufnahme, die sich vermutlich in einer Leistungssteigerung in diesem Test abbildet.

Der Figurentest (FIG) zielt auf visuelle Merkleistungen unter Ausschluß semantischer Enkodierungen ab. Es zeigten sich Leistungsverbesserungen, obwohl bei dem Training nur sinnvolles Material verwendet wurde. Mittels einer verbesserten Konzentration konnte eine Verbesserung visueller Muster erreicht werden.

Zusammenfassende Diskussion

Zwar zeigten sich für alle Leistungsparameter durch das Training statistisch hochsignifikante Verbesserungen, unterschiedliche Effektstärken und damit unterschiedliche praktische Relevanz der Veränderungen weisen jedoch darauf hin, daß sich die Untersuchungsteilnehmer besonders in Aufgaben verbesserten, bei denen die im Training geübten Strategien auch angewendet werden konnten. Knopf (1993) stellt fest, daß bei den Studien zur Evaluation eines Trainingseffekts in der Regel Aufgaben verwendet werden, die den Trainingsaufgaben sehr ähnlich sind, so daß als Trainingseffekt die Kompetenz zur Nutzung der vermittelten, spezifischen Lern- und Gedächtnisstrategie verstanden wird. Auch in dieser Arbeit kann die Wirksamkeit der Trainingsmaßnahme, die durch die Veränderung der Einzel- bzw. der Gesamtleistung entsteht, nur auf die Anwendung spezifischer Strategien beschränkt sein. Die meisten Trainingsprogramme umfassen ebenfalls nur wenige Stunden, trotzdem werden kurzfristige Verbesserungen der Gedächtnisleistungen nachgewiesen. Befunde aus kontrollierten Studien belegen, daß Gedächtnisleistungen im Alter durch kognitive Interventionsmaßnahmen grundsätzlich beeinflußbar sind (Fleischmann, 1985; Anschutz et al., 1987; Kunz, 1990; Lindenberger, 1991; Baltes et al., 1992; Oswald et al., 1994; Hasselhorn et al., 1995).

Performanzfaktoren (mangelnde Vertrautheit mit Tests, Unsicherheit usw.) spielen bei älteren Menschen in den Leistungssituationen eine wichtige Rolle und könnten sich auch hier, vor allem bei der ersten Untersuchung leistungsmindernd ausgewirkt haben. Es ist deshalb bei der Interpretation zu berücksichtigen, daß ein Teil der Steigerungen möglicherweise ausschließlich auf die Testwiederholung zurückzuführen ist (vgl. Bader, 1993). Auch bei Verwendung einer Kontrollgruppe finden sich häufig Leistungsverbesserungen, die mit Testungs- bzw. Übungseffekten erklärt werden. In dieser Studie wurde auf eine Kontrollgruppe verzichtet, da Trainingseffekte auf die Gedächtnisleistung nicht das Hauptinteresse der Arbeit waren, sondern die Zusammenhänge mit psychischen Faktoren.

Kritisch anzumerken ist, daß auch in dieser Studie die gängigen Tests zur Erfassung der Gedächtnisleistungen verwendet wurden. Die Klagen der Älteren über Gedächtnisleistungen beziehen sich jedoch in der Regel nicht auf Wortlisten sondern darüber, daß Namen oder Wörter nicht mehr einfallen (Zelinski et.al.; 1980). Die Effektivität einer Trainingsmaßnahme wird jedoch meist anhand von Wortlisten nachgewiesen. Ob dem häufig geschilderten Problem der Wortfindungsstörung, bei dem der Zugang zum lexikalischen Gedächtnis verwehrt bleibt, entgegengewirkt wurde, bleibt offen. Die Erfolgsmaße der durchgeführten Gedächtnistests lassen sich auch nur beschränkt auf alltägliche Behaltensleistungen übertragen.

Längerfristige Trainingseffekte wurden nicht untersucht. Aufgrund der Aussagen der Untersuchungsteilnehmer/innen kann jedoch von Transfereffekten ausgegangen werden. Untersuchungsteilnehmer gaben mehrfach an, daß sie für Gedächtnisaufgaben sensibilisiert wurden und sie sich auch anderen Aufgaben außerhalb des Kurses widmeten. So beschäftigten sich, z.B. Kursteilnehmer mit Mega-Puzzles, Würfel-Wortspielen in der Gruppe, Knobelaufgaben, regelmäßige Kopfrechenübungen, bewußtes Trainieren von Namen, Einprägen eines bestimmten Weges. Manche Teilnehmer meldeten sich noch Monate später telefonisch, um weitere Anregungen zum Selbststudium zu erhalten.

10.2 Hypothese 2

Es gibt Unterschiede in der Wirksamkeit durch die Variation einer Trainingskomponente. Diese zeigen sich in signifikant verschiedenen Veränderungen in den Leistungsparametern zwischen Erst- und Zweitmessung.

Die Prüfung erfolgte über eine zweifaktorielle Varianzanalyse mit Meßwiederholung auf einem Faktor innerhalb eines Prä/Post-Designs mit einem Faktor Gruppe (zwei unterschiedliche Trainingsformen) und einem Meßwiederholungsfaktor (Zeitfaktor). Maßgeblich zur Hypothesenprüfung war hier die Gruppe/Zeit-Wechselwirkung.

Zunächst wurde wiederum eine generelle Prüfung mit Hilfe des Maßes der Gesamtleistung (GLA und GLV) als abhängiger Variablen durchgeführt. In der durchgeführten Varianzanalyse ergab sich eine weder statistisch ($F_{1,65} = 1,48; p = .229$)

noch praktisch ($\omega^2 = .0009$, entsprechend .09% Varianzaufklärung) bedeutsame Wechselwirkung. Generell betrachtet scheint demzufolge die Variation bei einer Trainingskomponente (relativ mehr Spiele oder mehr Mnemotechniken) keine Rolle zu spielen. Beide Vorgehensweisen sind gleich wirksam. Die entsprechenden Mittelwerte und Standardabweichungen sind Tabelle 10.4 aufgelistet.

Meßzeitpunkt			A		B	
Variable		n	m	s	m	s
Gesamtleistung (GL)	Gruppe 1	29	6,126	0,766	7,132	0,835
	Gruppe 2	38	6,115	0,781	7,334	0,989

Tabelle 10.4: Stichprobengröße (n), Mittelwerte (m) und Streuungen (s) der Gesamtleistung (GL) für die Gruppen 1 und 2, jeweils vor (A) und nach (B) der multimodalen Intervention auf der Basis eines Gedächtnistrainings.

Auch hier erfolgte wieder Betrachtung der einzelnen Leistungsparameter zur Bewertung von differentiellen Effekten. Die Ergebnisse der hierzu jeweils durchgeführten zweifaktoriellen Varianzanalysen mit Meßwiederholung auf einem Faktor sowie den einzelnen Leistungsparametern als abhängigen Variablen sind in Tabelle 10.5 dargestellt.

Leistungsparameter	$n^{1)}$	F-Wert	Freiheitsgrade	p	ω^2
Wortliste 1 (WL1)	82	1,67	1,80	.200	<.001
Wortliste 2 (WL2)	82	0,67	1,80	.414	<.001
Wortliste 3 (WL3)	82	0,53	1,80	.470	<.001
Wortliste 4 (WL4)	82	2,45	1,80	.122	.005
Zahlenverbindungstest (ZVT)	81	0,01	1,79	.922	<.001
Zahlennachsprechen (ZNS)	80	1,15	1,78	.287	<.001
Farbworttest (FW)	81	1,36	1,79	.247	<.001
Bildertest (BT)	81	0,01	1,79	.911	<.001
Wortpaare (WP)	80	0,44	1,78	.510	<.001
Latentes Lernen (LL)	70	5,93	1,68	.018	.015
Figurentest (FIG)	80	0,78	1,78	.380	<.001

[1] Unterschiedliche Stichprobengrößen n durch Missing Values

Tabelle 10.5: Ergebnisse für den Wechselwirkungsfaktor (Zeit x Gruppe) der zweifaktoriellen Varianzanalysen mit Meßwiederholung auf einem Faktor, durchgeführt für die einzelnen Leistungsparameter

Lediglich für den Pararmeter LL (Latentes Lernen) ergibt sich eine statistisch signifikante ($F_{1,68} = 5,93; p = .018$), praktisch jedoch ($\omega^2 = .015$, entsprechend 1,5% Varianzaufklärung) wenig bedeutsame Wechselwirkung. Diese statistisch signifikante

10.2. HYPOTHESE 2

Interaktion wird durch die entsprechenden Mittelwerte in Tabelle 10.6 verdeutlicht, aufgrund der fehlenden praktischen Relevanz wird jedoch auf eine weitere Interpretation verzichtet.

Für alle anderen Leistungsparameter sind die bestehenden Wechselwirkungen weder statistisch noch praktisch bedeutsam. Von einer Auflistung der hier zugehörigen Deskriptionen wurde deshalb aus Platzgründen Abstand genommen.

Meßzeitpunkt			A		B	
Variable		n	m	s	m	s
Latentes Lernen (LL)	Gruppe 1	31	6,903	1,326	7,323	1,620
	Gruppe 2	39	6,256	1,666	7,538	1,570

Tabelle 10.6: Stichprobengröße (n), Mittelwerte (m) und Streuungen (s) der Variablen Latentes Lernen (LL) für die Gruppen 1 und 2 vor (A) und nach (B) der multimodalen Intervention.

Zusammenfassend scheint die zeitliche Variation bei einer Trainingskomponente (mehr Gedächtnisspiele oder mehr Mnemotechniken) sowohl für die generelle Leistungsverbesserung als auch für die Verbesserung in spezifischen Leistungsparametern (differentielle Effekte) keine Rolle zu spielen. Beide Gruppen erzielen eine vergleichbare Verbesserung.

10.2.1 Diskussion

Die vergleichbaren Ergebnisse der Gruppen können damit begründet werden, daß die Variation bei nur einer Trainingskomponente unbedeutend war. Der einzige Unterschied lag nur darin, ob in den Gruppen Gedächtnisstrategien eher über die Spiele vermittelt wurden oder über Mnemotechniken. Ein Unterschied hätte auftreten können, da Aufgaben, die zur Vermittlung von Mnemotechniken benutzt werden, relativ trainingsnah mit den Testaufgaben sind. Auch die Kursleiterin war in den Gruppen dieselbe. Offensichtlich war die Variation zu geringfügig, es spielte demnach keine Rolle, wie Lernstrategien vermittelt werden, die Untersuchungsteilnehmer/innen konnten jeweils die Gedächtnishilfen selbständig anwenden, unabhängig davon, ob die Strategien anhand von Gedächtnisspielen geübt wurden oder ob sie eher Mnemotechniken benutzten, wie z.B. visuelle Vorstellungsbilder, um sich die Gedächtnisinhalte besser zu merken. Außerdem handelte es sich nur um eine Komponente des multimodalen Interventionsansatzes.

Die Trainingsgruppen konnten dadurch für die weiteren Analysen zusammengefaßt werden, um so anhand einer größeren Gesamtstichprobe zu stabileren und somit aussagefähigeren Ergebnissen zu kommen.

Ergänzend wurden deshalb für alle Variablen des Selbstkonzepts und der Befindlichkeit dieselben zweifaktoriellen Varianzanalysen mit Meßwiederholung auf einem Faktor wie zuvor durchgeführt. Hiermit, d.h. anhand der Wechselwirkung Gruppe und Zeit, sollte geprüft werden, ob sich die Variation der Trainingskomponente auf das Selbstkonzept und auf die Befindlichkeit unterschiedlich auswirken. Ein positives Ergebnis diesbezüglich wäre ein gewichtiges Argument gegen eine Zusammenfassung der beiden Trainingsgruppen gewesen.

Die für alle Variablen des Selbstkonzepts, der Befindlichkeit und der Kontrollüberzeugung durchgeführten zweifaktoriellen Varianzanalysen mit Meßwiederholung auf einem Faktor erbrachten in keinem einzigen Fall eine statistisch und praktisch bedeutsame Wechselwirkung zwischen Gruppe und Zeit. Auf eine detaillierte Darstellung dieser Ergebnisse soll deshalb auch verzichtet werden.

Zur Kontrolle möglicher Kovarianzeffekte durch Intelligenz wurden darüber hinaus zweifaktorielle Kovarianzanalysen mit Meßwiederholung auf einem Faktor und der Kovariaten MWT durchgeführt. Abhängige Variable waren zunächst die Gesamtleistung GL sowie in weiteren Analysen die einzelnen Leistungsparameter. Statistisch bedeutsame Effekte der Kovariaten MWT ergaben sich für die Variablen GL, WL1, WL3, ZVT, FW, WP sowie FIG. Die entsprechenden Kovarianzanalysen erbrachten für die Gruppe x Zeit-Wechselwirkung in keinem einzigen Fall eine bedeutsame Veränderung der vorher mit den Meßwiederholungs-Varianzanalysen gefundenen Ergebnisse, so daß hier auf eine detaillierte Wiedergabe der Resultate aus den Kovarianzanalysen mit Meßwiederholung verzichtet werden soll.

Es konnte somit davon ausgegangen werden, daß sich die geringe Variation des Trainings weder auf den Leistungszuwachs noch auf Variablen des Selbstkonzepts, der Befindlichkeit oder der Kontrollüberzeugung unterschiedlich ausgewirkt haben, so daß von dieser Seite nichts gegen eine Zusammenfassung der Trainingsgruppen sprach. Da es auch hinsichtlich anderer relevanter Daten wie Alter und Intelligenz keine bedeutsamen Gruppenunterschiede gab, konnte für die weiteren Analysen in dieser Arbeit auf eine nach Trainingsgruppen getrennte Vorgehensweise zugunsten einer durch Zusammenfassung größeren und damit stabileren Stichprobe (z.B. durch bessere Annäherung an die Normalverteilungsannahme im Sinne des zentralen Grenzwerttheorems) verzichtet werden.

10.3 Hypothese 3

Die positiven Veränderungen in den Leistungsparametern gehen einher mit positiven Veränderungen in den Parametern des Selbstkonzepts, der Befindlichkeit und der Kontrollüberzeugung.

10.3. HYPOTHESE 3

Die Prüfung der Hypothese 3 erfolgte mit Hilfe von Produkt-Moment-Korrelationen. Korreliert wurden hierbei die Differenzmaße (vgl. Kap. 8.3.6) der Leistungsparameter auf der einen Seite mit den Differenzmaßen des Selbstkonzepts (DFSAL, DFSAP, DFSVE, DFSSW, DFSEG, DFSST, DFSKU, DFSWA, DFSIA, DFSGA), der Befindlichkeit (DNAF, DNAS, DBKG, DBLF, DBLZ, DBVA, DBSB, DBAK, DBST, DBSV) und der Kontrollüberzeugung (DKLKI, DKLKE, DKLGI, DKLGE) auf der anderen Seite.

Auf Seite der Leistungsparameter erfolgte die Analyse zunächst für das Differenzmaß der Gesamtleistung, DGL, sowie nachfolgend für die Differenzmaße der einzelnen Leistungsparameter, DWL1, DWL2, DWL3, DWL4, DZVT, DZNS, DFW, DBT, DWP, DLL und DFIG.

Die Korrelationen wurden mit paarweisem Ausschluß von Missing Values berechnet (vgl. Kap. 9.4.1), was die unterschiedlichen n erklärt.

Die Ergebnisse der durchgeführten Korrelationsanalysen für die Variable DGL sind in Tabelle 10.7 dargestellt.

Wie die Tabelle 10.7 zeigt, besteht zwischen dem Differenzmaß der Gesamtleistung GL und dem Differenzmaß der Variablen FSSW ein statistisch (p=.001) und praktisch ($r^2 = .227$, entsprechend 22,7% Varianzaufklärung) bedeutsamer positiver Zusammenhang von .476: Je höher der Gesamtleistungszuwachs desto höher ist die Zunahme in der allgemeinen Selbstwertschätzung.

Zwischen dem Differenzmaß der Gesamtleistung GL und dem Differenzmaß der Variablen BSV ergibt sich ein negativer Zusammenhang von -.329 mit mittlerer Effektstärke ($r^2 = .108$, entsprechend 10,8% Varianzaufklärung), jedoch aufgrund der für diese Korrelation geringen Stichprobengröße (n = 18) lediglich tendenzieller statistischer Signifikanz (p=.091): Ein Gesamtleistungszuwachs ist hier verbunden mit einer Zunahme an Selbstvertrauen.

Zwischen dem Differenzmaß der Gesamtleistung GL und dem Differenzmaß der Variablen FSAP ergibt sich ein positiver Zusammenhang von .286 mit statistischer Signifikanz (p=.033) und geringer Effektstärke ($r^2 = .082$, entsprechend 8,2% Varianzaufklärung): Ein Gesamt-Leistungszuwachs ist hier verbunden mit einer Verbesserung des Selbstkonzeptes hinsichtlich allgemeiner Problembewältigung.

Zwischen dem Differenzmaß der Gesamtleistung GL und dem Differenzmaß der Variablen FSEG ergibt sich ein negativer Zusammenhang von -.276 mit statistischer Signifikanz (p=.039) und geringer Effektstärke ($r^2 = .076$, entsprechend 7,6% Varianzaufklärung): Ein Gesamt-Leistungszuwachs ist hier verbunden mit einer Verschlechterung des Selbstkonzepts hinsichtlich der Empfindlichkeit und Gestimmtheit.

Zwischen dem Differenzmaß der Gesamtleistung GL und dem Differenzmaß der Variablen BSB ergibt sich ein negativer Zusammenhang von -.255 mit tendenzieller

Maß	$n^{1)}$	r	p	r^2
DFSAL	42	-.126	.213	.016
DFSAP	42	.286	.033	.082
DFSVE	42	-.061	.350	.004
DFSSW	42	.476	.001	.227
DFSEG	42	-.276	.039	.076
DFSST	42	.187	.118	.035
DFSKU	42	.049	.378	.002
DFSWA	42	.230	.071	.053
DFSIA	42	.039	.404	.002
DFSGA	42	-.058	.358	.003
DNAF	54	-.017	.451	<.001
DNAS	52	-.127	.186	.016
DBKG	32	.173	.172	.030
DBLF	30	-.108	.286	.012
DBLZ	32	.074	.343	.005
DBVA	32	-.179	.164	.032
DBSB	32	-.255	.080	.065
DBAK	31	-.007	.487	<.001
DBST	31	-.105	.286	.011
DBSV	18	-.329	.091	.108
DKLKI	58	.084	.265	.007
DKLKE	58	.176	.093	.031
DKLGI	53	.137	.164	.019
DKLGE	53	.029	.416	<.001

$^{1)}$ Unterschiedliche Stichprobengrößen n durch Missing Values

Tabelle 10.7: Produkt-Moment-Korrelationen zwischen dem Differenzmaß der Gesamtleistung (DGL) und den einzelnen Differenzmaßen für Selbstkonzept (DFS), Befindlichkeit (DB) und Kontrollüberzeugung (DKL). Gesamtstichprobe.
DFS: AL: Leistungsfähigkeit; AP: Problembewältigung; VE: Verhaltens- und Entscheidungssicherheit; SW: Selbstwertschätzung; EG: Empfindlichkeit und Gestimmtheit; ST: Standfestigkeit; KU: soziale Kontakte und Umgangsfähigkeit; WA: Wertschätzung durch andere; IA: Irritierbarkeit durch andere; GA: Gefühle und Beziehungen zu anderen.
DN: Nürnberger: AF: Altersfragebogen; AS: Selbstbeurteilungsfragebogen.
DB: KG: körperliche Gesundheit; LF: Leistungsfähigkeit; LZ: Lebenszufriedenheit; VA: Vergleich zur Altersgruppe; SB: Selbstbild; AK: Aktivität; ST: Stimmung; SV: Selbstvertrauen.
DKL: KI: Körper / Gesundheit intern; KE: Körper / Gesundheit extern; GI: Geistige Leistungsfähigkeit intern; GE: Geistige Leistungsfähigkeit extern.

10.3. HYPOTHESE 3

statistischer Signifikanz (p=.080) und geringer Effektstärke ($r^2 = .065$, entsprechend 6,5% Varianzaufklärung): Ein Gesamt-Leistungszuwachs ist hier verbunden mit einer Verbesserung des Selbstbildes.

Zwischen dem Differenzmaß der Gesamtleistung GL und dem Differenzmaß der Variablen FSWA ergibt sich ein positiver Zusammenhang von .230 mit tendenzieller statistischer Signifikanz (p=.071) und geringer Effektstärke (r2=.053, entsprechend 5,3% Varianzaufklärung): Ein Gesamt-Leistungszuwachs ist hier verbunden mit einer Verbesserung des Selbstkonzeptes hinsichtlich der Wertschätzung durch andere.

Für alle anderen Variablen ergeben sich weder statistisch noch praktisch relevante Zusammenhänge. Dies bedeutet, daß der Leistungszuwachs über alle Leistungsvariablen hinweg nicht nur eine theoretische Variable ist. Vielmehr kommt dem Gesamt-Leistungszuwachs auch eine reale Bedeutung zu, und er geht mit bedeutsamen Veränderungen im Selbstkonzept und in der subjektiven Befindlichkeit einher, betrachtet auf Individualebene über alle Versuchspersonen hinweg.

10.3.1 Diskussion

Diskussion der Gesamtleistung auf individueller Ebene

Mit dem Gesamtleistungszuwachs bei einer Person gehen positive Veränderungen im Selbstkonzept in folgenden Variablen einher: allgemeine Selbstwertschätzung (FSSW), allgemeine Problembewältigung (FSAP), sowie Wertschätzung durch andere (FSW). Das Selbstvertrauen (BSV) und das Selbstbild (BSB), das ja im Zusammenhang mit der allgemeinen Selbstwertschätzung steht, haben sich verbessert. Keine Veränderung durch den Leistungszuwachs zeigten sich in den Kontrollüberzeugungen. Das Selbstkonzept Empfindlichkeit und Gestimmtheit (FSEG), auf individueller Ebene betrachtet, hat eher abgenommen. In Abbildung 10.1 werden die psychischen Veränderungen, die im Zusammenhang mit dem Gesamtleistungszuwachs bei einer Person stehen, dargestellt. Mit der verbesserten Gedächtnisleistung gehen Veränderungen in den unten stehenden psychischen Variablen einher.

Die Ergebnisse der Untersuchung weisen nach, daß es bei älteren Menschen nicht nur direkte kognitive Effekte durch die Teilnahme an einem kombinierten Trainingsprogramm intellektueller und psychischer Phänomene gibt, sondern daß die multimodale Intervention mit der Optimierung des „Selbst" auch tatsächlich Eingang in die Selbstbeurteilung findet. Offensichtlich fließen in die Selbstbeurteilung auch Effekte ein, die einerseits durch den Baustein „Self-efficacy", also durch eine Veränderung kognitiver Denkstile erreicht werden kann. Andersits können Veränderungen hinsichtlich der Selbstbeurteilungen auch durch den sozialen Gruppenprozeß erzielt werden. Im Vergleich mit den anderen Gruppenteilnehmern bestand die Möglichkeit, die eigenen Gedächtnisprobleme zu relativieren und zu korrigieren und realistischere

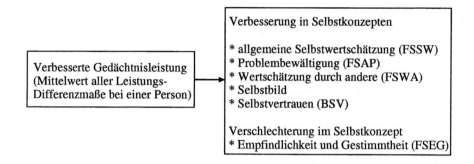

Abbildung 10.1: Zusammenhang von Gedächtnisleistung und psychischen Variablen

Erwartungen hinsichtlich der eigenen Gedächtnisleistungen zu erreichen. Gruppendynamische Prozesse können eine unterstützende Referenzgruppe darstellen, in welcher auch die Möglichkeit einer positiven Verstärkung durch andere gegeben ist, die sich wiederum positiv auf den Leistungserfolg auswirken kann. Der günstige Einfluß einer adäquaten positiven Verstärkung wird besonders in der Verhaltenstherapie betont. Eine positive Verstärkung in Form von erlebter Wertschätzung durch andere, kann sich nicht nur auf die Leistungsfähigkeit, sondern auch auf andere psychische Bereiche, wie z.B. auf die Selbstwertschätzung günstig auswirken. Die Skala „Allgemeine Selbstwertschätzung" bezeichnet ein relativ zentrales Selbstkonzept in der Gesamtstruktur des individuellen Selbstbildes (Deusinger, 1986). Dies ergänzt sich durch den Fragebogen zur Selbsteinschätzung des Selbstbildes (s. Kapitel 8.3.7). Die Verbesserung in den Leistungsmaßen geht insgesamt mit einem besseren Selbstbild und Selbstvertrauen einher.

Das Vertrauen in die eigene Leistungsfähigkeit stellt nach Dittmann-Kohli (1986) eine wichtige Komponente für die Lebensbewältigung dar. Danach müssen ältere Leute Probleme des objektiven und subjektiven Leistungsabfalls bewältigen. Fremde und eigene Einstellungen können dazu führen, Mißerfolge und Fehlleistungen als Folge geistigen bzw. körperlichen Abbaus zu interpretieren und unkontrollierbar aufzufassen. In diesem Zusammenhang steht mit der Verbesserung des Selbstvertrauens auch die Veränderung im Selbstkonzept „allgemeine Problembewältigung" (FSAP). Mit dem Selbstkonzept der allgemeinen Problembewältigung werden Einstellungen eines Individuums zur eigenen Fähigkeit umschrieben, Probleme oder Schwierigkeiten des Alltags selbständig zu regeln, es wird die Bewertung des eigenen Durchhaltevermögens in schwierigen Situationen durch den Probanden gekennzeichnet (Deusinger, 1986). Daraus kann abgeleitet werden, daß mit einem höheren Selbstvertrauen und mit einer besseren Einstellung zur eigenen Fähigkeit, Probleme zu meistern sowie eine Verbesserung im Selbstbild sich dahingehend auswirken kann, jegliche Probleme des Alltags besser zu bewältigen, letztendlich kann damit

10.3. HYPOTHESE 3

die Kompetenz der betreffenden Person verbessert werden. Ein besseres Kompetenzerleben wiederum geht nach White (1959) mit einem positiven Gefühl einher.

Auffallend ist, daß auf individueller Ebene eine Verbesserung der Gesamtleistungsfähigkeit eher mit einer Verschlechterung des Selbstkonzepts „Empfindlichkeit und Gestimmtheit" verbunden war. Es wurde geprüft, inwieweit es sich hierbei um einen Ausreißer-Effekt handelt. In den Gruppen befanden sich Personen mit schweren Depressionen, für die im Grunde das Training mit den gesunden älteren Menschen eher kontraindiziert war, da sie ihre Defizite in der Gemeinschaft stärker erlebten. Diese hätten in die Selbstbeurteilungen einfließen können. Eine homogene Gruppe wäre diesbezüglich günstiger gewesen. Aber auch die Analyse mit Elimination von Extremwerten führte zu einer vergleichbaren Korrelation. Übereinstimmend damit ergab auch die Ansicht der einzelnen Maßzahlpaare eindeutige Hinweise darauf, daß es sich eher um einen generellen Zusammenhang über alle Versuchspersonen hinweg als um einen Ausreißer-Effekt handelte. Ein negativeres Selbstkonzept hinsichtlich der Empfindlichkeit und Gestimmtheit hieße, daß die Teilnehmer sich empfindlicher, verletzbarer und weniger fröhlich einschätzten. Die Verschlechterung des Selbstkonzepts Empfindlichkeit und Gestimmtheit bringt vielleicht zum Ausdruck, daß die Teilnehmer nur empfindsamer eigenen Schwächen gegenüber wurden und das Training ernster nahmen.

Nachdem oben die Korrelationen des Differenzmaßes der Gesamtleistung (DGL) einerseits mit den Differenzmaßen für Selbstkonzept, subjektiver Befindlichkeit und Kontrollüberzeugung andererseits untersucht wurden, sollen nachfolgend die Korrelationen der Differenzmaße für die einzelnen Leistungsparameter mit den Differenzmaßen für Selbstkonzept, subjektiver Befindlichkeit und Kontrollüberzeugung analysiert werden.

Einzelne Leistungsparameter auf individueller Ebene

Da hierbei sehr viele Einzelkorrelationen zu bewerten und somit „Zufallssignifikanzen" zu erwarten sind, soll eher eine deskriptive Analyse erfolgen, in der ohne Angabe von statistischen Signifikanzen lediglich praktisch bedeutsame Kennwerte ($r \geq .10$ entsprechend $r^2 \geq .01$ entsprechend 1% Varianzaufklärung) aufgelistet werden. Die Ergebnisse hierzu sind in Tabelle 10.8 dargestellt. Auch hier wurde wiederum mit paarweisem Ausschluß von Missing Values gerechnet, was zu unterschiedlichen Stichprobengrößen n für die einzelnen Korrelationen führte, mit Stichprobengrößen zwischen n=20 (einzelne Korrelationen der Variablen DBSV) und n=66.

	Leistungsparameter										
Parameter	a	b	c	d	e	f	g	h	i	j	k
DFSAL	-.16	-.11	-.25	-.28		.13	-.11				
DFSAP	.19	.11	.17			.12	.15		-.11	.23	.11
DFSVE	-.18	-.11			.22	.11			.19	-.20	
DFSSW	.14		.17	.13		.17	.11	.17		.37	.27
DFSEG	-.14	-.19		-.16	.14	.11	-.12			-.24	
DFSST	.25		.18	.19	-.23				-.20	.28	
DFSKU					-.11	-.11	-.11	.11	.38	-.19	-.14
DFSWA	.20	.12	.16	.27					-.19	.25	
DFSIA					.13				.11		
DFSGA			.19	-.11	.10	-.23			.11		
DNAF	-.25	.11		.20			-.15	.14	-.13	-.19	-.14
DNAS			-.12			-.11					
DBKG		.21		-.14					.12		.30
DBLF							-.26	-.12	-.13	.28	-.21
DBLZ	-.24	.20	-.18			.12	-.11		-.27	.17	
DBVA		.15		-.20		.12		-.11	-.24	-.28	
DBSB	-.26	.27	-.27	-.32			-.23			-.12	-.13
DBAK	-.10		-.30	-.21			-.20		.17	-.29	
DBST		.29			.14		-.11	-.16			-.25
DBSV		-.46	-.22	-.12	-.30			-.20	.17		
DKLKI	.22	.13	.21		.18	-.13		-.11	.12	-.14	
DKLKE			.13	.14					-.19	.23	
DKLGI			.14	.17		-.25		.23		-.16	.11
DKLGE	-.16				.17	.24		-.11	-.19	.19	.24

Tabelle 10.8: Produkt-Moment-Korrelationen der einzelnen Differenzmaße für Selbstkonzept (DFS), Befindlichkeit (DB) und Kontrollüberzeugung (DKL) mit den Differenzmaßen der einzelnen Leistungsparameter DWL1 (a), DWL2 (b), DWL3 (c), DWL4 (d), DZVT (e), DZNS (f), DFW (g), DBT (h), DWP (i), DLL (j), DFIG (k). Aufgelistet sind nur Korrelationen mit Werten $\geq .10$ bzw. $\leq -.10$.

DFS: AL: Leistungsfähigkeit; AP: Problembewältigung; VE: Verhaltens- und Entscheidungssicherheit; SW: Selbstwertschätzung; EG: Empfindlichkeit und Gestimmtheit; ST: Standfestigkeit; KU: soziale Kontakte und Umgangsfähigkeit; WA: Wertschätzung durch andere; IA: Irritierbarkeit durch andere; GA: Gefühle und Beziehungen zu anderen.

DN: Nürnberger: AF: Altersfragebogen; AS: Selbstbeurteilungsfragebogen.

DB: KG: körperliche Gesundheit; LF: Leistungsfähigkeit; LZ: Lebenszufriedenheit; VA: Vergleich zur Altersgruppe; SB: Selbstbild; AK: Aktivität; ST: Stimmung; SV: Selbstvertrauen.

DKL: KI: Körper / Gesundheit intern; KE: Körper / Gesundheit extern; GI: Geistige Leistungsfähigkeit intern; GE: Geistige Leistungsfähigkeit extern.

10.3. HYPOTHESE 3

Es zeigen sich Inkonsistenzen der Werte. Lediglich für die Variable DFSSW ergeben sich durchgängig konsistente Korrelationen. Als relativ konsistent erweisen sich noch DFSAL, DFSAP, DFSWA, DBKG, DBLF, DBSB, DBAK, DBST, DBSV. Möglich wäre, daß die Inkonsistenzen der Werte durch Stichprobeninhomogenität oder inkonsistente Skalen zustande kamen.

Es ist zu beachten, daß durch die Korrelation mit dem Leistungszuwachs einhergehende Veränderungen auf individueller Ebene untersucht werden, d.h., es wird letztlich untersucht, inwieweit bei jeder einzelnen Person auf Meßwertebene Veränderungen in der Leistung mit Veränderungen in den anderen Variablen zusammenhängen.

Diskussion der Einzelleistungen auf individueller Ebene

Die Korrelationen ergeben relativ hohe Werte für das Selbstbild (BSB), das Leistungskonzept (FSAL) und das Selbstvertrauen (BSV) mit den Wortlisten eins bis vier. Offensichtlich nehmen die Versuchspersonen Leistungsverbesserungen besonders bei den Wortlisten wahr, die sich in Leistungsselbstkonzepten ausdrücken. Korrelationen zeigen sich auch für die Selbstwertschätzung (FSSW), Wertschätzung durch andere (FSWA), der subjektiven Einschätzung der Gedächtnisleistungen (BLF) und Latentem Lernen. Gruppendynamische Prozesse können sich auf die Wertschätzung positiv auswirken und diese wiederum im Zusammenhang mit latentem Lernen stehen, bei dem ein breites Spektrum intellektueller Leistungskomponenten erfaßt wird.

Mit dem Selbstvertrauen (BSV) und der Selbsteffizienz (BLF) korrelieren noch die beiden tempoorientierten Leistungen Zahlenverbindungstest (ZVT) und der Farbworttest (FW). Verbesserungen in den oben genannten Tests, die fluide Komponenten beinhalten, gehen mit positiven Veränderungen in den Selbstkonzepten einher. Eine schnellere Informationsverarbeitung wirkt sich somit positiv auf das Selbstvertrauen und die Selbstwirksamkeit aus. Ziel eines Interventionsansatzes sollte die Verbesserung des Selbstvertrauens sein (Zigler et al., 1973), um das subjektive Kompetenzgefühl positiv zu beeinflussen. Ein gutes subjektives Kompetenzgefühl begünstigt wiederum die objektive Kompetenz und kann damit entscheidend zur Aufrechterhaltung und zur Verbesserung der Lebensqualität beitragen.

Neben diesen Zusammenhängen auf individueller Ebene erschien es interessant zu untersuchen, inwieweit es in der Stichprobe als Ganzes, d.h. auf Mittelwertsebene, einhergehend mit dem bereits statistisch gesicherten Gesamt-Leistungszuwachs zu Veränderungen in den einzelnen Variablen des Selbstkonzepts, der Befindlichkeit und der Kontrollüberzeugung kommt.

Gesamtleistungszuwachs auf Gruppenebene

Diese Frage war mit Hilfe von einfaktoriellen Varianzanalysen mit Meßwiederholung auf einem Faktor innerhalb eines Prä-/Post-Designs mit den einzelnen Parametern für Selbstkonzept, Befindlichkeit und Kontrollüberzeugung als abhängige Variablen sowie dem entscheidenden Faktor Zeit (Meßwiederholungsfaktor) zu untersuchen. Die Ergebnisse der einzelnen VA sind in Tabelle 10.9 dargestellt.

Für die Einschätzung der subjektiven Leistungsfähigkeit (BLF) ergibt sich eine Verbesserung, welche statistisch hochsignifikant ($p < .001$) ist und eine fast mittlere Effektstärke ($\omega^2 = .056$ entsprechend 5,6% Varianzaufklärung), erreicht.

Für die subjektive Einschätzung der Stimmung (BST) ergibt sich ebenfalls eine hochsignifikante Verbesserung ($p = .004$) bei geringer Effektstärke ($\omega^2 = .042$ entsprechend 4,2% Varianzaufklärung)

Weitere statistisch signifikante Verbesserungen ergeben sich für die subjektive Einschätzung des Selbstbildes (BSB) und der Lebenszufriedenheit (BLZ) ($p = .015$ bzw. p = .045) bei allerdings geringen Effektstärken ($\omega^2 = .023$ entsprechend 2.3% Varianzaufklärung bzw. $\omega^2 = .014$ entsprechend 1,4% Varianzaufklärung).

Die Werte im Nürnberger Altersfragebogen (NAF) und in der Nürnberger Selbstbeurteilungsskala (NAS) sinken statistisch hochsignifikant (jeweils $p < .001$) bei geringen Effektstärken ($\omega^2 = .046$ entsprechend 4,6% Varianzaufklärung, bzw. $\omega^2 = .023$ entsprechend 2,3% Varianzaufklärung).

Für die Variable Standfestigkeit (FSST) ergibt sich eine hochsignifikante Verbesserung ($p = .007$) bei geringer Effektstärke $\omega^2 = .018$ entsprechend 1,8% Varianzaufklärung).

Insgesamt gesehen gehen also auf Gruppenebene mit dem über alle Leistungsmaße hinweg wie auch in vielen Einzel-Leistungsmaßen gefundenen Leistungszuwachs zwar einige statistisch signifikante, praktisch jedoch nur geringe bedeutsame Veränderungen einher. Veränderungen finden sich v.a. in der subjektiven Einschätzung der Leistungsfähigkeit im Sinne von Selbsteffizienz, in der Befindlichkeit (Stimmung und der Lebenszufriedenheit), in den Nürnberger Altersfragebögen (Altersbild) und in einer Variablen des Selbstkonzepts. Für die Maße der subjektiven Kontrollüberzeugung ergeben sich weder statistisch noch praktisch relevante Veränderungen. Übereinstimmungen auf Gruppenebene und intraindividueller Ebene finden sich vor allem beim Selbstbild (BSB) und bei der Selbsteffizienz (BLF).

Diskussion der Gesamtleistung auf Gruppenebene

Betrachtet man die Auswirkungen des Gesamtleistungszuwachses der ganzen Gruppe mit Veränderungen in den Variablen Selbstkonzept und Befindlichkeit zeigen sich

10.3. HYPOTHESE 3

Parameter	$n^{1)}$	F-Wert	Freiheitsgrade	p	ω^2
FSAL	53	3,16	1,51	.081	.005
FSAP	53	1,52	1,51	.223	.002
FSVE	53	0,49	1,51	.488	<.001
FSSW	53	0,00	1,51	.996	<.001
FSEG	53	2,06	1,51	.158	.002
FSST	53	7,82	1,51	.007	.018
FSKU	53	0,05	1,51	.818	<.001
FSWA	53	3,29	1,51	.075	.012
FSIA	53	1,40	1,51	.241	<.001
FSGA	53	9,10	1,51	.004	.003
NAF	66	32,91	1,64	<.001	.046
NAS	65	15,23	1,63	<.001	.023
BKG	45	1,70	1,43	.199	.003
BLF	43	14,92	1,41	<.001	.056
BLZ	45	4,20	1,43	.045	.014
BVA	45	2,63	1,43	.112	.011
BSB	44	6,40	1,42	.015	.023
BAK	44	0,02	1,42	.891	<.001
BST	44	9,38	1,42	.004	.042
BSV	31	0,32	1,29	.574	<.001
KLKI	70	2,49	1,68	.119	.004
KLKE	70	2,19	1,68	.143	.005
KLGI	63	0,41	1,61	.524	<.001
KLGE	63	2,40	1,61	.126	.008

[1] Unterschiedliche Stichprobengrößen n durch Missing Values

Tabelle 10.9: Ergebnisse für den Faktor Zeit (Meßwiederholungsfaktor) der einfaktoriellen Varianzanalysen mit Meßwiederholung, durchgeführt für die einzelnen Parameter für Selbstkonzept, Befindlichkeit und Kontrollüberzeugung.
FS: Selbstkonzept: AL: Leistungsfähigkeit; AP: Problembewältigung; VE: Verhaltens- und Entscheidungssicherheit; SW: Selbstwertschätzung; EG: Empfindlichkeit und Gestimmtheit; ST: Standfestigkeit; KU: soziale Kontakte und Umgangsfähigkeit; WA: Wertschätzung durch andere; IA: Irritierbarkeit durch andere; GA: Gefühle und Beziehungen zu anderen.
N: Nürnberger: AF: Altersfragebogen; AS: Selbstbeurteilungsfragebogen.
B: subjektive Befindlichkeit: KG: körperliche Gesundheit; LF: Leistungsfähigkeit; LZ: Lebenszufriedenheit; VA: Vergleich zur Altersgruppe; SB: Selbstbild; AK: Aktivität; ST: Stimmung; SV: Selbstvertrauen.
KL: Kontrollüberzeugung: KI: Körper / Gesundheit intern; KE: Körper / Gesundheit extern; GI: Geistige Leistungsfähigkeit intern; GE: Geistige Leistungsfähigkeit extern.

wiederum ähnliche Zusammenhänge hinsichtlich einer Verbesserung im Selbstkonzept wie bei der Betrachtung auf individueller Ebene.

Mit dem Gesamtleistungszuwachs (Gruppe) geht eine Verbesserung in unten stehenden psychischen Variablen einher (s. Abb. 10.2)

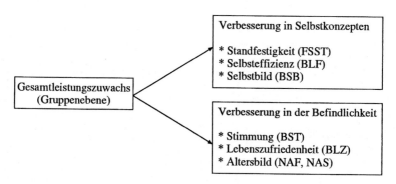

Abbildung 10.2: Gesamtleisungszuwachs im Zusammenhang mit Selbstkonzepten und Befindlichkeit

Sowohl die Analyse auf intraindividueller Ebene (Korrelation) wie diejenige auf interindividueller Ebene (Kohortenebene, Gruppenebene) ergibt eine Verbesserung des Selbstbildes im Zusammenhang mit dem Gesamtleistungszuwachs. Dittmann-Kohli (1986) stellt fest, wenn es gelingt, älteren Personen durch ein Lern- und Trainingsprogramm Erfolgserlebnisse beim Erwerb neuer Fähigkeiten zu vermitteln, die sich in ihrem Selbstbild manifestieren, wäre damit ein Mittel verfügbar, dem Erleben von Abbau und Reduktion gegenteilige Erfahrungen entgegenzustellen, die die eigene Leistungsfähigkeit und Wirksamkeit auch im Hinblick auf anspruchsvolle neue Anforderungen beweisen. Die Bonner Gerontologische Untersuchung (s. Lehr & Thomae, 1987) konnte nachweisen, daß ein positiveres Selbstbild mit einem weitreichenderen Zukunftsbezug, mit stärkerer Aktivität und mit einem größeren Ausmaß an Sozialkontakten einhergeht.

Mit der Verbesserung des Selbstbildes im intra- und interindividuellen Vergleich konnte der Nachweis eines positiven Effektes des angewandten Gedächtnistrainings auf selbstbezogene Kognitionen gebracht werden. Damit wird eine wesentliche Anforderung an ein Interventionsprogramm für Ältere (Baltes & Labouvie, 1973; Fleischmann, 1982; Dittmann-Kohli, 1983; Best, 1992) erfüllt. Einschränkend wird jedoch festgestellt, daß die Zusammenhänge doch eher gering sind, was auf ein komplexes Wirkungsgefüge hindeutet. Im inter- und intraindividuellen Vergleich ging mit dem Gesamtleistungszuwachs ein Anstieg in der Selbstbeurteilung der Gedächtnisleistung (self-efficacy) vor dem Training und nach dem Training einher, also eine verbesserte

10.3. HYPOTHESE 3

Selbsteffizienz. In Übereinstimmung mit der Realität, d.h. mit dem tatsächlich erzielten höheren Leistungsniveau, war auch die Einschätzung der Gedächtnisleistungen nach dem Training signifikant besser. Ein besseres Selbsteffizienzgefühl (self-efficacy) führt zu stärkeren Bemühungen und Durchhaltevermögen und schützt vor negativen Gefühlen.

Eine realistischere Einschätzung der eigenen Leistungsfähigkeit wurde bei Knopf (1987) mittels eines systematischen Trainings zur Neubewertung gedächtnisbezogener Leistungen erzielt. Die Bewertung der Bewältigungsmöglichkeiten, die Einschätzung der Effektivität einer präventiven Maßnahme „response efficacy" (97 Prozent der Teilnehmer/innen gaben an, den Kurs als hilfreich hinsichtlich ihrer Erwartungen erlebt zu haben) und die Einschätzung der eigenen Kompetenz „self efficacy" stellen entscheidende Bedingungen für das Vorsorgeverhalten dar (Rogers, 1983). Es kann damit dem immer noch weit verbreiteten Vorurteil, daß Altern mit einem steten Abbau einhergeht, entgegengewirkt werden. Auf eine enge Wechselwirkung zwischen Selbsteinschätzung und Leistungserfolg weist auch Löwe (1983) hin.

Lachmann (1983) stellt fest, daß Leistungsfeedback zu den wichtigsten Einflußfaktoren für die Selbsteffizienz zählt. In der Untersuchung von Dittmann-Kohli (1986) zeigten sich positive Auswirkungen durch das Training auf die Selbstwahrnehmung bzw. auf das Leistungsselbstbild, allerdings zeigten die Ergebnisse über Alltagskompetenz eine Aufgabenspezifität der Selbstbildveränderungen, d.h. eine Beschränkung auf Leistungen, in denen tatsächlich neue Erfahrungen gemacht wurden. In der vorliegenden Arbeit wurden Selbstbildveränderungen auf breiter Basis untersucht und die Auswirkungen des Trainings zeigten sich hinsichtlich mehrerer Selbstkonzepte sowie auch in den Einstellungen zum eigenen Altern, z.B. in den Nürnberger Altersfragebogen (NAS und NAF).

Die Veränderung des Leistungsselbstbildes zum Positiven kann zu einer Motivationssteigerung bei den Älteren führen, sich weiteren geistigen Anforderungen zu unterziehen und selbst zur Aufrechterhaltung ihres intellektuellen Potentials zu sorgen (Lehr, 1979). Es zeigt sich damit, daß mit der Plastizität der kognitiven Fähigkeiten auch eine positivere Beurteilung der eigenen Leistungsfähigkeit im Gedächtnisbereich einhergeht. Eine Verbesserung des allgemeinen Selbstwertes und des Selbstvertrauens kann sich in vieler Hinsicht positiv auswirken, letztendlich auf die Kompetenz und Lebenszufriedenheit. Damit ist ein wesentliches Ziel der Intervention erreicht, nämlich, daß sich die Untersuchungsteilnehmer mit ihren Stärken und Schwächen annehmen.

Außerdem stand mit dem Gesamtleistungszuwachs eine verbesserte Stimmung (gemessen mit dem Fragebogen zur subjektiven Einschätzung der Stimmung und nicht das Selbstkonzept „Empfindlichkeit und Gestimmtheit") und ein Anstieg in der Lebenszufriedenheit im Zusammenhang. Bereits in der vorangehenden Untersuchung von Michelfelder (1994) zeigten sich positive Ergebnisse hinsichtlich der Zufriedenheit mit dem Alltag und der Stimmung.

Die Werte im NAF und NAS des Nürnberger Altersinventars sanken, d.h. die Einstellungen zum eigenen Altern wurden damit positiver. Die Verbesserung des Selbstwertgefühls kann sich im Erleben des eigenen Alters positiv ausgewirkt haben, so stellt auch Zung (1967) fest, daß ein hohes Maß an Selbstwert zu einer guten Anpassung an das Alter führt. Die Verbesserung des Selbstbildes kann dazu beigetragen haben, das eigene Altern in einem positiveren Licht zu stellen.

Positiv verändert hat sich ebenfalls eine Variable des Selbstkonzepts FSST „Standfestigkeit gegenüber Gruppen und bedeutsamen anderen", die Einstellungen zu sozialen Situationen beinhaltet. Nach Deusinger (1986) ist dieses Selbstkonzept eng mit der persönlichen Sicherheit in sozialen Situationen verknüpft. Vermutlich ist die Verbesserung dieses Selbstkonzepts im Zusammenhang mit gruppendynamischen Prozessen zu sehen. Keine Veränderung zeigte sich hinsichtlich des subjektiven Gesundheitszustandes.

Insgesamt gesehen zeigen die Ergebnisse, daß die multimodale Intervention auf breiter Basis zu einer Verbesserung von Selbstkonzepten und damit zu positiven Gefühlsreaktionen führt, was ein wesentliches Ziel des Interventionsansatzes darstellte.

10.4 Hypothese 4

Im Hinblick auf den Gesamtleistungszuwachs (über alle Parameter) gibt es deutlich mehr Untersuchungsteilnehmer, die vom Training profitieren (Gewinner), als daß sie nur einen geringeren Trainingsgewinn erzielen konnten (Verlierer).

Das Balkendiagramm in Abb. 10.3 zeigt, lediglich 6% der Teilnehmer haben sich im Gesamtmaß nicht verbessert oder verschlechtert. Bei 94% aller Teilnehmer kam es zu einer Verbesserung. Insofern läßt sich also sagen, daß die überwiegende Mehrheit vom Training profitiert hat und daß die in den Mittelwertanalysen gefundenen Leistungsunterschiede sich nicht auf den Erfolg weniger, sondern sich auf eine breite Basis stützen.

Am Ende des Kurses sollten die Teilnehmer/innen subjektiv die Wirksamkeit des Trainingsprogrammes einschätzen. Ergebnis: 97 Prozent der Teilnehmer/innen gaben an, den Kurs als hilfreich hinsichtlich ihrer Erwartungen erlebt zu haben. Die Einschätzung der Effektivität einer präventiven Maßnahme (response efficacy) und der eigenen Kompetenz (self efficacy) stellen entscheidende Bedingungen für das Vorsorgeverhalten dar (Rogers, 1983).

Nun läßt sich die Frage nach den Gewinnern stellen d.h. nach Personen, die eher viel und nach Personen, die eher wenig profitiert haben — und danach, worin sich diese unterscheiden. Diese Frage wurde durch eine split-half-Teilung der Stichprobe anhand des Differenzmaßes der Gesamtleistung (DGL) untersucht, d.h. anhand

10.4. HYPOTHESE 4

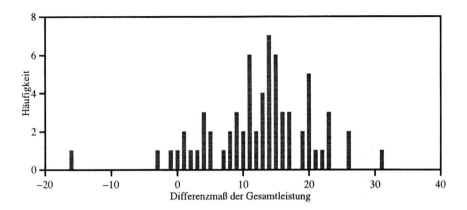

Abbildung 10.3: Häufigkeitsverteilung nach dem Differenzmaß der Gesamtleistung

der kumulierten Häufigkeitsverteilung wurden die 50 Prozent Versuchspersonen mit geringerem Zuwachs bzw. Verlust von den 50 Prozent Versuchspersonen mit dem höherem Zuwachs getrennt. Die beiden Gruppen werden der einfachheithalber „Gewinner" und „Verlierer" genannt, obwohl der Begriff „Verlierer" nicht ganz korrekt ist. Es stellt Personen dar, die nur weniger vom Training profitiert haben.

Es ergaben sich so zwei Gruppen mit annähernd gleichen Gruppengrößen von n=33 (Personen mit geringerem Trainingsgewinn) und n= 34 (Personen mit höherem Trainingsgewinn), die sich hinsichtlich der Differenz der Gesamtleistung (DGL) statistisch signifikant unterschieden ($p < .001$) und somit einen im Durchschnitt voneinander deutlich unterschiedlichen Gesamt-Leistungszuwachs aufweisen.

Diese beiden Gruppierungen wurden nun hinsichtlich aller erhobenen Maße mittels t-Tests für unabhängige Stichproben auf Mittelwertsunterschiede verglichen. Die statistisch und praktisch relevanten Unterschiede sind in Tabelle 10.10 aufgelistet.

Hinsichtlich der Skala Gehemmtheit des FPI-R (F04) ergibt sich ein statistisch tendenziell signifikanter (p = .069) und praktisch gering relevanter (rpb2 = .055 entsprechend 5,5% Varianzaufklärung) Mittelwertsunterschied. Für die Skala Extraversion des FPI-R (F11) ergibt sich ein statistisch hochsignifikanter ($p < .001$) und praktisch hoch bedeutsamer ($r^2_{pb} = .169$ entsprechend 16,9% Varianzaufklärung) Mittelwertsunterschied. Für alle anderen Variablen ergaben sich keine nennenswerten Unterschiede.

Eine Betrachtung von wichtigen Kontrollvariablen ergibt, daß sich hinsichtlich der Geschlechtsverteilung keinerlei Unterschiede ergeben. Von den 67 hier berücksichtigten Versuchspersonen sind 22 Personen männlich und 45 weiblich. Von den

Abhängige Variable	Gewinner			Verlierer			t	df	p	r_{pb}^2
	n	m	s	$n^{1)}$	m	s				
F04	31	5.06	1.9	30	5.90	1.6	1.85	59	.069	.055
F11	31	5.65	1.6	30	4.20	1.6	3.47	59	<.001	.169

Tabelle 10.10: Mittelwertsvergleiche zwischen Gewinnern und Verlierern im Gesamt-Leistungszuwachs hinsichtlich Unterschieden bei Persönlichkeit, Selbstkonzept, Befindlichkeit oder Kontrollüberzeugung.
F04: Freiburger Persönlichkeitsinventar (FPI-R), Faktor Gehemmtheit;
F11: FPI-R, Faktor Extraversion.

Personen, die weniger Gewinn aufweisen konnten sind davon 11 Personen männlich und 22 weiblich, während von den Gewinnern wiederum 11 Personen männlich und 23 weiblich sind, eine nahezu vollständige Gleichverteilung, die eine statistische Überprüfung überflüssig macht.

Ob sich die beiden Gruppen hinsichtlich des Alters unterscheiden, wurde mittels t-Test für unabhängige Stichproben für die abhängige Variablen Alter untersucht. Der zahlenmäßige Unterschied ($m_{\text{Verlierer}} = 63,9$ Jahre; $s_{\text{Verlierer}} = 7,6$ Jahre; $m_{\text{Gewinner}} = 64,3$ Jahre; $s_{\text{Gewinner}} = 6,8$ Jahre) erweist sich als weder statistisch (p = .840) noch praktisch ($r_{pb}^2 = .0006$ entsprechend 0,06% Varianzaufklärung) relevant.

Die Frage, ob sich die Personen mit höherem Trainingsgewinn von den Personen, die weniger profitiert haben, hinsichtlich der (kristallinen) Intelligenz unterscheiden, wurde mittels t-Tests für unabhängige Stichproben für die abhängige Variable MWT untersucht. Der zahlenmäßige geringfügige Unterschied ($m_{\text{Verlierer}} = 30,9$; $s_{\text{Verlierer}} = 3,7$; $m_{\text{Gewinner}} = 31,0$; $s_{\text{Gewinner}} = 4,5$) ist weder statistisch (p = .975) noch praktisch ($r_{pb}^2 < .001$) relevant.

Mögliche Unterschiede zwischen Gewinnern und Verlierern hinsichtlich der Bildung wurden wiederum mittels t-Tests für unabhängige Stichproben für die abhängige Variable Bildung untersucht, einer 8-stufigen, aus dem FPI-R entnommenen Skala, die zumindest Rangskalen-Niveau aufweist. Auch wenn die Mittelung der Scores und die Durchführung eines t-Tests für diese Skala etwas kritisch ist, erschien sie doch aufgrund der höheren Sensibilität des t-Tests vertretbar. Es ergibt sich für diese Skala ein zahlenmäßig geringfügiger Unterschied ($m_{\text{Verlierer}} = 3,8$; $s_{\text{Verlierer}} = 1,8$; $m_{\text{Gewinner}} = 3,9$; $s_{\text{Gewinner}} = 2,0$ Jahre), der weder statistisch (p = .875) noch praktisch ($r_{pb}^2 < .001$) relevant ist.

Zur Überprüfung, ob sich die gefundenen Effekte für Gewinner und Verlierer als stabil erweisen, wurden dieselben Analysen mit einer extremeren Gruppierung (obere 25% versus untere 25%) wiederholt. Hierdurch ergaben sich jedoch keine nennenswerten Veränderungen.

10.4.1 Diskussion

Es zeigte sich, daß insgesamt mehr Personen vom Training profitierten. Die Untersuchung von Unterschieden hinsichtlich Persönlichkeitsmerkmalen, Selbstkonzepten und Befindlichkeitsmaßen zwischen Personen, die einen höheren Trainingsgewinn erzielen konnten und solchen, die weniger vom Training profitierten, läßt sich wie in Abb. 10.4 gezeigt, erfassen.

Personen mit höherem Trainingsgewinn

- Ungezwungener (F04)

- Extravertierter (F11)

Abbildung 10.4: Darstellung der erfolgreichen Teilnehmer

Die Teilnehmer/innen mit den größten Erfolgen erreichten günstige Werte im FPI-R hinsichtlich folgender Persönlichkeitsskalen: Gehemmtheit und Extraversion. Personen, die wenig gehemmt, selbstsicher, kontaktbereit sowie unternehmungslustig waren, profitierten am meisten vom multimodalen Training.

Dieses Ergebnis steht somit im Einklang mit Studien, wie z.B. von Yesavage et al., (1989) wobei signifikante Interaktionen zwischen dem Persönlichkeitskonstrukt „Empathic/Outgoing" und den Trainingsbedingungen gefunden wurden, bei den Verlierern zeigte sich einen signifikanter Haupteffekt mit Neurotizismus. Gratzinger et al., (1990) fanden größere Leistungsverbesserungen, wenn ältere Menschen günstigere Werte hinsichtlich des Persönlichkeitsmerkmals „openness to experience" also Aufgeschlossenheit aufwiesen.

Die durchgeführten Kontrollanalysen zeigen auch eindrücklich, daß weder das Geschlecht, noch das Alter, noch die kristalline Intelligenz und noch die Bildung entscheidend dafür sind, ob jemand mehr oder weniger von der multimodalen Intervention profitiert.

10.5 Hypothese 5

Persönlichkeitsmerkmale beeinflussen die Effektivität der multimodalen Intervention.

Die Prüfung erfolgte über Produkt-Moment-Korrelationen der einzelnen Faktoren des FPI-R mit dem Differenzmaß der Gesamtleistung (DGL). Die Darstellung der Ergebnisse mit zumindest mittelgroßen Effekten erfolgt in Tabelle 10.11.

Maß	$n^{1)}$	r	p	r^2
F03	61	.114	.192	.013
F04	61	-.189	.072	.036
F09	61	-.157	.113	.025
F10	61	-.213	.049	.045
F11	61	.255	.023	.065
F12	61	-.120	.179	.014

Tabelle 10.11: Produkt-Moment-Korrelationen des Differenzmaßes der Gesamtleistung (DGL) mit den einzelnen Faktoren des FPI-R als Merkmale der Persönlichkeit. Aufgelistet sind lediglich Korrelationen mit Werten $\geq$ .10 bzw. $\leq$ -.10.
F03: Freiburger Persönlichkeitsinventar (FPI-R), Faktor Leistungsorientierung; F04: FPI-R, Faktor Gehemmtheit; F09: FPI-R, Faktor Gesundheitssorgen; F10: FPI-R, Faktor Offenheit; F11: FPI-R, Faktor Extraversion; F12: FPI-R, Faktor Emotionalität.

Eine statistisch signifikante, positive Korrelation ergab sich zwischen dem Persönlichkeitsmerkmal F11 (Extraversion) und DGL (Gesamtleistungszuwachs), eine signifikante negative Korrelation zwischen F 10 (Offenheit) und DGL. Beide Korrelationen sind von geringer praktischer Relevanz.

10.5.1 Diskussion

Die Hypothese 5 ist damit zwar bestätigt, daß es einen Zusammenhang zwischen bestimmten Persönlichkeitsmerkmalen und dem Gesamtleistungszuwachs gibt, allerdings zeigen die Signifikanzen nur durchschnittliche praktische Relevanz.

In Zusammenhang mit dem Gesamtleistungszuwachs steht das Persönlichkeitsmerkmal „Extraversion" wie auch bereits bei den „Gewinnern" der multimodalen Intervention. Eine günstige Einschätzung der Personen hinsichtlich des Merkmals „Extraversion" (gesellig, impulsiv, unternehmungslustig) stand in positivem Zusammenhang mit dem Gesamtleistungszuwachs des Gedächtniskurses. Ein negativer Zusammenhang zeigte sich beim Leistungszuwachs mit dem Persönlichkeitsmerkmal „Offenheit". Im Testmanual des FPI-R wird betont, daß „Offenheit" als Persönlichkeitsmerkmal im Sinne von unkonventionellem Verhalten, aber auch geringe Offenheitswerte sich als allgemeine Antworttendenz im Sinne sozialer Erwünschtheit abzeichnen. Es wird festgehalten, daß ältere Frauen relativ niedrige Werte, auch Hausfrauen und Rentner im Vergleich zu Berufstätigen auf dieser Skala geringere Werte aufweisen. Die geringeren Werte hinsichtlich des Merkmals „Offenheit" könnten damit eher Personen darstellen, die an Umgangsformen orientiert und auf guten Eindruck bedacht sind. Es wird damit wohl weniger das Merkmal Offenheit im Sinne von Aufgeschlossenheit, bzw. hier geringerer Aufgeschlossenheit, gemeint.

10.5. HYPOTHESE 5

Um ein möglicherweise komplexeres Zusammenhangsmuster zu untersuchen, wurde anschließend eine multiple Regression in der bereits beschriebenen Vorgehensweise durchgeführt. Als Prädiktoren dienten hierbei die einzelnen Persönlichkeitsfaktoren des FPI-R. Als abhängige Variable diente das Gesamt-Leistungsdifferenzmaß DGL. Die Ergebnisse sind in Tab. 10.12 dargestellt.

Abh. Var.	Prädikt.	b	Sig b	R	R^2	R^2_{korr}	df	F	Sig F
DGL	F11	1.23	.054						
	F10	-1.14	.061	.325	.106	.073	2/54	3.20	.049

Tabelle 10.12: Abschlußlösung der multiplen Regressionsanalyse mit den einzelnen Prädiktorvariablen aus Faktoren des FPI-R und dem Differenzmaß der Gesamtleistung (DGL) als abhängiger Variablen.
b = beta-Gewicht; Sig b = Signifikanz des beta-Gewichts; R = multiple Korrelation; R^2 = quadrierte multiple Korrelation (Effektstärke); R^2_{korr} = fehlerkorrigierte quadrierte multiple Korrelation (korrigierte Effektstärke); df = Freiheitsgrade der Analyse; F = F-Wert; Sig F = Signifikanz des F-Werts (entspricht Signifikanz der Lösung).

Prädiktoren. F11: Freiburger Persönlichkeitsinventar (FPI-R), Faktor Extraversion; F10: FPI-R, Faktor Offenheit.

Die multiple Regression bringt keine bedeutend bessere Lösung. Auch die Zunahme des MWT als Maß der Intelligenz, der mit dem DGL unbedeutend korreliert (r=.02), ergibt keine Veränderung. Offensichtlich beschränkt der Zusammenhang der Persönlichkeitsfaktoren mit dem Gesamtleistungszuwachs auf die oben genannten Merkmale.

Kapitel 11

Zusammenfassung

Mit einer hohen geistigen Leistungsfähigkeit hebt sich der Mensch von anderen Lebewesen ab. Zwar verfügen Tiere auch über Gedächtnisleistungen, doch nimmt das Gedächtnis für den Menschen einen wichtigen Stellenwert ein, weil mit dem Gedächtnis für die menschliche Kultur grundlegende Phänomene der Traditionsbildung verknüpft sind und damit eine Verbindung von Generation zu Generation. Wie sehr die Identität eines Menschen auch vom Gedächtnis abhängt wird dann deutlich, wenn ein Mensch Gedächtniseinbußen zeigt oder die Erinnerungen verloren hat, wie dies z.B. bei der Alzheimer Krankheit der Fall ist.

Bezeichnend für die Bedeutung dieser Thematik ist die lange Vergangenheit der Gedächtnispsychologie. Vor mehr als 2 300 Jahren hat bereits Aristoteles über das Gedächtnis geschrieben. Er siedelte das Denken im Kopf, das Gedächtnis im Herzen an. Auch das chinesische Zeichen für Herz ist dasselbe wie für das Gedächtnis. Eine Vielzahl an Gedächtnistheorien wurden in den vergangenen zwei Jahrtausenden entwickelt. Die Betrachtungsweisen zum Gedächtnis sind so vielfältig, daß man auch heute noch nicht von der Gedächtnispsychologie sprechen kann. Aufgrund der unterschiedlichen Modellvorstellungen zeigen wiederum die empirischen Befunde, vor allem hinsichtlich altersbedingter Veränderungen der Gedächtnisleistungen, ein heterogenes Bild. Ein Großteil der Forschung zum Gedächtnis bezog sich auf die Frage nach Altersunterschieden in verschiedenen Aufgabenbereichen. Befunde und Hypothesen kognitiver Alterung wurden im theoretischen Teil dargestellt.

Der Beruf des Gedächtnistrainers kann eine genauso lange Tradition nachweisen wie die Erforschung des Gedächtnisses. Gedächtniskünstler versprachen die Gedächtnisleistungen der Menschen mit geeigneten Gedächtnistricks zu verbessern, ein seit jeher geprägter Wunsch der Menschheit. In vielen der angeführten Studien zum Gedächtnistraining steht immer noch die Vermittlung bekannter leistungsfördernder Strategien im Vordergrund, die sogenannten Mnemotechniken. Wegen des Problems der Generalisierung konzentrieren sich viele erfolgreiche Trainingsprogramme auf eine spezifische Technik. Dabei lassen sich meist kurzfristige Behaltenssteigerungen nachweisen. In der Regel werden dabei die Variabilität hinsichtlich der Verbesserungen sowie auch Einflüsse psychischer Art und sozialer Bedingungen in ihrem Zusammenwirken auf die Gedächtnisleistungen nicht analysiert. Untersuchungen über die Zusammenhänge der Gedächtnisleistungen mit motivationalen und affektiven Faktoren, mit der emotionalen Befindlichkeit sowie mit sozialen Bedingungen wurden bislang vernachlässigt. Der in dieser Arbeit zugrundeliegende Interventionsansatz bezieht sich auf die Multimodale Theorie nach Herrmann & Searleman (1990). Danach beeinflussen kognitive, emotionale, soziale und physische Faktoren die Gedächtnisleistung. Schwerpunkt dieser Arbeit ist die Untersuchung differentieller Effekte sowie die Überprüfung der Rolle unterschiedlicher Faktoren auf die Gedächtnisleistung und auf die psychische Verfassung sowie deren Zusammenhänge. Hinweise auf die praktische Gestaltung der multimodalen Intervention finden sich im theoretischen Teil.

An der empirischen Untersuchung nahmen 82 überwiegend gesunde Personen teil, 59 Frauen und 23 Männer Das Durchschnittsalter war 63 Jahre. Es handelt sich um ein Prä-post-Design, bei dem 11 Tests zur kognitiven Leistung sowie 2 Fragebögen zur subjektiven Alterung, Selbstkonzeptskalen, Kontrollüberzeugungen und ein Persönlichkeitsinventar erhoben wurden. Zur Einschätzung subjektiver Annahmen wurde ein Fragebogen vorgegeben, bei dem, z.B. die eigene Gedächtnisleistung, der subjektive Gesundheitszustand, die Aktivität und Zufriedenheit eingeschätzt wurden. Bei den verschiedenen Analysen ergeben sich unterschiedliche Stichprobengrößen (N). Dies liegt an einer großen Anzahl missing values bei den Skalen, die dadurch nicht mehr auswertbar waren und an der späteren Aufstockung auf den vorliegenden Datensatz.

Die Ergebnisse der Untersuchung werden im folgenden zusammengefaßt.

1. Auswirkungen der multimodalen Intervention auf die Leistungsparameter.

    Gedächtnis kann durch eine Vielzahl verschiedener Teilleistungen beschrieben werden, die intra- und interindividuelle Variabilität aufweisen. In dieser Arbeit erfolgte die Überprüfung der Wirksamkeit der multimodalen Intervention einerseits auf die Teilleistungen des Gedächtnisses und anderseits hinsichtlich eines Gesamtmaßes, errechnet als Mittelwert aller verwendeten Leistungsmaße zu den Meßzeitpunkten A und B. Es lagen 67 vollständige Datensätze vor. Hinsichtlich der Effektivität auf die Gesamtleistung ergab sich eine statistisch hochsignifikante Verbesserung des Gesamtleistungsmaßes durch das multimodale Training. Das Ergebnis steht damit im Einklang mit Befunden aus kontrollierten Studien, die belegen, daß Gedächtnisleistungen im Alter durch kognitive Interventionsmaßnahmen beeinflußbar sind. Da auch bei Verwendung einer Kontrollgruppe sich häufig Leistungsverbesserungen aufgrund von Testwiederholung finden, lag der Schwerpunkt dieser Arbeit bei der Überprüfung differentieller Effekte im Hinblick auf eine Leistungsverbesserung sowie auch auf der Überprüfung möglicher Zusammenhänge mit psychischen Faktoren. Damit wurde einem Mangel bei der experimentellen Kontrolle von Trainingseffekten begegnet, denn häufig bleiben Erfolgsmaße auf einfachen gedächtnispsychologischen Untersuchungsparadigmen beschränkt (Fleischmann,1993).

Zur Überprüfung von differentiellen Effekten wurden elf einfaktorielle Varianzanalysen durchgeführt (N zwischen 70 und 82). Es ergaben sich zwar für alle Leistungsparameter statistisch hochsignifikante Verbesserungen. Die Ergebnisse zeigen aber, daß das Training im Hinblick auf einen Leistungszuwachs in den einzelnen Leistungsmaßen zu differenzierten Effektstärken geführt hat. Besonders verbessert haben sich die Untersuchungsteilnehmer in Aufgaben, bei denen die im Training geübten Strategien (trainingsnah) auch angewendet werden konnten. Der Trainingseffekt könnte somit auf die Kompetenz zur Nutzung der vermittelten Lern- und Gedächtnisstrategien hinweisen, wie dies in der Arbeit von Knopf (1993) herausgestellt wird.

In der Forschungsliteratur wird Intelligenz als mögliche Kovariate hinsichtlich der Auswirkungen eines kognitiven Trainings diskutiert. Es zeigte sich, daß Intelligenz als einmalig erhobene Variable bei einer einfaktoriellen Kovarianzanalyse keinen Einfluß aufweisen konnte.

Insgesamt kann aus den erzielten Ergebnissen geschlossen werden, daß Hypothese 1, die eine Verbesserung der Leistungsparameter durch das Training annimmt, bestätigt wird. Transfereffekte können aufgrund von allgemeinen Aussagen angenommen werden, längerfristige Trainingseffekte wurden nicht systematisch untersucht.

2. Erwartung einer unterschiedlichen Wirksamkeit durch die Variation einer Trainingskomponente auf die Leistungsparameter.

Die Überprüfung der Variation einer Trainingskomponenten auf die Effektivität der Gedächtnisgesamtleistung zeigte mittels durchgeführter Varianzanalysen keine Unterschiede. Auch bei Betrachtung der einzelnen Leistungsparameter zur Bewertung von differenziellen Effekten zeigten sich keine Unterschiede durch die Variation einer Trainingskomponente. Die Variation bestand auch lediglich darin, ob Gedächtnisstrategien eher über Mnemotechniken oder über Gedächtnisspiele vermittelt wurden. Ein Unterschied hätte sich ergeben können, da die Mnemotechniken etwas mehr Trainingsnähe zu den Testaufgaben aufweisen.

Im folgenden werden Zusammenhänge der multimodalen Intervention auf der Basis eines Gedächtnistrainings auf psychische Variablen dargestellt:

3. Die positiven Veränderungen in den Leistungsparametern gehen einher mit positiven Veränderungen in den Parametern des Selbstkonzepts, der Befindlichkeit und der Kontrollüberzeugung.

KAPITEL 11. ZUSAMMENFASSUNG

Da Erfolgskontrollen von Trainingsmaßnahmen nicht auf den Bereich der intellektuellen Leistungsfähigkeit beschränkt bleiben sollen, wurden Zusammenhänge zwischen der Leistungssteigerung und mit dem Selbstbild sowie mit den Einstellungen einer Person untersucht. Nach Fleischmann (1993) wurde bislang noch wenig untersucht, welche Effekte Gedächtnisförderprogramme neben Leistungssteigerungen aufweisen können.

Die Analysen der Korrelationen der Differenzmaße der Leistungsparameter (Differenzmaß der Gesamtleistung) mit den einzelnen Differenzmaßen für Selbstkonzept, Befindlichkeit und Kontrollüberzeugung brachte folgendes Ergebnis. Es zeigte sich ein signifikanter positiver Zusammenhang zwischen der Leistungssteigerung und Parametern des Selbstkonzepts „Allgemeine Selbstwertschätzung" „Allgemeine Problembewältigung" „Wertschätzung durch andere" mit dem Selbstvertrauen und dem Selbstbild einer Person. Je höher der Gesamtleistungszuwachs bei einer Person, desto höher ist die Zunahme in den genannten Variablen. Eine negative Korrelation zeigte sich zwischen der Leistungssteigerung und der Variablen des Selbstkonzepts „Empfindlichkeit und Gestimmtheit". Damit könnte zum Ausdruck kommen, daß die Untersuchungsteilnehmer, die eigenen Schwächen eher wahrnahmen und das Training ernster nahmen.

Das Ergebnis der Korrelationen zeigt, daß auf Individualebene der Gesamtleistungszuwachs mit signifikanten Veränderungen im Selbstkonzept und in der Befindlichkeit einhergeht. Kein Zusammenhang mit dem Gesamtleistungszuwachs ergab sich für die Variable Kontrollüberzeugungen, was damit begründet werden kann, daß sich vermutlich nur Personen mit interner Kontrollüberzeugung zum Training angemeldet haben. Ebenfalls kein Zusammenhang zeigte sich mit der Leistungssteigerung und dem subjektiv erlebten Gesundheitszustand. Auch hier ist von günstigen Ausgangsbedingungen auszugehen, da Personen, die sich subjektiv gesünder fühlen, aktiver sind und sich dadurch eher zu einem Gedächtniskurs anmelden.

Bei Betrachtung der einzelnen Leistungsparameter durch die Korrelationen der Differenzmaße für die einzelnen Leistungsparameter mit den Differenzmaßen für Selbstkonzept, Befindlichkeit und Kontrollüberzeugung (N zwischen 20 und 66), ergaben sich viele Einzelkorrelationen, die auf Inkonsistenzen der Werte hinweisen.

Die Untersuchung des Zusammenhanges des Gesamtleistungszuwachses auf Gruppenebene erfolgte mit Hilfe von Varianzanalysen mit den einzelnen Parametern für Selbstkonzept, Befindlichkeit und Kontrollüberzeugung als abhängige Variablen (N zwischen 31 und 70). Mit der Verbesserung des Gruppenmittelwertes der Gesamtleistung gehen statistisch hochsignifikante Mittelwertsverbesserungen in der Einschätzung der Selbsteffizienz und in der Stimmung einher. Statistisch signifikante Mittelwertsverbesserungen zeigten sich hinsichtlich der Selbstkonzepte Standfestigkeit, dem Selbstbild, der Lebenszufriedenheit und dem subjektiven Altersbild.

Zusammenfassend kann festgestellt werden, daß sich signifikante Zusammenhänge mit einer Reihe psychischer Variablen mit dem Gesamtleistungszuwachs ergaben. Sowohl die Analyse auf Individual- und auf Gruppenebene zeigt eine Verbesserung des Selbstbildes. Die Bedeutung des Selbstbildes hinsichtlich der Aktivität und dem Ausmaß an Sozialkontakten wird von der Bonner Gerontologischen Untersuchung hervorgehoben (Lehr & Thomae, 1987). Die Veränderung des Leistungsselbstbildes zum Positiven kann zu einer Motivationssteigerung bei Älteren führen, sich weiteren geistigen Anforderungen zu unterziehen und selbst zur Aufrechterhaltung ihres intellektuellen Potentials zu sorgen (Lehr, 1979). Selbstbildveränderungen durch ein kognitives Training, jedoch meist hinsichtlich des Leistungsselbstbildes, werden in der Literatur (vgl. Dittmann-Kohli, 1986) nachgewiesen, allerdings zeigte sich dabei eine Aufgabenspezifität. In dieser Arbeit zeigten sich Zusammenhänge zwischen der Leistungssteigerung und hinsichtlich einer Verbesserung in den Selbstkonzepten und Befindlichkeitsmaßen auf einer größeren Bandbreite. Ein hohes Maß an Selbstwert führt zu einer guten Altersanpassung. Auf die enge Wechselwirkung zwischen emotionaler Befindlichkeit und Leistungsfähigkeit wurde hingewiesen (Löwe, 1983). Damit ist Hypothese 3 bestätigt, daß die multimodale Intervention zur Optimierung psychischer Phänomene auf breiter Basis beitragen kann.

4. Die vierte Hypothese bezog sich auf die erfolgreichen und weniger erfolgreichen Teilnehmer des Trainings.

Insgesamt zeigte sich, daß bei 94% eine Leistungsverbesserung festgestellt werden konnte. Durch eine split-half-Teilung der Stichprobe wurden anhand des Differenzmaßes der Gesamtleistung die 50% Untersuchungsteilnehmer mit geringerem Zuwachs (Verlierer) von den 50% Versuchspersonen mit höherem Zuwachs (Gewinner) getrennt. Es ergaben sich annähernd gleich große Gruppen 33/34, die sich hinsichtlich der Differenz der Gesamtleistung statistisch signifikant unterscheiden. Die Gruppen wurden mittels t-Test hinsichtlich aller erhobenen Maße verglichen.

Es zeigte sich, daß die Gewinner ungezwungener und extravertierter waren.

Kontrollanalysen zeigten, daß weder das Geschlecht, noch das Alter, noch die kristallisierte Intelligenz oder Bildung entscheidend dafür waren, ob jemand mehr oder weniger von der multimodalen Intervention profitierte.

5. Die Hypothese 5 bezog sich auf die Annahme eines Zusammenhangs zwischen bestimmten Persönlichkeitsmerkmalen und dem Gesamtleistungszuwachs.

Inwieweit Persönlichkeitsmerkmale einen Einfluß auf Trainingsergebnisse haben können, sollte mit dieser Fragestellung geprüft werden. Die Analyse der

KAPITEL 11. ZUSAMMENFASSUNG

Korrelationen der einzelnen Faktoren des Persönlichkeitsinventars mit dem Differenzmaß der Gesamtleistung (N= 61) ergab, daß mit dem Gesamtleistungszuwachs das Persönlichkeitsmerkmal „Extraversion" (gesellig, unternehmungslustig) im Zusammenhang stand. Dieses Ergebnis steht im Einklang mit der Literatur (vgl. Yesavage, 1990). Ein negativer Zusammenhang zeigte sich beim Merkmal „Offenheit". Es ist damit weniger das Merkmal „Offenheit" im Sinne von Aufgeschlossenheit gemeint. Die geringeren Werte hinsichtlich des Merkmals „Offenheit" könnten nach der Beschreibung des Manuals des FPI-R Personen darstellen, die eher an Umgangsformen orientiert und auf guten Eindruck bedacht sind.

Sämtliche Ergebnisse dieser Arbeit zusammenfassend zeigen die Interdependenzen kognitiver und psychischer Phänomene. Durch die multimodale Intervention auf der Basis eines Gedächtnistrainings zeigten sich:

- Hochsignifikante Verbesserungen hinsichtlich der Gedächtnisleistungen als Gesamtleistungsmaß und hinsichtlich der einzelnen Leistungsparameter.

- Die Variation einer Trainingskomponente ergab keinen Unterschied in der Wirksamkeit.

- Signifikante Zusammenhänge zwischen der Leistungssteigerung und hinsichtlich diverser Selbstkonzepte und Befindlichkeitsmaße. Auf individueller Ebene zeigten sich positive Korrelationen zwischen der Leistungssteigerung und der allgemeinen Selbstwertschätzung, der Problembewältigung, der Wertschätzung durch andere, dem Selbstbild insgesamt und dem Selbstvertrauen, allerdings zeigte sich eine negative Korrelation hinsichtlich des Selbstkonzepts Empfindlichkeit und Gestimmtheit. Auf Gruppenebene ging mit der Verbesserung der Gesamtleistung eine Verbesserung hinsichtlich der Selbsteffizienz, des Selbstbildes und des Selbstkonzepts Standfestigkeit einher. Außerdem verbesserten sich die Stimmung, die Lebenszufriedenheit und das Altersbild.

- Besonders profitiert von der multimodalen Intervention haben Personen, die ungezwungener und extravertierter waren.

- Im Zusammenhang mit der Gesamtleistung stehen die Persönlichkeitsmerkmale: Extravertiertheit und Offenheit. Es könnten Personen darstellen, die gesellig und unternehmungslustig, aber auch auf guten Eindruck bedacht sind.

In dieser Arbeit wurde im Sinne einer kontrollierten Praxis (Wahl, 1985) untersucht, ob sich eine kombinierte Vermittlung unterschiedlicher Trainingsinhalte auf der Basis eines Gedächtnistrainings positiv auf die Gedächtnisleistung und auf psychische Faktoren auswirkt. Der multimodale Ansatz geht davon aus,

ZUSAMMENFASSUNG

daß das Gedächtnis in ein System psychischer, physischer und sozialer Komponenten eingebunden ist. In der vorliegenden Untersuchung standen weniger Aspekte der Leistungserbringung im Vordergrund, sondern es wurde die Rolle unterschiedlicher Faktoren in ihrem Zusammenwirken auf die Gedächtnisleistung und auf die psychische Verfassung überprüft. Die Analyse des Zusammenspiels kognitiver Kompetenzen und psychischer Variablen kann einen Beitrag zur theoretischen Weiterentwicklung von Interventionsprogrammen zur Verbesserung der Gedächtnisleistung darstellen. Ziel der Intervention war eine Verbesserung der Gedächtnisleistung und eine Verbesserung der psychischen Verfassung im Sinne eines gesteigerten Selbstwertgefühls und ein besseres Befinden zu erreichen. Aus den Ergebnissen kann geschlossen werden, daß die angewandte multimodale Intervention die Optimierung kognitiver und psychischer Potentiale erzielen kann. Die Evaluation einer additiven Konzeption wie sie in dieser Arbeit zum Tragen kam, wirft allerdings weitere Fragen auf, z.B. ob einzelne Bedingungsfaktoren trainingssensitiver als andere sind oder ob die vorgefundenen kognitiven und psychischen Veränderungen durch das Gruppentraining dauerhaft sind. Interessant wären weitere Studien, die das Zusammenwirken kognitiver Kompetenzen und psychischer Phänomene untersuchen.

Literaturverzeichnis

[1] Abson, V. & Rabbitt, P. (1988). *What do self-rating questionnaires tell us about changes in competence in old age?* In: M.M. Gruneberg, P.E. Morris & R.N. Sykes (Eds.). Practical aspects of memory. Current research & issues 188-191. Chichester: John Wiley & Sons.

[2] Almeroth, H. (1983). *Gedächtnis bei Erwachsenen in Abhängigkeit von der Unsicherheitstoleranz.* In: Psychologische Probleme des Erwachsenenalters. H. Löwe, U. Lehr & J. Birren (Hrsg.). Bern, Stuttgart, Wien: Huber.

[3] Amthauer, R. (1970). *Intelligenz-Struktur-Test IST 70.* Göttingen: Hogrefe.

[4] Anderson, N.H. (1961). *Scales and statistics: Parametric and nonparametric.* Psychological Bulletin, 58, 305-316.

[5] Anderson, J.R., Bower, G.H. (1973). *Human associative memory.* Washington DC: V.H. Winston.

[6] Anschutz, L., Camp, C.J., Markley, R.P. & Kramer, J.J. (1985). *Maintenance and generalization of mnemonics for grocery shopping by older adults.* Experimental Aging Research, 11, 157-160.

[7] Anschutz, L., Camp, C.J., Markley, R.P. & Kramer, J.J. (1987). *A three-year follow-up on the effects of mnemonics trianing in elderly adults.* Experimental Aging Research, 13, 141-143.

[8] Antonucci, T.C. & Jackson, J.S. (1987). *Social support, interpersonal efficacy, and health: A life course perspective.* In: L.L. Carstensen & B.A. Edestein (Eds.). Handbook of clinical gerontology, 291-312. Oxford: Pergamon.

[9] Arenberg, D. (1976). *The effects of input condition on free recall in young and old adults.* Journal of Gerontology, 31, 551-555.

[10] Arenberg, D., Robertson-Tchabo, E.A. (1977). *Learning and Aging.* In: J.E. Birren & K.W. Schaie (Eds.). Handbook of the Psychology of Aging. New York: Van Nostrand Reinhold Company.

[11] Arbuckle, T.Y., Gold, D. & Andres, D. (1986). *Cognitive functioning of older people in relation to social and personality variables.* Psychology and Aging, 1, 55-62.

[12] Atkinson, R.C., Shiffrin, R. M. (1968). *Human memory: A proposed system and its controll process.* In: K.W. Spence, S.T. Spence, (Eds.). The Psychology of Learning and Motivation. Vol. 2. New York: Academic Press.

[13] Baddeley, A.D. Hitch, G. (1974). *Working memory.* In: G.H. Bower (Ed.). The psychology of learning and motivation. Vol. 8. New York: Academic Press.

[14] Baddeley, A. (1986) *Working Memory.* Oxford: Clarendon.

[15] Bader, K. (1993). *Bericht zur Evaluation des Gedächtnistrainings nach dem „Modell Migros".* Institut für Psychologie, Basel.

[16] Baker, N.H., Hardyck, C.D. & Petrinovic, L.F. (1966). *Weak measuresments versus strong statistics: An empirical critique to S.S. Stevens' proscriptions on statistics.* Educational and Psychological Measurements, 26, 291-309.

[17] Baltes, M.M. & Wahl, H.W. (1985). *Plastizität im Alter.* Münchner medizinische Wochenschrift, 127. München: Medizinverlag.

[18] Baltes, M.M., Sowarka, D., Neher, K.M. & Kwon, S. (1993). *Kognitive Intervention mit alten Menschen.* In: Expertisen zum ersten Altenbericht der Bundesregierung — V Ansätze der Rehabilitation und Modelle der Pflegefallabsicherung in der Bundesrepublik und in Europa. Deutsches Zentrum für Altersfragen e.V., Berlin.

[19] Baltes, P.B. & Labouvie, G.V. (1973). *Adult development in intellectual performance: Description, explanation, and modification.* In: C. Eisdorfer & M.P. Lawton (Eds.). The psychology of adult development and aging. Washington, DC: American Psychological Association.

[20] Baltes, P.B. & Schaie, K.W. (1976). *On the plasticity of intelligence in adulthood and old age: Where Horn and Donaldson fail.* American Psychologist, 31, 720-725.

[21] Baltes, P.B. & Willis, S.L. (1982). *Plasticity and enhancement of intellectual functioning in old age: Penn State's Adult Development and Enrichment Project (ADEPT).* In: E. Craik & S.E. Trehub (Eds.). Aging and cognitive processes. New York: Plenum Press.

[22] Baltes, P.B., Dittmann-Kohli, F. & Kliegl, R. (1986). *Reserve capacity of the elderly in aging-sensitive test of fluid intelligence: Replication and extension.* Psychology and Aging, 1, 172-177.

LITERATURVERZEICHNIS

[23] Baltes, P.B. (1989). *Optimierung durch Selektion und Kompensation*. Zeitschrift für Pädagogik, 35, 85-105.

[24] Baltes, P.B., Sowarka, D. & Kliegl, R. (1989). *Cognitve training research on fluid intelligence in old age: What can older adults achieve by themselves?* Psychology and Aging, 4, 217-221.

[25] Baltes, P.B. (1990). *Entwicklungspsychologie der Lebensspanne: Theoretische Leitsätze*. Psychologische Rundschau, 41, 1-24.

[26] Bandura, A. (1977). *Self-efficacy: Towards a unifying theory of behavioral change*. Psychological Review, 84, 191-215.

[27] Bandura, A. (1986). *Social foundation of thought and action: A social cognitive theory*. Enlewood Cliffs, NJ: Prentice Hall.

[28] Bartlett, F.C. (1958). *Thinking: An experimental and social study*. New York: Basic Books.

[29] Bengel, J. & Belz-Merk, M. (1996). *Subjektive Gesundheitsüberzeugungen*. In: R. Schwarzer (Hrsg.). Gesundheitspsychologie. Heidelberg: Asanger.

[30] Benton, J.L., Glover, J. A. & Bruning, R. A. (1983). *Levels of processing: effect of number of decisions on prove recall*. Journal of Educational Psychology, 75, 382-390.

[31] Best, D.L. (1992). *The Role of Social Interaction in Memory Improvement*. In: D. Herrmann, H. Weingartner, A. Searleman, C. McEvoy (Hrsg.). Memory Improvement. New York: Springer.

[32] Birbaumer, N. & Schmidt, R.F. (1989). *Biologische Psychologie*. Springer-Lehrbuch. Berlin, Heidelberg, New York, London, Paris, Tokyo, Hong Kong: Springer.

[33] Blieszner, R., Willis, S.L. & Baltes, P.B. (1981). *Training research in aging on the fluid ability of inductive reasoning*. Journal of Applied Developmental Psychology, 2, 247-265.

[34] Bortz, J. (1989). *Lehrbuch der Statistik, 3. Auflage*. Berlin: Springer.

[35] Botwinick, J., Storandt, M. (1974) *Memory, related functions and age*. Springfield, Ill: C.C. Thomas.

[36] Botwinick, J. & Storandt, M. (1980). *Recall and recognition of old information in realtion to age and sex*. Journal of Gerontology, 35, 70-76.

[37] Box, G.E.P. (1953). *Nonnormality and tests on variances*. Biometrika, 40, 318-335.

[38] Bredenkamp, J. (1972). *Der Signifikanztest in der psychologischen Forschung.* Frankfurt a. M.: Akademische Verlagsgesellschaft.

[39] Brigham, M.C. & Pressley, M. (1988). *Cognitive Monitoring and strategy choice in younger and older adults.* Psychology and Aging, 3, 249-257.

[40] Broadbent, D. E. (1958). *Perception and communication.* London: Pergamon Press.

[41] Broadbent, D. E. (1963). *Flow of information within the organism.* Journal of Verbal Learning and Verbal Behavior, 2, 34-39.

[42] Brown, A.L. (1978). *Knowing when, where and how to remember.* In: R. Glaser (Ed.). Advances in instructional psychology. Hillsdale, NJ: Erlbaum.

[43] Brown, A.L. (1984). *Metakognition, Handlungskontrolle, Selbststeuerung und andere, noch geheimnisvollere Mechanismen.* In: F. Weinert & R. Kluwe (Hrsg.). Metakognition Motivation und Lernen. Stuttgart: Kohlhammer.

[44] Bruce, P.R., Copyne, A.C. & Botwonick, J. (1982). *Adult age differences in metamemory.* Journal of Gerontology, 37, 354-357.

[45] Burke, D.M., Worthley, J. & Martin, J. (1988). *I'll never forget what's her name: Aging and tip of tongue experiences in everyday life.* In: M.M. Gruneberg, P.E. Morris & R.N. Sykes (Eds.). Practical aspects of memory: Current research and issues. Vol. 2. Clinical and education implications. Chichester, England: John Wiley.

[46] Byrd, M. (1986-1987). *The effects of previously acquired knowledge on memory for textual information.* International Journal of Aging and Human Development, 24, 231-240.

[47] Camp, C.J., Markley, R.P. & Kramer, J.J. (1983). *Spontaneous use of mneomonics by elderly individuals.* Educational Gerontology, 9, 57-71.

[48] Camp, C.J. & Pignatiello, M.F. (1988). *Beliefs about fact retrieval and inferential reasoning across the adult lifespan.* Experimental Aging Research, 14, 89-97.

[49] Canestrari, R.E. Jr. (1963). *Paced and self-paced learning in young and elderly adults.* Journal of Gerontology, 18, 165-168.

[50] Canestrari, R.E. Jr. (1966). *The effects of commonality on paired-associate learning in two age groups.* Journal of Genetic Psychology, 108, 3-7.

[51] Cavanaugh, J.C. & Perlmutter, M. (1982). *Metamemory: A critical examination.* Child Development, 53, 11-28.

[52] Cavanaugh, J.C., Grady, J.G. & Perlmutter, M. (1983). *Forgetting and use of memory aids in 20 to 70 year olds everyday life.* International Journal of Aging and Human Development, 17, 113-122.

[53] Cavanaugh, J. C., Kramer, D.A., Sinnott, J.D., Camp, C.J. & Markley, R.P. (1985). *On missing links and such: Interfaces between cognitive research and everyday problem solving.* Human Development, 27, 146-168.

[54] Cavanaugh, J.C. & Murphy, N.Z. (1986). *Personality and metamemory correlates of memory performance in younger and older adults.* Educational Gerontology, 12, 385-394.

[55] Cavanaugh, J.C., Morton, K.R. & Tilse, C.S. (1989). *A self-evaluation framework for understanding everyday memory aging.* In: J.D. Sinnott (Ed.). Everyday problem solving: Theory and applications, 266-284. New York: Praeger.

[56] Christmann, F. (1994). *Mentales Training.* Göttingen: Verlag für Angewandte Psychologie.

[57] Clauss, G. (1979). *Besonderheiten des Lernens bei Schülern mit unterschiedlichen kognitiven Stilen.* Probleme und Ergebnisse der Psychologie 68, Berlin.

[58] Cohen, G. & Faulkner, D. (1986). *Memory for proper names: Age differences in retrieval.* British Journal of Developmental Psychology, 4, 187-197.

[59] Cohen, G. & Faulkner, D. (1989). *Age differences in source forgetting: Effects on reality monitoring and on eyewitness testimony.* Psychology and Aging, 4, 10-17.

[60] Cohen, J. (1977). *Statistical power analysis for the behavioral sciences.* New York: Academic Press.

[61] Cohen, R.L. (1988). *Metamemory for words and enacted instructions: Predicting which items will be recalled.* Memory & Cognition, 16, 452-460.

[62] Coleman, P.D., Flood, D.G. (1987). *Neuron numbers and dendritic extent in normal aging Alzheimer's disease.* Neurobiol. Aging 8: 521-545.

[63] Cooper, H.M. (1981). *On the significance of effects and the effects of significance.* Journal of Personality and Social Psychology. 41: 1013-1018.

[64] Cornoldi, C. (1988). *Why study mnemonics?* In: M.M. Gruneberg, P.E. Morris & R.N. Sykes (Eds.). Practical aspects of memory: Current research and issues. Vol. 2. Clinical and educational implications 397-402, Chichester: John Wiley & Sons.

[65] Cornelius, S.W. & Caspi, A. (1987). *Everyday problem solving in adulthood and old age.* Psychology and Aging, 2, 144-153.

[66] Costa, P.T. Jr., McCrae, R.R. & Arenberg, D. (1983). *Recent longitudinal research on personality and aging.* In: K.W. Schaie (Ed.). Longitudinal studies of adult psychological development, 222-265, New York: Guilford Press.

[67] Costa, P.T. Jr. & McCrae, R.R. (1985). *The NEO personality inventory manual.* Odessa, Fl: Psychological Assessment Resources.

[68] Craik, F.I.M. (1968). *Two components in free recall.* Jorunal of Verbal Learning and Verbal Behavior, 7, 996-1004.

[69] Craik, F.I.M., Masani, P.A. (1969). *Age and intgelligence differences in coding and retrieval of word lists.* British Journal of Psychology, 60, 315-319.

[70] Craik, F.I.M. (1971). *Age differences in recognition memory.* Quarterly Jounal of Experimental Psychology, 23, 316-323.

[71] Craik, F.I.M., Lockhart, R.S. (1972). *Levels of processing: A framework for memory research.* Journal of Learning and Verbal Behaviour, 12, 599-607.

[72] Craik, F.I.M. und Watkins, M.J. (1973). *The role of rehearsal in short-term memory.* Journal of Verbal Learning and Verbal Behaviour, 11, 671-684.

[73] Craik, F.I.M., Tulving E. (1975). *Depth of processing and the retention of words in episodic memory.* Journal of Experimental Psychologie, Gen 104, 268-294.

[74] Craik, F.I.M. (1977). *Age differences in human memory.* In: J.E. Birren & K.W. Schaie (Eds.). Handbook of the psychology of aging (1st ed.). New York: Van Nostrand Reinhold.

[75] Craik, F.I.M., Rabinowitz, J.C. (1984). *Age differences in the acquisition and use of verbal information.* In: J. Long & A. Baddeley (Eds.). Attention and performance (Vol. X.). Hillsdale, NJ: Erlbaum.

[76] Craik, F.I.M., Byrd, M. & Swanson, J.M. (1987). *Patterns of memory loss in three elderly samples.* Psychology and Aging, 2, 79-86.

[77] Craik, F.I.M. Morris, L.W., Morris, R.G. & Loewen, E.R. (1990). *Relations between sources amnesia and frontal lobe functioning in a normal elderly sample.* Psychology and Aging, 5, 148-151.

[78] De Vries, H. A. (1970). *Physiological effects of an exercise training regimen upon men aged.* Journal of Gerontology, 25, 4, 325-336.

[79] Denney, N.W. & Denney, D.R. (1974). *Modeling effects on the questionning strategies of the elderly.* Developmental Psychology, 10, 458.

[80] Deusinger, I.M. (1982). *Zur Messung von Veränderungen von Selbstkonzepten mit den Frankfurter Selbstkonzeptskalen - FSKN.* Zeitschrift für Gerontologie, 15, 42-45.

[81] Deusinger, I.M. (1986). *Frankfurter Selbstkonzeptskalen - (FSKN)-Testmanual.* Göttingen: Hogrefe.

[82] Deusinger, I.M. (1986). *Kognitive Leistungen und Leistungskonzepte älterer Personen. Ein Beitrag zur gerontologischen Grundlagenforschung.* Zeitschrift für Gerontologie, 19, 300-308.

[83] Deusinger, I.M. (1996). *Locus of Control — ein Selbstkonzept.* In: Persönlichkeit und Kogntion. I.M. Deusinger & H. Haase (Hrsg.). Göttingen: Hogrefe.

[84] Dittmann-Kohli, F. (1983). *Intelligenzförderung im höheren Erwachsenenalter.* Unterrichtswissenschaft, 4, 361-369.

[85] Dittmann-Kohli, F. (1986). *Die trainingsbedingte Veränderung von Leistungsselbstbild und kognitiven Fähigkeiten im Alter.* Zeitschrift für Gerontologie, 19, 309-322.

[86] Dixon, R.A., Hultsch, D.F. (1983). *Metamemory and memory for text relationships in adulthood: A cross-validation study.* Journal of Gerontology, 38, 689-694.

[87] Dixon, R.A., Hultsch, D.F., Simon, E.W. & Von Eye, A. (1984). *Verbal ability and text structure effects on adult age differences in text recall.* Journal of Verbal Learning and Verbal Behavior, 23, 569-578.

[88] Dixon, R.A. (1989). *Questionnaire research on metamemory and aging: Issues of structure & function.* In: L.W. Poon, D.C. Rubin & B.A. Wilson (Eds.). Everyday cogntion in adulthood and late life 394-415, New York: Cambridge University Press.

[89] Dixon, R.A. & Bäckman, L. (1989). *Reading and memory for prose in adulthood: Issues of expertise and compensation.* In: S.R. Yussen & M.C. Smith (Eds.). Reading across the life span. New York: Springer.

[90] Ebbinghaus, H. (1885). *Über das Gedächtnis.* Leipzig: Duckner und Humboldt.

[91] Edwards, A.L. (1985). *Multiple Regression and the Analysis of variance and Covariance.* New York: Freeman.

[92] Erber, J.T. (1974). *Age differences in recognition memory.* Journal of Gerontology, 29, 177-181.

[93] Eysenck, M.W. (1974). *Age differences in incidental learning.* Developmental Psychology, 10, 936-941.

[94] Eysenck, M.W. (1975). *Retrieval from semantic memory as a function of age.* Journal of Gerontology, 30, 174-180.

[95] Fahrenberg, J., Selg, H., Hampel, R. (1989). *Das Freiburger Persönlichkeitsinventar. Revised Fassung FPI-R. 5. Auflage.* Göttingen: Hogrefe.

[96] Feinaigle, M.G. (1812). *The new art of memory.* London: Sherwood, Neely & Jones.

[97] Festinger, L.A. (1954). *A theory of social comparison processes.* Human Relations, 7, 117-140.

[98] Flavell, J.H. & Wellman, H.M. (1977). *Metamemory.* In: R.V. Kail & J.W. Hagen (Eds.). Perspectives on the development of memory and cognition. Hillsdale, NJ: Erlbaum.

[99] Flavell, J.H. (1984). *Metakognition.* In: Weinert, F.E., Kluwe, R.H. (Hrsg.). Metakognition, Motivation und Lernen. Stuttgart, Berlin, Köln, Mainz: Kohlhammer.

[100] Fleischmann, U.M. (1982). *Zur Gültigkeit des „Zahlennachsprechens" im hohen Lebensalter.* Zeitschrift für Gerontologie, 15, 15-21.

[101] Fleischmann, U.M. (1982). *Gedächtnistraining im höheren Lebensalter — Ansatzpunkte und Möglichkeiten.* Zeitschrift für Gerontologie 15, 53-62.

[102] Fleischmann, U.M. (1984). *Gedächtnis.* In: W.D. Oswald et al. (Hrsg.). Gerontologie. Stuttgart: Kohlhammer.

[103] Fleischmann, U.M. (1988). *Gedächtnis im Alter. Neue Befunde und Methoden in der psychometrischen Forschung.* Sandorama: Das ärztliche Panorama. Nürnberg: Sandoz.

[104] Fleischmann, U.M. (1988). *Freie Wiedergabe und Wiedererkennen von Wortmaterial — Eine gerontopsychologische Untersuchung zum Zwei-Phasen-Modell der Reproduktion.* Zeitschrift für Gerontologie, 21, 150-155.

[105] Fleischmann, U.M. (1989). *Gedächtnis und Alter. Multivariate Analysen zum Gedächtnis alter Menschen.* Bern, Stuttgart, Toronto: Verlag Hans Huber.

[106] Fleischmann, U.M. (1993). *Kognitves Training im höheren Lebensalter unter besonderer Berücksichtigung von Gedächtnisleistungen.* In: K.J. Klauer (Hrsg.). Kognitives Training. Göttingen: Hogrefe.

[107] Freud, S. (1901). *Zur Psychopathologie des Alltagslebens.* Frankfurt: Fischer.

[108] Frey, D. (1978). *Die Theorie der kognitiven Dissonanz.* In: D. Frey (Hrsg.). Kognitive Theorien der Sozialpsychologie. Bern: Huber.

[109] Frey, D., Gaska, Ch., Möhle, J., Weidemann (1990). *Zur (Sozial) Psychologie des Alterns.* In: J. Haisch, H.P. Zeitler (Hrsg.). Gesundheitspsychologie. Heidelberg: Asanger.

[110] Fries, J.F. (1980). *Aging, natural death, and the compression of morbidity.* New England Journal of Medicine, 303, 130-136.

[111] Gaensslen, H. & Schubö, W. (1973). *Einfache und komplexe statistische Analyse.* München: UTB.

[112] Galton, F. (1885). *On the antropometric laboratory at the late International Health Exhibition.* J. Antropol. Inst., 14, 205-221 und 275-287.

[113] Gilewski, M.J. & Zelinski, E.M. (1986). *Questionnaire assessment of memory complaints.* In: L.W. Poon (Ed.). Handbook for clinical memory assessment of older adults, 93-107. Washington, DC: American Psychological Association.

[114] Geisser, S. & Greenhouse S.W. (1958). *An extension of Box's results on the use of the F-distribution in multivariate analysis.* Annuals of mathematical statistics, 29, 885-891.

[115] Geuß, H. (1991). *Training kognitiver Fähigkeiten.* In: J. Howe, H. Geuß, H.A, Müller, C. Schmelz & H. Tüpker (Eds.). Lehrbuch der psychologischen und sozialen Alternswissenschaften: Bd 3. Hilfe und Unterstützung für ältere Menschen, 9-20. Heidelberg: Roland Asanger Verlag.

[116] Glaser, W.R. (1978). *Varianzanalyse.* Stuttgart: Gustav Fischer.

[117] Gratzinger, P., Friedman, L., Sheikh, J.I. & Yesavage, J.A. (1990). *Cognitive Interventions to Improve Face-Name Recall: The Role of Personality Trait Differences.* Developmental Psychology, Vol. 26, No. 6, 889-893.

[118] Grewe, W., Krampen, G. (1991). *Gesundheitsbezogene Kontrollüberzeugungen und Gesundheitsverhalten.* In: J. Haisch & H.P. Zeitler (Hrsg.). Gesundheitspsychologie. Zur Sozialpsychologie der Prävention und Krankheitsbewältigung. Heidelberg: Asanger.

[119] Gruneberg, M.M. (1988). Practical Problems in the practical application of memory: Current research and issues. Vol. 1, 555-557. Chichester: Wiley.

[120] Gruneberg, M.M., Morris, P.E. & Seykes, R.N. (Eds.). (1988). Practical aspects of memory: Current research and issues. Vol 2. New York: Wiley.

[121] Gruneberg, M.M. (1992). The New Approach to Memory Improvement: Problems and Prospects. In: D.J. Hermann, H. Weingartner, A. Searleman, & C. McEvoy. Memory Improvement. New York: Springer.

[122] Haisch, J. & Haisch, I. (1990). Gesundheitspsychologie als Sozialpsychologie. Psychologische Rundschau, 41, 25-36.

[123] Hamlett, K.W., Best, D.L. & Davis, S.W. (1985). Modification of memory complaint and memory performance in eldery adults. Unpublished manuscript, Catholic University of America, Washington, DC.

[124] Harris, C.W. (1963). Problems in measuring change. Madison: University of Wisconsin Press.

[125] Harris, D.M. & Guten, S. (1979). Health protective behavior: An exploratory study. Journal of Health and Social Behavior, 20, 17-29.

[126] Haseloff, O.W., Jorswieck, E. (1971). Psychologie des Lernens. Berlin, New York: De Gruyter.

[127] Hasher, L., Zacks, R.T. (1979). Automatic and effortful processes in memory. Journal of Experimental Psychology: General, 108, 356-388.

[128] Hasselhorn, M., Hager, W., Huber, M. & Gödecke, D. (1995). Intelligenz- und Denkförderung bei älteren Menschen: Eine Evaluation des Aachener Denktrainings für Senior(inn)en. Zeitschrift für Gerontopsychologie und -psychiatrie, 8, Heft 3, 169-180.

[129] Haug, H. (1984). Alterungsprozesse im Gehirn. Morphometrische Methoden ermöglichen neue Einblicke. Die Umschau, 84, 455-458.

[130] Haug, H. (1985). Gibt es Nervenzellverluste während der Alterung in der menschlichen Hirnrinde? Nervenheilkunde, 4, 103-109.

[131] Haug, H. (1989). Biologisches Altern des menschlichen Gehirns. Naturwissenschaftliche Rundschau, 42. Jahrg., Heft 11.

[132] Hays, W.L. (1973). Statistics for the social sciences. London: Holt, Rinehart & Winston.

[133] Hebb, D.O. (1949): The Organization of Behavior. New York: Wiley.

[134] Helmreich, R. (1977). *Strategien zur Auswertung von Längsschnittdaten.* Stuttgart: Klett.

[135] Herrmann, D.J. & Searleman, A. (1990). *The new multimodal approach to memory improvement.* In: The psychology of learning and motivation. G.H. Bower (Ed.). San Diego: Academic Press, Inc.

[136] Herrmann, D.J., Weingartner, H., Searleman, A. & McEvoy, C. (1992). *Memory Improvement. Implications for Memory Theory.* New York: Springer.

[137] Herrmann, D.J. & Searleman, A. (1992). *Memory Improvement and Memory Theory in Historical Perspective.* In: D.J.Herrmann, H. Weingartner, A.Searleman, & C. McEvoy (Hrsg.). Memory Improvement. Implications for Memory Theory. New York: Springer.

[138] Hertzog, C.K., Dixon, R.A. & Hultsch, D.F. (1990). *Realtionships between metamemory, memory predicitons and memory task performances.* Psychology and Aging, 5, 215-223.

[139] Hilgard, E.R. (1948). *Theories of learning.* New York: Appleton-Century Crofts.

[140] Hofland, B.F., Willis, S.L. & Baltes, P.B. (1981). *Fluid intelligence performance in the elderly: Retesting and conditions of assessment.* Journal of Educational Psychology, 73, 573-586.

[141] Horn, J.L., Catell, R.B. (1966). *Refinement and test of the theory of fluid and crystallized intelligence.* Journal of Educational Psychology, 57, 253-270.

[142] Horn, J. L. (1978). *Human ability systems.* In: P.B. Baltes (Ed.). Life-span development and behavior. Vol. 1. New York: Academic Press.

[143] Hoyer, W. J., Labouvie, G.V. & Baltes, P.B. (1973). *Modification of response speed deficits and intellectual performance in the elderly.* Human Development, 16, 233-242.

[144] Hoyer, W.J. (1987). *Mnemonics and memory training.* In: G.L. Maddox, R.C. Atcheley, L.W. Poon, G.S. Roth, I.C. Siegler & R.J. Corsini (Eds.). The encyclopedia of aging, 451-452, New York: Springer Publishing Company.

[145] Hulicka, I. M., Großmann, J.L. (1967) *Age group camparisons for the use of mediators in paired-associate learning.* Journal of Gerontology, 22, 46-51.

[146] Hulicka, I.M. (1967b). *Age changes and age differences in memory functioning.* The Gerontologist, 7, 46-54.

[147] Hull, C.L. (1943). *Principles of behavior.* New York: Appleton-Century-Crofts.

[148] Hultsch, D.F. (1971b). *Adult age differences in free classification and free recall.* Developmental Psychology, 4, 338-342.

[149] Hultsch, D.F. & Dixon, R.A. (1983). *The role of pre-experimental knowledge in text processing in adulthood.* Experimental Aging Research, 9, 17-22.

[150] Hultsch, D.F., Hertzog, C., Dixon, R.A. & Davidson, H. (1988). *Memory self-knowledge and self-efficacy in the aged.* In: M.L. Howe & C.J. Brainerd (Eds.). Cognitive develompent in adulthood: Progress in cognitive development research, 65-92. New York: Springer.

[151] Hultsch, D.F. & Dixon, R. (1990). *Learning and Memory in Aging.* Handbook of the Psychology of Aging. Third Edition.

[152] Hultsch, D.F., Hertzog, C. & Dixon, R.A. (1990). *Ability correlates of memory performance on adulthood and aging.* Psychology and Aging, 5, 356-368.

[153] James, W. (1890). *Priniciple of psychology (Vol. 1).* New York: Holt.

[154] Joerger, K. (1984). *Einführung in die Lernpsychologie.* Freiburg.

[155] Johnston, L. & Gueldner, S.H. (1989). *Remember When? Using Mnemonics to Boost Memory in the Elderly.* Journal of Gerontological Nursing, 15(8), 22-26.

[156] Kausler, D.H. & Hakami, M.K. (1983b). *Memory for topics of conversation: Adult age differences an intentionality.* Experimental Aging Research, 9, 153-157.

[157] Kausler, D.H. (1991). *Experimental psychology, cognition, and human aging.* (2nd edition). New York: Springer Verlag.

[158] Kelley, H.H. (1952). *Two functions of reference groups.* In: Swanson, G.E. et al. (Hrsg.). Readings in social psychology. New York: Holt, Rinehart & Winston.

[159] Keselman, H.J. & Keselman, J.C. (1988). *Comparing repeated measures means in factorial designs.* Psychophysiologie, 25, 612-618.

[160] Kirk, R. E. (1968). *Experiemental design: Procedures for the behavioral sciences.* Belmont: Wodsworrth.

[161] Klauer, K.J. (1992). *Zum Training fluider und kristallisierter Intelligenzleistungen bei älteren Menschen: Konzept und Erprobung zweier Trainingsprogramme.* Zeitschrift für Gerontopsychologie und -psychiatrie, 5, Heft 2, 59-70.

[162] Kliegl, R., Smith, J. & Baltes, P.B. (1989). *Testing-the-Limits and the study of adult age differences in cognitive plasticity of a mnemonic skill.* Developmental Psychology, 25, 247-256.

[163] Knopf, M. (1987). *Gedächtnis im Alter.* Berlin, Heidelberg: Springer Verlag

[164] Knopf, M. (1988). *Die Rolle des Wissens für das Gedächtnis älterer Menschen.* Zeitschrift für Gerontopsychologie und -psychiatrie, 1, 1988, Heft 2.

[165] Knopf, M. (1992). *Gedächtnis für Handlungen — Funktionsweise und Entwicklung.* Habilitationsschrift an der Fakultät für Sozial- und Verhaltenswissenschaften der Ruprecht-Karls-Universität Heidelberg.

[166] Knopf, M. (1993). *Gedächtnistraining im Alter — Müssen ältere Menschen besser lernen können oder ihr Können besser kennenlernen?* In: K.J. Klauer (Hrsg.). Kognitives Training. Göttingen: Hogrefe.

[167] Kotler-Cope, S. & Camp, C. J. (1990). *Memory interventions in aging populations.* In: E.A. Lovelace (Ed.). Aging and cognition: Mental processes, self-awareness and interventions, 231-261, Nort Holland: Elsevier Science Publishers B.V.

[168] Kruse. A., Lehr, U. (1990). *Intelligenz, Lernen, Gedächtnis im Alter.* In: D. Platt (Hrsg.). Handbuch der Gerontologie. Band 5: Neurologie / Psychiatrie, 391-411. Stuttgart, New York: Gustav Fischer Verlag.

[169] Kunz, I.O. (1990). *Demenz, Alter und Gedächtnis. Zur Theorie des Gedächtnisses, seinen normalen und pathologischen Alterungsprozessen, unter besonderer Berücksichtigung der Möglichkeit eines Gedächtnistrainings in der Gerontologie.* Frankfurt: Haag & Herrchen.

[170] Labouvie-Vief, G. (1976). *Toward optimizing cognitive competence in later life.* Educational Gerontology: An International Quarterly, 1, 75-92.

[171] Labouvie-Vief, G., Gonda J.N. (1976). *Cognitive Strategies training and intellectual performances in the elderly.* Journal of Gerontology, 31, 327-332.

[172] Lachmann, M.E. (1983). *Perception of intellectual aging: Antecedent of consequences of intellectual functioning.* Developmental Psychology, 18, 482-498.

[173] Lachmann, M.E. & Jelalian, E. (1984). *Self-efficacy and attributions for intellectual performance in young and elderly adults.* Journal of Gerontolgy, 39, 577-582.

[174] Lachmann, M.E. (1986). *Personal Controll in later life: Stability, change and cognitive correlates.* In: M.M. Baltes & P.B Baltes (Eds.). The psychology of control and aging, 207-236, Hillsdale, NJ: Erlbaum.

[175] Lachmann, M.E., Steinberg, E.S. & Trotter, S.D. (1987). *Effects of control beliefs and attribution on memory self-assessments in an institutional setting.* Psychology and Aging, 2, 266-271.

[176] Lachman, J.L., Lachman, R. & Thronesbery, L. (1979). *Metamemory through the adult life span.* Developmental Psychology, 15, 543-551.

[177] Lachman, J.L., Lachman, R. (1980). *Age and the actualization of world knowledge.* In: L.W. Poon, J.L. Fozard, et al. (Eds.). New directions in memory and aging. Hillsdale, NJ: Erlbaum.

[178] Lazarus, R.S. (1966). *Psychological Stress and the Coping Process.* New York: Mc Graw-Hill.

[179] Lehr, U. (1972). *Psychologie des Alterns.* (5. A. 1984). Heidelberg: Quelle & Meyer.

[180] Lehr, U. (1979). *Interventionsgerontologie.* Darmstadt: Steinkopff.

[181] Lehr, U. (1982). *Läßt sich der Alternsprozeß beeinflussen?* Basel: Vita Tertia Fachkongreß.

[182] Lehr, U. & Thomae, H. (1987). *Formen seelischen Alterns. Ergebnisse der Bonner Gerontologischen Längsschnittstudie (BOLSA).* Stuttgart: Enke.

[183] Lehr, U. (1987). *Subjektiver und objektiver Gesundheitszustand im Lichte von Längsschnittstudien.* In: U. Lehr & H. Thomae (Hrsg.). Formen seelischen Alterns, 153-159. Stuttgart: Enke.

[184] Lehr, U. (1991). *Psychologie des Alterns.* Heidelberg: Quelle & Meyer.

[185] Lehrl, S. (1977). *Manual zum MWT-B.* Erlangen: Perimed.

[186] Lehrl, S. (1986). *Steigerung der geistigen Leistungsfähigkeit.* Therapiewoche 36, 2585-2594.

[187] Lehrl, S. & Fischer, B. (1986). *Steigerung der geistigen Leistungsfähigkeit im Alter.* In: Nervenheilkunde, 5, 173-181.

[188] Leirer, O. Morrow, D.G., Sheikh, J.I. & Pariante, M.G. (1990). *Brief communication. Memory skills elders want to improve.* Experimental Aging Research, Volume 16, number 3.

[189] Lerner, R.M. (1984). *On the nature of human plasticity.* New York: Cambridge University Press.

[190] Levy, K.J. (1980). *A monte carlo study of analysis of covariance under violations of the assumptions of nomality and equal regression slopes.* Educational and Psychological Measurements, 40, 835-840.

[191] Lichty, W., Kausler, D.H. & Martinez, D.R. (1986). *Adult age differences in memory for motor versus cognitive activities.* Experimental Aging Research, 12, 227-230.

[192] Lienert, G.A. (1973). *Verteilungsfreie Methoden in der Biostatistik, Bd. 1,2. Auflage.* Meisenheim am Glan: Anton Hain.

[193] Light, L.L., Zelinski, E.M. & Moore, M. (1982). *Adult age differences in reasoning from new information.* Journal of Experimental Psychology: Learning, Memory, and Cognition, 8, 435-447.

[194] Light, L.L. & Burke, D.M. (1988). *Patterns of language and memory in old age.* In: L.L. Light & D.M. Burke (Eds.). Language, Memory and aging. New York: Cambridge University Press.

[195] Lindenberger, U. (1991). *Aging, professional expertise, and cognitive plasticity. The sample case of imagery-based memory functioning in expert graphic designers.* Berlin: MPI für Bildungsforschung, Studien und Berichte 52.

[196] Lindsay, P. H., Norman D.A. (1981). *Einführung in die Psychologie.* Berlin, Heidelberg, New York: Springer.

[197] Löwe, H., Almenroth, H. (1975). *Untersuchungen zur intellektuellen Lernfähigkeit im Erwachsenenalter.* Probl. u. Ergebn. d. Psychol., 53, 5-36.

[198] Löwe, H. (1983). *Stand und Probleme der Psychologie des Erwachsenenalters.* In: H. Löwe, J.E. Birren und U. Lehr (Hrsg.). Psychologische Probleme des Erwachsenenalters. Bern: Huber.

[199] Lorand, A. (1913). *Old age deferred. The causes of old age and its postponement by hygienic an therapeutic measures.* Philadelphia: F.A. Davis Co.

[200] Lord, F.M. & Novick, M.R. (1968). *Statistical theories of mental test scores.* Reading, Massachusetss: Addison-Wesley.

[201] Lovelace, E.A. & Marsh, G.R. (1985). *Prediction and evaluation of memory performance by young and old adults.* Journal of Gerontology, 40, 192-197.

[202] Mason, S.E. & Smith A.D. (1976). *Imagery in the aged.* Experimental Aging Research, 3, 17-32.

[203] McCarthy, S.H., Siegler, I.C. & Logue, P.E. (1982). *Cross-sectional and longitudinal patterns of three Wechsler Memory Scale Subtests.* Journal of Gerontology, 37, 169-175.

[204] Mc Cormack, P.D. (1982a). *Temporal coding by young and elderly adults. A test of the Hasher-Zacks model.* Developmental Psychology, 17, 509-515.

[205] Mc Evoy, C.I. (1992). *Implications for Memory Improvement Theory*. In: D.J. Hermann, H. Weingartner, A. Searleman, C. McEvoy (Hrsg.). Memory Improvement. New York: Springer.

[206] Meacham, J.A. & Leiman, B. (1975). *Remembering to perform future actions*. Paper presented at the annual meeting of the American Psychological Association, Chicago.

[207] Meacham, J.A. (1988). *Interpersonal relations and prospective remembering*. In: M.M. Gruneberg, P.E. Morris & R.N. Sykes (Eds.). Practical aspects of memory: Current research and issuses Vol. 1, 354-359, New York: Wiley.

[208] Metzig, W., Schuster, M. (1993). *Lernen zu lernen*. Berlin, Heidelberg, New York, London, Paris, Tokyo, Hong Kong, Barcelona, Budapest: Springer.

[209] Meyer, B.J.F. & Rice, G.E. (1989). *Prose processing adulthood: The text, the reader, and the task*. In: L.W. Poon, D.C. Rubin & B.A. Wilson (Eds.). Everyday cognition in adulthood and late life. New York: Cambridge University Press.

[210] Michelfelder, H. (1994). *Evaluation eines Gedächtnistrainings nach Stengel*. Diplomarbeit an der Universität Heidelberg.

[211] Michelfelder, H., Brauer, H. & Müller, E. (1995). *Leitfaden Gedächtnistraining*. Stuttgart: Memo Ladner.

[212] Miller G.A. (1956). *The magical number seven, plus minus two: Some limits on our capacity for processing information*. Psychological Review, 63, 81-97.

[213] Middleton, A.E. (1888). *Memory systems: New and old*. New York: G.S. Fellows.

[214] Mitchell, D.B. & Perlmutter, M. (1986). *Semantic activation and episodic memory: Age similarities and differences*. Developmental Psychology, 22, 86-94.

[215] Monge, R.H. & Hultsch, D.F. (1971). *Pair-associate learning as a function of adult age and the length of the anticipation and inspection intervals*. Journal of Gerontology, 26, 157-162.

[216] Mrazek, J. (1989). *Die Erfassung körperbezogener Kontrollüberzeugungen*. In: Diagnostik von Attributionen und Kontrollüberzeugungen. G. Krampen (Hrsg.). Göttingen: Hogrefe.

[217] Murdock, B.B. (1967). *Recent developments in short-term memory*. British Journal of Psychology, 58, 421-433.

[218] Olechowski, R. (1969). *Das alternde Gedächtnis — Lernleistung und Lernmotivation Erwachsener.* Bern, Stuttgart: Huber.

[219] Oswald, W.D., Roth, E. (1978). *Der Zahlen-Verbindungs-Test ZVT.* Göttingen: Verlag für Psychologie.

[220] Oswald, W.D. (1981). *Der Zahlenverbindungstest ZVT-G und Zusammenhänge mit Selbstbeurteilung, Alltagsaktivitäten und Persönlichkeitsmerkmalen bei N = 50 Probanden zwischen 63 und 84 Jahren.* In: W.D. Oswald & U.M. Fleischmann (Hrsg.). Experimentelle Gerontopsychologie. Weinheim: Beltz.

[221] Oswald, W.D. & Fleischmann, U.M. (1986). *Nürnberger-Alters-Inventar NAI.* Erlangen-Nürnberg: Universität.

[222] Oswald, W.D. (1986). *Der Zahlenverbindungstest im höheren Lebensalter.* In: K. Daumelang (Hrsg.). Aspekte psychologischer Forschung. Göttingen: Hogrefe.

[223] Oswald, W.D. & Gunzelmann, T. (1991). *Zur Steigerung der geistigen Leistungsfähigkeit durch Übung und Training.* In: W. D. Oswald & U.M. Lehr (Eds.). Altern: Veränderung und Bewältigung. Bern: Verlag Hans Huber.

[224] Oswald, W.D., Gunzelmann, T., Rupprecht, R., Fleischmann, U.M., Tritt, K., Lang, E., Baumann, H., Steinwachs, K.H., Stosberg, M. (1994). *Bedingungen der Erhaltung und Förderung von Selbständigkeit im höheren Lebensalter (SIMA) — Teil IV: Erste Ergebnisse nach der einjährigen Interventionsphase.* Zeitschrift für Gerontopsychologie und -psychiatrie, Heft 4.

[225] Oswald, W.D. & Rödel. G. (1995). *Gedächtnistraining. Ein Programm für Seniorengruppen.* Göttingen: Hogrefe.

[226] Paivio, A. (1971). *Imagery and verbal processes.* New York: Holt, Rinehart and Winston.

[227] Paivio, A., Dsapo, K. K. (1973). *Picture superiority in free recall: Imagery or dual coding?* Cognitive Psychology, 5, 176-206.

[228] Park, D.C., Smith, A.D. & Cavanaugh, J.C. (1990). *Metamemories of memory researchers.* Memory and Cognition, 18, 321-327.

[229] Pawlik, K. (1976). *Diagnose der Diagnostik.* Stuttgart: Klett.

[230] Perlmutter, M. (1978). *What is memory aging the aging of?* Developmental Psychology, 14, 330-345.

[231] Perlmutter, M. (1980). *An appararent paradox about memory aging*. In: L. Poon, J. Fozard, D. Cermak, D. Arenberg, and L. Thompson (Eds.). New directions in memory and aging: Proceedings of the G.A. Talland Memorial Conference. Hillsdale NJ: Erlbaum.

[232] Perlmutter, M., Metzger, R., Nezworski, T. & Iller, K. (1981). *Spatial and temporal memory in 20 and 60 year olds*. Journal of Gerontology, 36, 59-65.

[233] Petermann, F. (1978). *Veränderungsmessung*. Stuttgart: Kohlhammer.

[234] Poon, L.W., Fozard, J.L., Cermak, L.S., Arenberg, D. & Thompson, L. W. (Eds.). (1979). *New directions in memory and aging: Proceedings of the George A. Talland Memorial conference*. New York: Hillsdale.

[235] Poon, L.W., Walsh-Sweeney, L. & Fozard, J.L. (1980). *Memory skill training for the elderly: Salient issues on the use of imagery mnemonics*. In: L.W. Poon, J.L. Fozard, L.S. Cermak, D. Arenberg & L.W. Thompson (Eds.). New directions in memory and aging: Proceedings of the George A. Talland Memorial Conference, 461-484, Hillsdale, NJ: Lawrence Erlbaum Associates Publishers.

[236] Poon, L.W. & Schaffer, G. (1982). *Prospective memory in young and elderly adults*. Paper presented at the Annual Meeting of the American Psychological Association, Washington, DC.

[237] Popkin, S.J., Gallagher, D., Thompson, L.W. & Moore, M. (1982). *Memory complaints and performance in normal and depressed older adults*. Experimental Aging Research 8, 141-145.

[238] Puglisi, J.T., Park, D.C., Smith, A.D. & Dudley, W.N. (1988). *Age differences in encoding specifity*. Journal of Gerontology, 43, 145-150.

[239] Rabinowitz, J.C., Ackermanm B.P., Craik, F.I.M. & Hinchley, J.L. (1982). *Aging and metamemory: The roles of relatedness and imagery*. Journal of Gerontology, 37, 688-695.

[240] Rahmann, H. & Rahmann, M. J.F. (1988). *Das Gedächtnis*. Neurobiolgische Grundlagen. München: J.F. Bergmann Verlag.

[241] Rebok, G.W. & Balcerak, L.J. (1989). *Memory self-efficacy and performance differences in young and old adults: The effect of mnemonic training*. Developmental Psychology, 25, 714-721.

[242] Rissenberg, M. & Glanzer, M. (1987). *Free recall and word finding ability in normal Aging and Senile Dementia of the Alzhiemer's type*. Journal of Gerontology, 42, 318-322.

[243] Roberts, P. (1983). *Memory strategy instruction with the elderly: What should memory training be the training of?* In: M. Pressley & J.R. Levin (Eds.). Cognitive strategy research, Psychological foundations. New York: Springer.

[244] Robertson-Tchabo, E.A. Hausman, C.P. & Arenberg, D. (1976). *A classical mnemonic for older learners: A trip that works.* Educational Gerontology, 1, 215-226.

[245] Rogers R.W. (1983). *Cognitive and physiological processes in fear appeals an attitude change: A revised theory of protection and motivation.* In: J.R. Cacioppo & R.E. Petty (Eds.). Social Psychology: A source book, 153-176. New York: Guilford.

[246] Rott, C. (1990). *Intelligenzstruktur und Intelligenzverläufe im höheren Lebensalter.* In: R. Schmitz-Scherzer, A. Kruse & E. Olbrich (Hrsg.). Altern — ein lebenslanger Prozeß der sozialen Interaktion. Darmstadt: Steinkopff.

[247] Rotter, J.B. (1966). *Generalized expactancies for internal versus external control of reinforcement.* Psychological Monographs, 80, Nr. 609.

[248] Rotter, J. B. (1972). *An introduction to social learning theory.* In: J.B. Rotter, J.E. Chance & E.J. Phares (Eds.). Applications of a social leaning theory of personality. New York: Holt, Rinehart & Winston.

[249] Rudinger , G., Lantermann, E.D. (1980). *Soziale Bedingungen der Intelligenz im Alter.* Zeitschrift für Gerontologie, 13, 433-441.

[250] Salomon, G. & Globerson, T. (1987). *Skill may not be enough: The role of mindfulness in learning and transfer.* International Journal of Educational Research, 11, 623-637.

[251] Sanders, R.E., Wise, J.L., Liddle, C.L. & Murphy, M.D. (1990). *Adult age comparisons in the processing of event frequency information.* Psychology and Aging, 5, 172-177.

[252] Salthouse, T.A. (1980). *Age and memory: Strategies for localizing the loss.* In: L.W. Poon, J.L. Fozard, L.S. Cermak, D. Arenberg & L.W. Thompson (Eds.). New directions in memory and aging: Proceedings of the George A. Talland Memorial Conference. Hillsdale, NJ: Lawrence Erlbaum Associates.

[253] Salthouse, T.A. (1982). *Adult cognition.* New York: Springer.

[254] Salthouse, T.A. (1985). *A theory of cognitive aging.* Amsterdam: North-Holland.

[255] Salthouse, T.A., Kausler, D.H. & Saults (1988a). *Investigation of a students status, background variables, and feasibility of standard tasks in cognitive aging research.* Psychology and Aging, 3, 29-37.

[256] Salthouse, T.A. (1988b). *Resource-reduction interpretations of cognitive aging.* Developmental Research, 8, 238-272.

[257] Salthouse, T.A. (1991). *Theoretical perspectives on cognitive aging.* Hillsdale, NJ: Erlbaum.

[258] Schaie, K.W. (1984). *Midlife influences upon intellectual functioning in old age.* International Journal of Behavioral Development 7, 463-478.

[259] Schaie, K.W. & Willis, S.L. (1986). *Can decline in adult intellectual functioning be reversed?* Developmental Psychology, 22, 223-232.

[260] Schaie, K.W. (1990). *Perceptual speed in adulthood: Cross-sectional and longitudinal studies.* Psychology and aging, 4, 443-453.

[261] Schleser, R., West, R.L. & Boatwright, L.K. (1986-87). *A Comparison of Recruiting Strategies for increasing older adults'initial entry and compliance in a memory training programm.* International Journal of Aging and Human Development, Vol. 24 (1).

[262] Schonfield, D., Robertson, B.A. (1966). *Memory storage and aging.* Canadian Journal of Psychology, 20, 228-226.

[263] Schonfield, D. (1969). *In search of early memories.* Paper presented at the International Congress of Gerontology. Washington DC.

[264] Schulster, J.R. (1981). *Structure and pragmatics of a self-theory of memory.* Memory and Cognition, 9, 263-276.

[265] Schuster, M., Oeltzschner (1984). *Lernen und Weiterbildung.* In: W.D. Oswald, W.M. Hermann, S. Kanowski, U. Lehr, H. Thomae (Hrsg.). Gerontologie. Stuttgart: Kohlhammer.

[266] Schwarzer, R. & Leppin, A. (1990). *Sozialer Rückhalt, Krankheit und Gesundheitsverhalten.* In: Schwarzer, R.: Gesundheitspsychologie. Göttingen: Hogrefe.

[267] Schwartzman, A.E., Gold, D., Andres, D., Arbuckle, T.Y. & Chaikelson, J. (1987). *Stability of intelligence: A 40-year follow-up.* Canadian Journal of Psychology, 41, 244-256.

[268] Scogin, F.R., Storandt, M. & Lott,L. (1985). *Memory-skills training, memory complaints, and depression in older adults.* Journal of Gerontology, 40, 562-568.

[269] Scruggs, T.E., Mastropieri, M.A. (1984). *Learning characteristics of gifted youths precocious strategy use.* Paper presented at the Western Exchange Conference of Gifted/Talented. Salt Lake City.

[270] Settin, J. (1982). *Overcoming ageism in long-term care: A solution in group therapy.* Journal of Gerontological Nursing 1982, 8, 565-567.

[271] Sinnot, J.D. (1986). *Prospective/incidental and incidental everyday memory: Effects of age and passage of time.* Psychology and Aging, 1, 110-116.

[272] Sinnott, J.D. (1989). *Prospective memory and aging: Memory as adaptive action.* In: L.W. Poon, D.C. Rubin & B.A. Wilson (Eds.). Everyday cognition in adulthood and old age. New York: Cambridge University Press.

[273] Skinner, B.F. (1938). *The behavior of organisms.* New York: Appleton, Century, Crofts.

[274] Sowarka, D & Baltes, P.B. (1986). *Intelligenzentwicklung.* In: W.S. Sarges & R. Fricke (Eds.). Psychologie für die Erwachsenenbildung/ Weiterbildung, 262-272. Göttingen: Hogrefe.

[275] Sorenson, H. (1930). *Adult age as a factor in learning.* Journal of Educational Psychology, 21, 451-459.

[276] Spielberger, C.D., Gonzales, H.P. & Flechter, T. (1979). *Test anxiety reduction, learning strategies, and academic performance.* In: H.F. O'Neill, Jr. & C.D. Spielberger (Eds.). Cognitive and affective learning strategies, New York: Academic Press.

[277] Stengel, F. (1976). *Gedächtnis spielend trainieren.* 1. Auflage: 1976, Wien: Amandus. 3. bis 6. Auflage 1981-1991, Stuttgart: Klett, 7. Auflage 1993, Stuttgart: Memo Ladner.

[278] Steuer, J., Jarvic, L.F. (1981). *Cognitive Functioning in the Elderly: Influence of Physical Health.* New York: Academic Press.

[279] Stieglitz, R.D. (1986). *Erfassung von Veränderungen.* Berlin: Oberhofer.

[280] Stigsdotter, A. & Bäckman, L. (1989). *Comparisons of different forms of memory training in old age.* In: M.A. Luszcz & T. Nettelbeck (Eds.). Psychological development: Perspectives across the life span, 397-408, Amsterdam: Elsevier.

[281] Stine, E.L., Wingfield, A., Myers, S.D. (1990). *Age differences in processing information from television news: The effects of bisensory augmentation.* Journal of Gerontology, 45, 1-8.

[282] Sunderland, A., Watts, K., Baddeley, A.D. & Harris, J.E. (1986). *Subjective memory assessment and test performance in elderly adults.* Journal of Gerontoly, 41, 376-384.

[283] Swaab, D.F. (1989). *Brain Aging and Alzheimer's Disease, „Wear and Tear" Versus „Use it Or Lose it".* Neurobiology of Aging. Vol. 12, 317-324, Pergamon Press.

[284] Taub, H.A. (1974). *Coding for short-term memory as a function of age.* Journal of Genetic Psychology, 125, 309-314.

[285] Tartler, R. (1961). *Das Alter in der modernen Gesellschaft.* Stuttgart: Enke.

[286] Thomae, H. (1976). *Patterns of aging.* Basel: Karger.

[287] Thomae, H. (1985). *Kompetenz älterer Menschen und ihre Bedeutung für die Familie.* Expertise für die Sachverständigenkommission 4. Familienbericht, Schriftenreihe des BMJJFG.

[288] Thorndike, E. L., Bergman, E.O., Tilton, J. W. & Woddward, E. (1928). *Adult learning.* New York: Mc Millan.

[289] Tulving, E. (1968). *Theoretical issues in free recall.* In: T.R. Dixon & D.L. Horton (Eds.). Verbal behavior and general behavior theory. Englewood Cliffs, NJ: Prentice Hall.

[290] Tulving, E. (1972). *Episodic and semantic memory.* In: E. Tulving, W. Donaldson (Eds.). Organization of memory. New York: Academic Press.

[291] Tulving, E. & Thompson, D.M. (1973). *Encoding specificity and retrieval process in episodic memory.* Psycholgoical Review, 80, 352-373.

[292] Wahl, H-W. (1991). *„Das kann ich allein!" Selbständigkeit im Alter: Chancen und Grenzen.* Bern, Göttingen, Toronto: Huber.

[293] Warren, R.C. (1921). *A history of the association psychology.* New York: Scribners.

[294] Watson, J.B. (1913). *Psychology as a behaviorist views it.* Psychological Review, 20, 158-177.

[295] Watson, J.B. (1925). *Behaviorism.* London: Kegan Paul, Trench, Trulner.

[296] Wechsler, D.(1944). *The measurement of adult intelligence (3rd ed.).* Baltimore: Williams & Wilkins.

[297] Weidenhammer, W., Glowacki, H. & Gräßel, E. (1986). *Wie führt man zerebrales Training in der Praxis durch — was hat sich bewährt?* Pregeriatrics - Geriatrics - Rehabilitation 1986, 2, 66-76.

[298] Weinert, F. E. (1983). *Gedächtnistraining — Übung von Lernstrategien.* Stuttgart: Universitas, 38, 2, 157-164.

[299] Weinert, F.E. & Knopf, M. (1983). *Metakognition und Motivation als Determinanten von Gedächtnisleistungen im höheren Erwachsenenalter.* Sprache und Kognition, 2, 71-87.

[300] Weinert, F.E. , Schneider, W. & Konopf, M. (1988). *Individual differences in memory development across the life span.* In: P.B. Baltes, D.L. Featherman, R.M. Lerner (Eds.). Life-span development and behavior, Vol 9. Hillsdale, NJ: Erlbaum.

[301] Weinert, F.E. & Knopf, M. (1990). *Gedächtnistraining im höheren Erwachsenenalter — Lassen sich Gedächtnisleistungen verbessern, während sich das Gedächtnis verschlechtert?* In: R. Schmitz-Scherzer, A. Kruse & Olbrich (Hrsg.). Altern — Ein lebenslanger Prozeß der sozialen Interaktion, 91-102. Darmstadt: Steinkopf.

[302] Weinert, F.E. & Schneider, W. (1996). *Entwicklung des Gedächtnisses.* In: Enzyklopädie der Psychologie. Bd. 4. Gedächtnis. Göttingen: Hogrefe-Verlag.

[303] Wellman, H.M. (1983). *Metamemory revisited.* In: M.T.H. Chi (Ed.). Trends in memory development research, 31-51. Basel: Karger.

[304] West, R.L. Boatwright, L.K. & Schleser, R. (1984). *The link between memory performance, self assessment, and affective status.* Experimental Aging Research, 10, 197-200.

[305] West, R.L. (1986). *Everyday memory and aging.* Developmental Neuropsychology, 2, 323-344.

[306] West, R.L. Berry, J.M. & Powlishta, K.K. (1986). *Self efficacy and performance on laboratory and everyday memory tasks.* Paper presented at the meeting of the Gerontological Society of America, Chicago.

[307] West, R.L. (1988). *Prosepctive Memory and aging.* In: M.M. Gruneberg, P.E. Morris & R.N.Sykes (Eds.). Practical aspects of memory: Current research and issues. Vol. 2, 119-125. New York: Wiley.

[308] West, R.L. (1989). *Planning practical memory training.* In: L.W. Poon, D.C. Rubin & B.A. Wilson (Eds.). Everyday cognition in adulthood and late life, 573-597, Cambridge University Press.

[309] Willis, S.L., Blieszner, R., Baltes P.B. (1981). *Intellectual research in aging: Modification of performance on the fluid ability of figural relations.* Journal of Education Psychology, 73, 41-50.

[310] Willis, S.L., Cornelius, S.W., Blow, F.C. & Baltes, P.B. (1983). *Training research in aging: Attentional processes.* Journal of Educational Psychology, 75, 257-270.

[311] Willis, S.L. (1985). *Toward and Educational Psychology of the Older Adult Learner: Intellectual and Cognitive Bases.* In: J.E. Birren, and K.W. Schaie (Eds.). Handbook of the Psychology of Aging. New York: Van Vostrand Reinhold Company.

[312] Willis, S.L. & Schaie, K.W. (1986a). *Practical intelligence in later adulthood.* In: R.J.Sternberg & R.K. Wagner (Eds.). Practical intelligence: Origins of competence in the everyday world. New York: Cambridge Universtity Press.

[313] Willis, S.L. & Schaie, K.W. (1986b). *Training the elderly on the ability factors of spatial orientation and inductive reasoning.* Psychology and Aging, 1, 239-247.

[314] Willis, S.L. (1989). *Improvement with cognitive training: Which old dogs learn what tricks?* In: L.W. Poon, D.C. Rubin & B.A. Wilson (Eds.). Everyday cognition in adulthood and late life, 545-569, Cambridge: Cambridge University Press.

[315] Willis, S.L. (1990). *Introduction to the special section on cognitive training in later adulthood.* Developmental Psychology, 26, 875-878.

[316] Willis, S.L. & Nesselroade, C.S. (1990). *Long-term effects of fluid ability training in old-old age.* Developmental Psychology, 26, 905-910.

[317] Whitbourne, S.K. & Selvin, A.E. (1978). *Imagery and sentence retention in elderly and young adults.* Journal of Genetic Psychology, 133, 287-298.

[318] Wolf, B. & Brandt, W. (1982). *Über Maße der praktischen Signifikanz bei Varianz und Regressionsanalysen.* Zeitschrift für empirische Pädagogik, 6, 57-73.

[319] Yesavage, J.A. & Rose, T.L. (1984). *Semantic elaboration and the method of loci: A new trip for old learners.* Experimental Aging Research, 10, 155-160.

[320] Yesavage, J.A. (1985). *Nonpharmacologic Treatment for memory losses with normal aging.* American Journal of Psychiatry 142:5

LITERATURVERZEICHNIS

[321] Yesavage, J.A., Sheikh, J., Decker Tanke, E. & Hill, R. (1988). *Response to Memory Training and Individual Differences in Verbal Intelligence and State Anxiety.* American Journal Psychiatry 145:5.

[322] Yesavage, J.A. Lapp, D. & Sheikh, J.I. (1989). *Mnemonics as modified for use by the eldery.* In: L.W. Poon, D.C. Rubin & B.A: Wilson (Eds.). Everday cognition in adulthood and late life, 598-611, Cambridge: Cambridge University Press.

[323] Yesavage, J.A., Sheik, J.I. Friedman, L. & Tanke, E. (1990). *Learning mnemonics: Roles of aging and subtle cognitive impairment.* Psychology and Aging, 5, 133-137.

[324] Zacks, R.T., Hasher, L., Doren, B., Hamm, V. & Attig, M.S. (1987). *Encoding and memory of explicit and implicit information.* Journal of Gerontology, 42, 418-422.

[325] Zacks, R.T., Hasher, L. (1992). *Memory in Life, Lab, and Clinic: Implications for Memory Theory.* In: D. Herrmann, H. Weingartner, A. Searleman, C. McEvoy (Hrsg.). Memory Improvement. New York: Springer.

[326] Zaretzky, H.H. & Halberstam, J.L. (1968). *Age differences in paired-associate learning.* Journal of Gerontology, 23, 165-168.

[327] Zarit, S.H. (1979). *Affective correlates of self-reports about memory of older people.* Paper presented at a meeting of the Gerontological Society of America, Washington, D.C. (Zit. n. West, 1989).

[328] Zarit, S.H., Cole, K.D. & Guider, R.L. (1981). *Memory training strategies and subjective complaints of memory in the aged.* Gerontologist, 21, 158-164.

[329] Zarit, S.H., Gallagher, D. & Kramer, N. (1981). *Memory training in the community aged: Effects of depression, memory complaint, and memory performance.* Educational Gerontology, 6, 11-27.

[330] Zelinski, E.:, Gileski, M.J. & Thompson, L.W. (1980). *Do laboratory tests relate to self-assessment of memory ability in the young and old?* In: New Directions in Memory and Aging: Proceedings of the George A Talland Memorial Conference, Edited by Poon, L.W., Fozard, J.L. Cermak, L.S. et al., Hillsdale, NJ: Lawrence Erlbaum Associates.

[331] Zigler, E. & Butterfield, E.C. (1968). *Motivational aspects of changes in IQ test performance of culturally deprived nursery school children.* Child Development, 39, 1-14.

[332] Zigler, E., Abelson, W.D. & Seitz, V. (1973). *Motivational factors in the performance of exonomically disadvantaged children on the Peabody picture vocabulary test.* Child Development, 44, 249-303.

[333] Zung, W.W.K. (1967). *Depression in the normal aged.* Psychosomatics 1967, 8, 287-292.

Rudolf Sanders

Integrative Paartherapie

Grundlagen – Praxeologie – Evaluation
Eine Pädagogische Intervention zur Förderung der
Beziehung zwischen Frau und Mann als Partner
Frankfurt/M., Berlin, Bern, New York, Paris, Wien, 1997.
361 S., zahlr. Abb. u. Tab.
ISBN 3-631-32018-3 · br. DM 98.–*

Auf der Basis langjähriger Erfahrung in erlebnisorientierter Erwachsenenbildung und Paartherapie stellt der Autor ein wissenschaftlich fundiertes Verfahren vor, anhand dessen Paare sich in Form der Gruppentherapie ihren individuellen Weg zu Partnerschaft erarbeiten. Die methodenplurale Fundierung findet ihre Entfaltung in einer systematischen Praxeologie der Paartherapie. Erläutert und begründet wird diese auf dem Stand der neuesten Diskussion in der Psychotherapieforschung. Die einzelnen Schritte des Vorgehens werden praxisnah erläutert, wobei Sexualtherapie als unverzichtbarer Bestandteil jeder Eheberatung integriert wird. Das Verfahren ermöglicht einen kostengünstigen Weg, den Auftrag des § 17 KJHG umzusetzen. Die Evaluation zeigt, daß die Integrative Paartherapie von den Klienten als hilfreich und förderlich erlebt wird. Der Praktiker bekommt eine Fülle von Anregungen zur Qualitätssicherung.

Aus dem Inhalt: Geschichtliche und soziologische Entwicklung der Ehe · Prozessuale Diagnostik · Dignität der Praxis · Chaostheorie · Schulenübergreifende Fundierung · Therapieplanung · Sexualtherapie · Psychotherapieforschung · Qualitätssicherung

Frankfurt/M · Berlin · Bern · New York · Paris · Wien
Auslieferung: Verlag Peter Lang AG
Jupiterstr. 15, CH-3000 Bern 15
Telefax (004131) 9402131
*inklusive Mehrwertsteuer
Preisänderungen vorbehalten